JN023455

新 金融リスク管理を変えた

大事件

20

20 CASES THAT CHANGED
FINANCIAL RISK MANAGEMENT
New Edition

藤井 健司 著

KENJI FUJII

一般社団法人 金融財政事情研究会

新版発刊にあたって

　2013年に刊行した「金融リスク管理を変えた10大事件」は、10年間にわたって多くの方に読んでいただく光栄を得た。著者と同時代を生きた方から、より若い投資家の方、さらには、学生の方まで、幅広い世代の方々が、つたない文章にお付き合いいただいたようである。

　その後、2016年に4つの事件を加えて増補版としてから7年、初版から丸10年を経るなかでさらに多くの「大事件」が発生した。それぞれ将来につながる重要な事件であり、今回6つの大事件を加え、さらに既存の章も全面的に見直したうえで新版として発刊することとした。著者の実務家としての生の声である「目撃者のコラム」についても、その内容を見直した。

　金融リスク管理の歴史の目撃者としての「語り部」の役割が果たせたかどうかはいまだに確信がないが、多くの方からいただいた感想をみるにつけ、なんらかのメッセージは伝わったようだ。時を重ねるにつれ、また金融機関のリスク管理がより重要性を増すなかで、歴史の証言は従来以上に必要になっているとの思いも強い。本書とそこでの先達としての「目撃証言」が、金融リスク管理に関心をもつ方にとってなんらかのヒントになれば幸いに思う。

2023年11月

藤井　健司

はじめに（「金融リスク管理を変えた10大事件」初版より）

　社内のリスク管理部門や財務・主計部門の若手社員向けに、勉強会を実施している。毎月第1・第3金曜日の昼休み。参加は任意、出入り自由。ただし、宿題・事前課題あり。ケーススタディによる発表もあり。

　「寺子屋プロジェクト」と名づけられた勉強会は、リスク管理の理論から時々のトピックまで臨機応変にカバー、3年前に始めて以来、すでに60回を重ねている。

　ある回で取り上げたヘッジファンドLTCMのケースで何やら反応が鈍い。ふと気がついて、「LTCMって何か、知っている人？」と聞くと、参加者17名のうちであがった手は1人。その彼も、「ロシアのファンドだと思っていました」。なるほど、LTCM危機が発生したのは彼ら彼女らが中学生や高校生の頃。むしろ、知らないのが当然だろう。

　「10大事件」は、いささか興味本位にみえるかもしれないが、後述のとおり、金融リスク管理の歴史はさまざまな経験と教訓に対する不断の改善努力の賜物である。実務の側から、そのすべてを目の当たりにしてきた「目撃者」として、それを伝えるのは義務ではないか、と考えた。

　金融リスク管理の「語り部」の役割がどこまで果たせるか、甚だ疑問は残るが、個々の出来事自身が雄弁に語ってくれることを期待して、まずは流れに任せてみたい。

　2013年6月

藤井　健司

目　次

第1編　金融リスク管理の黎明

第1章　外国為替取引とヘルシュタット・リスク
【1974年】

第 6 章 ### ベアリングズ銀行と不正トレーダー　【1995年】

第 7 章 ### ヘッジファンドLTCM破綻【1998年】

第 **2** 編　## 科学としての金融リスク管理と蹉跌

第 **8** 章　### バーゼルⅡとオペレーショナルリスク 【2001〜2007年】

第 9 章	ニューヨーク同時多発テロとBCP 【2001年】

第13章 LIBOR不正とコンダクトリスク
【2012年〜】

第14章　**ユーロ危機【2012年】**

| 第17章 | 新型コロナ・パンデミックとオペレーショナル・レジリエンス【2020年】 |

| 第18章 | 金融エコシステムとノンバンク金融（NBFI）【2020年】 |

第19章	暗号資産とデジタルリスク 【2008〜2023年】

本書の構成

金融機関におけるリスク管理の重要性が高まっている。信用リスクや市場リスク、流動性リスクから始まったリスク管理はオペレーショナルリスクに広まり、さらにはコンダクトリスクやリスクガバナンス、ITセキュリティから気候変動対応までその対象範囲は広がることはあれ、決して狭まることはない。

　一方でリスク管理の話はむずかしくてどうもわからない、という声も根強くあるように思える。リスク管理がわかりにくいのは、その技術的な内容だけでなく、リスク管理自体がいくつかのきっかけを経て変容してきたためである。金融機関のリスク管理がいまのようなかたちに落ち着いたのは、そう古い話ではない。「現代」金融リスク管理の歴史は1990年代に入って始まったといっても、あながち間違いではない。そしてその展開においては、いくつかの「大事件」が大きな役割を果たしてきたのである。

1 伝統的な金融リスク管理

　金融業、特に銀行における伝統的なリスク管理は、信用リスク管理と流動性管理を中心に行われてきた。これは銀行業の伝統的なビジネスモデルが、預金者から預金を集めて貸出を行うという間接金融仲介機能を中心として展開され、調達金利としての預金金利と貸出金利の差としての利鞘を収益の柱としていたことによる。

　貸出資産が不良債権化して焦げ付くと、受け取るべき金利が入らなくなるだけではなく、元本の償却も発生してしまう。さ

らに不良債権の回収コストも損害になるため、金融機関は貸出判断を行う際の与信審査と、期中管理である与信管理を重視した。信用リスク管理は審査部を中心に整備された。

また、預金を集めて貸出を行うということは、調達と運用の金利や満期構成にミスマッチが生じることを意味する。特に高度経済成長期に資金ニーズの高いオーバーローンの時期が続いた日本の銀行においては、伸びが続く貸出に対して十分な資金調達を確保することが重視された。そのため調達の流動性管理と、総合的な資産負債管理、いわゆるALM[1]が伝統的に重視された。こうして伝統的な金融機関のリスク管理は審査委員会（あるいは与信委員会）とALM委員会の2つを中心に運営されてきた。

2 金融市場の自由化と「現代」金融リスク管理

1970年代後半以降、こうした状況が変化した。きっかけは金融市場の国際化と自由化であった。

1971年のブレトンウッズ体制の崩壊に伴って外国為替相場が固定相場制から変動相場制へ移行したことや、1973年の第一次オイルショック後のユーロダラー市場の勃興等から、資金や資本の国際的な移動が進展し、金融市場の国際化が進んだ。

資本や資金のグローバル化の動きは、各国における金融市場の自由化と相まったものであった。それまで米国をはじめとし

1　Asset Liability Management.

た各国では、貸出や預金等の金利水準は規制によって制限されていた。外国為替規制が存在し、国際的な資本移動も厳しく制限されていた。また、銀行業務と証券業務が分離[2]されるなど、金融業のなかにおける業務規制も厳しかった。こうした規制が1980年代に入って緩和され、金融市場の自由化が進展したのである。

　金融の国際化と自由化が進むことにより、金融資本はより有利な運用や調達を求めて自由に動くこととなった。主要各国の株式市場・債券市場・為替市場が拡大した。ロンドンのシティを中心としたユーロ市場では、国際的で自由な為替市場や資本市場が急速に拡大した。こうした動きは、資金や資本の仲介を生業とする金融機関にとって、ビジネスチャンスが大きく広がることを意味した。

　金融機関はさまざまな分野に業務展開を始めた。金利為替やデリバティブ取引等の市場トレーディング業務、有価証券引受けや証券化等の資本市場業務、クレジットカード等の小口信用業務、M&Aアレンジ等の手数料業務等である。

　金融の業務が多様化するということは、金融機関が新たなリスクにさらされるということを意味した。トレーディング業務の拡大からは市場リスク、デリバティブ取引拡大からはカウンターパーティ・リスク、M&A等の手数料業務からはオペレーショナルリスク等である。こうした新たなリスクを適切に管理

2　米国におけるグラス・スティーガル法が典型例であった。

することが課題とされ、信用リスクや市場リスクといった財務リスクからオペレーショナルリスクのような非財務リスクに至るまで、金融リスク管理の実務が発展することとなった。

3 大事件の発生と金融リスク管理

しかしながら金融業の急速な拡大は、ビジネスの発展とそれを支えるべきリスク管理、さらには、会計制度や税制も含めた法規制との間にひずみを引き起こし、リスク管理上の「大事件」を発生させることとなった。外国為替の変動をきっかけとした銀行破綻、株式市場の突然の大暴落、不正トレーダーの権限外取引による銀行破綻、サブプライムローン問題を発端とした金融危機等、多くの「大事件」が発生した。問題が発生するたびにそれを改善するための新しいリスク管理の実務が考案されてリスク管理実務が発展するとともに、その内容は複雑さを増したのである。

金融市場のグローバル化に対して、金融当局による金融規制の側もグローバル化が進んだ。国際決済銀行のバーゼル銀行監督委員会は1988年に初のグローバル金融規制として、国際的な活動を行う銀行が共通に従うべき自己資本比率規制、いわゆるBIS規制を合意した。信用リスクに始まったBIS規制は、市場リスクやオペレーショナルリスクもカバーするバーゼルⅡ、さらに2008年のグローバル金融危機後には、規制強化を軸としたバーゼルⅢとして展開したが、こうした規制の枠組み変更への対応も金融業界にとっては大事件となった。

本書の構成

　本書は、こうした金融市場や金融規制の変遷を、金融リスク管理に大きな影響を与えた大事件を取り上げることでみていくこととし、その変遷に応じて3編に整理した。すなわち1970年代から1990年代前半までを金融リスク管理の黎明期、その後2008年の金融危機前後までを金融リスク管理の最盛期から挫折期、さらにその後の時期を新時代の展開期、としてとらえた。第1編では、金融リスク管理の重要性が認識されて体制整備に着手した様子、第2編では科学としての金融リスク管理が民間金融機関のみならず金融監督当局の側でも重視されてバーゼルⅡが成立した一方で、グローバル金融危機の発生をきっかけとして金融規制強化に舵が切られた様が浮かび上がる。第3編では、その後のIT技術の進展等からデジタルファイナンスやサイバーセキュリティといったまったく新しいリスクへの対応が必要となったのに加えて、新型コロナウイルスというパンデミック発生によって変貌した新時代の金融ビジネスと金融リスク管理の姿がみえてくる。

　本書における「大事件」とは、ブラックマンデーやベアリングズ破綻といったまさに事件性があるものだけではなく、G30レポートやバーゼルⅡのように、金融リスク管理に対して大きな影響を与えた事象も「大事件」として選び、それぞれの「大事件」に1章を充てた。

　各編および各章は一定の流れをもってつながっているが、章

ごとに完結しており、興味のある「大事件」の章だけを読むことも可能である。一方で、ある事件がその後のどのような事件や規制につながったのか、「逆引き」も含めて可能とするために、章をまたがるクロスレファレンスを、関連箇所の脚注に記載している。また各章末では、各事件を経験した時点や関連する事項についての筆者の記憶を「目撃者のコラム」として加え、各事件が発生した時点の雰囲気を伝えるとともに、金融リスク管理上の留意点を示すことを試みているので、最初にこの「コラム」を読んで、おもしろそうな「大事件」から読むことも考えられる。

　なお、外貨建ての金額については、その事象が発生した月の月末の外国為替終値をもって円換算額を記載している。

第 **1** 編

金融リスク管理
の黎明

第 1 章

外国為替取引と
ヘルシュタット・リスク
【1974年】

┌─ 本章のポイント ─┐

　1974年 6 月26日、西ドイツ金融当局は、外国為替投機に
失敗し、経営危機に陥っていたヘルシュタット銀行に対し
て、営業停止を命じた。西ドイツ時間に行われたこの措置
に伴い、同行から銀行間取引で米ドルを買った取引銀行
は、 5 時間後に始まる米国時間で受け取るべき米ドルを受
け取ることができなくなった。以後、「ヘルシュタット・
リスク」として広く知られることとなった、外国為替決済
リスクの発生である。

1 ブレトンウッズ体制とニクソンショック

　出勤前の朝のテレビニュース番組では、昨日の外国為替相場
が報じられている。「昨日のニューヨーク市場は米国経済指標
が弱含んだことから、円高が進行、前日比75銭円高の 1 ドル
145円で取引を終えました」。各国経済の動向の強弱を示す指標
や各国通貨に対する需給に応じて外国為替相場が刻々と変動
し、日々の円高・円安への動き、日々の外国為替相場の変動が
当たり前のこととして報じられている。しかしながら、長い経
済の歴史を振り返ると、こうした外国為替の「変動相場制」は
決して所与のものではなかったことがわかる。

　1944年 7 月、第二次世界大戦の終結が迫っていることを見越
した連合国44カ国は、米国ニューハンプシャー州のブレトン
ウッズにあるマウントワシントンホテルに集まり、戦後の国際

通貨体制についての協議を行った。そこでは国際的協力によって通貨価値を安定させ、自由貿易や発展途上国の経済開発を促進するための取決めがなされた。国際通貨については国際通貨基金（IMF）協定が結ばれたが、金のみを国際通貨とする戦前の金本位制から脱却し、国際社会のなかで強大な力を得つつあった米ドルを基軸通貨とする制度が合意された。金１オンス（＝約31.10グラム[1]）を35米ドルとして米ドルと金の交換を保証（「兌換」と呼ばれる）したうえで、その米ドルと各国通貨の交換比率を定める、金・ドル本位制、あるいはドル本位制と呼ばれる国際通貨制度が成立したのである。たとえば日本円については、１米ドル＝360円とされ（「平価」と呼ばれる）、各国は為替相場の変動を中央銀行の為替介入等によって、平価の上下１％以内に収めることが求められた。すなわちブレトンウッズ体制は、米ドルを基準とした「固定相場制」だったわけである。

　ブレトンウッズ体制は、その後1971年まで続いたが、1971年８月15日、米国のニクソン大統領はブレトンウッズ体制で定められた米ドルと金との兌換停止を発表した。このいわゆる「ニクソンショック」は、1960年代のベトナム戦争介入を契機とした大幅な財政赤字の拡大によって、米国が米ドルと金との兌換を維持できなくなったことが直接的なきっかけであった。各国は崩壊したブレトンウッズ体制にかわる為替相場の水準を模索し、同年12月に米ワシントンのスミソニアン博物館での合意に

1　金などの貴金属取引は「トロイオンス」という重量単位に基づいて行われる。１トロイオンスは約31.1035グラム。

基づくスミソニアン協定が結ばれた[2]。しかしながら急ごしらえの土のうで、堤防をも決壊させた濁流を抑え込むことはできなかった。乱高下する為替相場のもとで、1973年の春にはスミソニアン協定に基づく為替水準維持は困難になり、国際通貨市場は、為替相場の動きを自由に委ねる「変動相場制」に移行した。すなわち外国為替相場が日々変動するようになったのは、1973年の変動相場制への移行以来のことなのである。

　国際通貨市場の変動相場制への移行は、銀行にとって新たなビジネスや収益の場を提供した。銀行は取引先との間で広く外国為替取引を行っている。取引先の貿易取引や資本取引から発生する外貨受取りや支払を自国通貨等に交換する業務である。ブレトンウッズ体制の固定相場制のもとではこうして発生する外国為替は、定められた為替レート[3]でしか交換ができなかった。ところが、変動相場制のもとでは為替レートは日々のニュースや各通貨の需給に応じて、あたかもコモディティ価格や金の値段が変動するのと同じように上下するのである。銀行は取引先の外国為替持込みを通じて、通貨の需給がみえる立場にある。変動相場制のもとで、外国為替相場の上がり下がりから利益を得ようとする銀行が現れても不思議ではなかった。

2　スミソニアン協定のもとで、円ドルレートはブレトンウッズ体制の1米ドル＝360円から1米ドル＝308円に改定された。

3　先の円ドル為替の例であれば、1米ドル＝360円。

2 外国為替取引と通貨決済のユニークさ

外国為替（外為）取引は、通貨と通貨の交換である。たとえば、円を米ドルに交換する外国為替取引は、相手先に円を渡して、相手から米ドルを受け取ることになる。通常の商品取引では、商品と、その対価としてのお金の交換がなされるが、外為取引においては売買の対象として、やりとりされる商品そのものが「お金＝通貨」であることから、通常の商品のやりとりと異なる外為取引特有の取引決済が発生することになる。

通常の商品の取引では、商品とお金がやりとりされる。取引相手は、商品やお金が持ち逃げされる、あるいは商品を渡したのにその対価である代金を受け取る前に相手先が倒産して代金を取りもれる、といったことで取引相手に対する信用リスクをとらないように、商品とお金の受渡しは極力同時に行おうと考えるだろう（図表1－1参照）[4]。

これに対して、銀行間の外為取引は何が特殊なのだろうか。たとえば海外旅行や海外出張の前に米ドル1,000ドルの外貨を両替しておこうと考えたとしよう。円／米ドルの為替レートが1米ドル140円だった場合、町中の銀行や空港の両替所の窓口で14万円の現金（＝通貨）を渡すかわりに、1,000米ドルの現金（＝通貨）を同時に受け取ることになる。これは上記の商品

4　受渡しを信用力のある企業や、銀行等の金融機関、あるいは政府が保証することで商品の受渡しを安心して行うことができる、というスキームも考えられる。「信用状」や「為替手形」がこれらに当たる。

図表1－1　通常の商品取引決済の仕組み

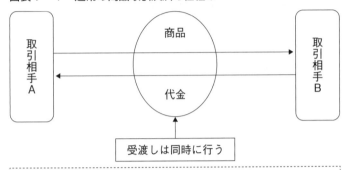

通常の商品取引では、取引相手に対する信用リスクを避けるため、商品と代金の受渡しは極力同時に行う

（出典）　筆者作成。以下、特に表記のない図表は同じ

取引の場合となんら変わるところはない。しかしながら、外国為替を本業とする銀行同士の外国為替のやりとりとなるとそうはいかない。全世界で1日にやりとりされる外為取引は、2013年の時点で1日当り約5兆3,000億米ドルにものぼる。個々の銀行の間の受渡しにおいても、日々数億米ドル（数百億円相当）や時には数十億米ドル（数千億円相当）といった金額にのぼることがあるのである。

　A銀行がB銀行に1億米ドルを円／米ドル為替140円で売るという外為取引を行ったとしよう。A銀行はB銀行に1億米ドルを渡し、B銀行からは対価として140億円（1億米ドル×140円／米ドル）を受け取ることになる。本来であれば物品の受渡しと同様に、この1億米ドルと140億円のやりとりは同じ場所・同じ時間で行われることが望ましい。そうすることで1億

米ドルを渡したが、140億円を受け取れない、というリスクを避けることができるからである。しかしながら外為取引の場合、受け渡されるものがそれぞれに通貨であることから特有の事情が発生する。日々やりとりされる外為市場のやりとり（＝決済金額）は巨額にのぼり、かつそれぞれの通貨がやりとりされる中心となるのは、その通貨の本国市場[5]になるということである。日々やりとりされる数億米ドルや数十億米ドル、あるいはユーロや英ポンドといった多数の通貨の外為取引決済に対して、世界のなかの特定の場所でこれら巨額の通貨の現金を日々持ち寄って実際にやりとりすることは現実には不可能であり、多額の通貨を日々受け渡すことができるのは、その通貨が通常に取引されている本国市場になる。米ドルであればその受渡しは主にニューヨーク、英ポンドであればロンドン、日本円であれば東京ということになるわけである。こうした主要通貨の本国市場の間には、「時差」があり、これは物理的に避けられない。東京とニューヨークの間には14時間の時差がある。先のA銀行とB銀行の1億ドルの取引の場合、地球の自転に沿い、まず東京時間に東京においてB銀行の円口座からA銀行の円口座に140億円が支払われ、そこから14時間後にニューヨーク市場が開いた時点で、A銀行の米ドル口座からB銀行の米ドル口座に1億ドルが渡される。それぞれの市場においては朝一番に受け渡されるとしても、受渡しには14時間の時間差が発生

5　「マザー・マーケット（＝Mother Market）」と呼ばれる。

図表1－2　外為取引における決済の仕組み

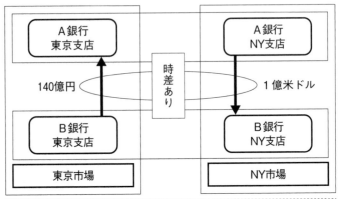

銀行間の外為取引では、受け渡される各々の通貨はそれぞれの通貨の本国市場で行われるため、外為取引の受渡しが完了するには、市場間の時差が発生する

することになる（図表1－2参照）。この時間差に、銀行が破綻すると何が起こるか。想像したくもない事態が発生したのが、1974年のヘルシュタット銀行だったのである。

3 ヘルシュタット銀行の経営危機と「ヘルシュタット・リスク」の発生

　ヘルシュタット銀行は西ドイツ（当時）のケルン市に本拠を置いた中堅地方銀行であった。積極的な経営方針で知られたヘルシュタット銀行は、外国為替取引等の市場取引にも力を入れ、活発に取引を行っていた。しかしながら、1970年代の半ばにその積極方針が裏目に出た。1973年の第四次中東戦争の勃発

をきっかけとして発生した第一次オイルショックから世界経済は混乱、ヘルシュタット銀行の外為取引も大きな痛手を受けた。

1974年6月26日水曜日、西ドイツの金融当局であったブンデスバンクは、西ドイツ時間の午後3時半、国内のインターバンク市場決済システムが終了した後に、経営危機に陥っていたヘルシュタット銀行に業務停止命令を発令し、銀行免許を取り消した。国内の金融市場に影響を与えないために、国内銀行間市場が終了するのを待って、業務停止命令を発令したわけである。しかしながら第2項で示した国際的な通貨決済に特有のメカニズムから、全世界の金融機関は、ヘルシュタット銀行に対して、思いもしなかった信用リスクを抱え込むことになったのである（図表1-3参照）。

ブンデスバンクのこの措置は、当日ヘルシュタット銀行との間で、外国為替取引を行い、通貨のやりとりを行っていた取引銀行があることを無視した措置であった。たとえば、ヘルシュタット銀行に対してドイツマルクの売り、米ドルの買いという外国為替取引を行っていた銀行は、6月26日のドイツ市場で、ヘルシュタット銀行にドイツマルクを引き渡し、欧州大陸と米国東海岸の6時間の時差を経てニューヨーク市場が開いた時点で対価としての米ドルを受け取る予定であった。ブンデスバンクによる業務停止命令が発令されたドイツ時間午後3時半は、ニューヨーク時間では午前9時半になる。ヘルシュタット銀行に対する業務停止命令を確認した在米の銀行は、破綻したヘルシュタット銀行に対する信用リスクの発生を避けるため、相次

図表1−3　ヘルシュタット銀行破綻に伴う「ヘルシュタット・リスク」の発生

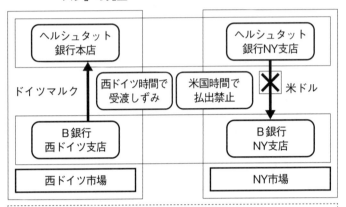

ヘルシュタット銀行の破綻に伴い、ヘルシュタット銀行とのドイツマルク／米ドル外為取引決済で、西ドイツ時間にヘルシュタット銀行にドイツマルクを受け渡していた銀行は、ヘルシュタット銀行からの米ドル代金を受け取ることができず、ヘルシュタット銀行に対する信用リスクを抱えることとなった

いで即座にヘルシュタット銀行が自行にもっていたヘルシュタット銀行の口座からの米ドルの払出しを停止した。また米国金融当局も、ヘルシュタット銀行ニューヨーク支店の資金の受払いを停止させた。このあおりを受けたのは、先の外国為替取引により、当日ヘルシュタット銀行からの米ドルの受取りを予定していた銀行である。同じ日の西ドイツ時間ですでにドイツマルクは引き渡していたこれらの銀行は、ヘルシュタット銀行の米ドル口座払出停止措置により、対価として受け取るべき米ドルを受け取ることができなくなり、これら米ドル全額が数時

間前に業務停止となったヘルシュタット銀行に対する不良債権となったのである。日々銀行間で行われる外国為替取引は巨額である。そのうちたまたまヘルシュタット銀行に対して米ドルを受け取る側にあった取引を行っていた銀行はすべて、突然予想だにしなかった、破綻銀行に対する債権を抱え込むことになってしまったのである。

4 国際的な金融監督への影響とその後の「ヘルシュタット・リスク」

　ヘルシュタット銀行の経営危機と業務停止命令に伴う、外国為替取引の決済に係る信用リスクの発生は、金融監督者に対して大きな課題を突きつけた[6]。国際金融が拡大するなか、一国の金融機関の破綻処理にあたっても、もはや国内の金融市場への影響を考慮するだけでなく、国外の金融市場に対する影響にも配慮しなければならない、というまったく新しいグローバルな金融監督の必要性を認識せざるをえなくなったのである。

　各国金融当局は、ヘルシュタット事件でみられるような国際金融取引に特有なリスクや、国際業務を展開する銀行に対する

6　本件のように、取引の決済が行われない場合に発生する信用リスクを決済リスクと呼び、なんらかの理由で決済が行われなかった取引は、「フェイル取引（＝failed trade）」と呼ぶ。決済リスクは、外為取引に限定して発生するものではなく、たとえば債券取引の受渡しにおいても発生する。決済リスクは、取引が通常どおりに決済される場合には発生しないが、取引実施時から実際の決済が行われる以前に取引相手先が倒産して決済ができなくなった場合に、突然の信用リスクの発生として顕在化する。

金融監督のもれを防ぐため、1975年に国際機関である国際決済銀行[7]にバーゼル銀行監督委員会を設置した。バーゼル銀行監督委員会を通じて、金融監督上で国際協調が求められる問題に対する対応を検討することとしたのである。

　ヘルシュタット・リスクに対する、金融当局側の1つの有効な対処法は、経営不振に陥った銀行の破綻処理を週末に行うことだった。ヘルシュタット銀行の事件が混乱をきたした1つの要因は、ブンデスバンクによる業務停止命令が平日に行われたことだった。そのため、その日の東京市場や欧州市場ですでに支払われてしまっていた通貨に対して、時差の関係で欧州市場後に始まった市場[8]における対価の支払が止められてしまったのである。これが週末である金曜日のすべての資金決済が行われた後の土日に発動されれば、月曜にはすべての市場において支払が停止され、当日中にどこかの市場で片側の支払が行われてしまう、という事態が避けられるわけである。

　しかしながら、第2項で説明した外国為替市場の特殊性と、変動相場制のもとで、次なるヘルシュタット・リスク事件を防ぐことはできなかった。

　1991年7月5日金曜日に、英国に拠点を置くバンク・オブ・クレジット・アンド・コマース・インターナショナル（＝Bank of Credit and Commerce International, BCCI）が当局の協調介入

7　Bank for International Settlements (BIS).
8　ヘルシュタット事件の場合は、米国市場になる。

によって閉鎖された[9]。この日、一部の邦銀はBCCIと円／米ドルの為替取引を行っており、東京時間で円資金をBCCIの口座に支払ずみであった。これらの銀行は、反対サイドの米ドルを受け取ることができず、BCCIに対する債権を抱え込むこととなった。また、1995年2月26日の日曜日に英国のベアリングズ銀行が破綻[10]した際、前週の金曜日にベアリングズ銀行とのECU[11]建ての為替取引を行っていたある銀行は、月曜日に予定されていたベアリングズ銀行との取引をキャンセルしようとしたが、ECUの決済はすでにキャンセル不能であり、これら銀行はベアリングズ銀行に対する債権が発生するのを、手をこまねいてみているしかなかった。

　一方で、成功例もなくはなかった。1990年2月に米国の大手投資銀行であるドレクセル・バーナム・ランベール証券（以下「ドレクセル」）が資金調達に窮して破綻したケースでは、ドレクセルの英国現法の資金調達に関し、中央銀行であるイングランド銀行がドレクセルと他金融機関との取引の間に入って、互いの資金のやりとりを確認したうえで資金をリリースする、というかたちで取引の仲介を行った。これにより市場参加者は安心してドレクセルとの取引を行えることとなり、破綻の直前まで円滑な資金取引が可能となった。

9　BCCIについては、第3章「BCCIとマネーローンダリング」参照。
10　ベアリングズ銀行の破綻については、第6章「ベアリングズ銀行と不正トレーダー」参照。
11　ECU＝European Currency Unit／欧州通貨単位。ユーロ誕生以前にEUにおける共通通貨として各国間決済等に使われていた混合通貨。

5 「外為取引の決済リスク」報告

　ヘルシュタット・リスクに対して、民間金融機関の側から抜本的解決を図ろうとする動きは遅々として進まなかった。バーゼル銀行監督委員会は1996年3月に、「外為取引の決済リスク」という報告書を公表、そのなかでニューヨーク外為委員会による民間銀行業界のベストプラクティスとして16の提言を示した（図表1－4参照）。またそこでは、個々の銀行による外為決済リスク管理についてのアクションを求めたのに加えて、銀行業界全体に対しても多通貨決済取引に関するリスクを削減する取組みを早急に行うことを求めた。

6 金融リスク管理への影響

　ヘルシュタット・リスクが金融リスク管理に与えた影響は大きかった。外為取引市場が拡大を続けて日々数千億円単位の取引が行われるためには、そうした取引が円滑に決済されることが前提条件であり、ヘルシュタット・リスクのかたちで突然信用リスクを抱えることは、外為取引市場の発展を阻害する可能性のある、大きな脅威としてとらえられたのである。「外為取引の決済リスク」報告書による監督当局からの要請もあり、民間金融機関もさまざまな取組みを検討した。

　まず検討されたのは、外為取引の相手先を分散し、また取引相手の信用力に応じて取引金額を絞るなどにより、仮に決済リスクが発生して信用リスクを抱えることになったとしても信用

図表1－4　バーゼル銀行監督委員会による16の提言

提言1：経営陣はすべての意思決定において決済プロセスを理解することを促進すべきである

提言2：審査担当者とリスクマネジャーは決済プロセスのインパクトを理解し、その正確な定量化手法を開発すべきである

提言3：銀行はコルレス契約を検証し、決済口座に対するコントロールを強化すべきである

提言4：決済口座の突合は日中から日締めプロセスにおいて極力早く行うべきである

提言5：受取りの遅延に対して明確なフォローアップのプロセスを確立すべきである

提言6：決済リスク軽減のためにネッティングを活用すべきである

提言7：ネッティング支払に係る手続を確立すべきである

提言8：トレーディング・フロアにおける信用リスクマネジャーは外為決済リスクについて一義的な責任を負うべきである

提言9：信用リスク管理部門はすべての取引相手に対する決済関連エクスポージャーのリミットを設定すべきである

提言10：異なる時差での運営を行っている場合、取引相手に対するエクスポージャーはグローバルにかつリアルタイムで把握されるべきである

提言11：トレーダーが取引前に、取引相手に対するエクスポージャーが把握できる環境を提供すべきである

提言12：取引相手からの損失に対する責任の所在を明確にすべきである

提言13：危機に対する手だてを行うべきである

提言14：コルレス銀行のサービス内容を危機発生以前に検証すべきである

提言15：危機発生時には経営陣が直接関与すべきである

提言16：危機状況に対処するため、業界レベルの委員会を設置すべきである

1990年代半ば、監督当局は外為決済リスク軽減に向けた業界の努力を求めた

（出典）　バーゼル銀行監督委員会

力に応じて金額影響を限定する試みである。こうしたアプローチは信用リスク管理における標準的な考え方だが、IT技術の進展やインフラ強化によって、取引相手先との未決済取引のリスクをリアルタイムで把握したり、日中の未決済取引のリスクをコントロールするなど、その管理手法は急速に進展している。

これに対して外為決済リスクそのものに対する対応策も考案された。第2項で示したとおり、外為決済の場合、売買の対象である通貨のやりとりが、時差のあるそれぞれの本国市場で行われることがヘルシュタット・リスクの大きな要因である。この点を軽減するためには、たとえ通貨であっても同一の場所、あるいは時間で決済を行えばいい、という取組みがなされても不思議ではない。

こうした取組みとして考案された例が、CLS[12]、あるいは多通貨同時決済と呼ばれる試みである。CLSでは、専門特化したCLS銀行が、外国為替取引を行う銀行の間を仲介し、両銀行からの入金を継続的に確認したうえで、両銀行に送金を行う。こうすることで、取引の双方の銀行は安心して取引を行うことができるわけである。2002年の開業時に、米ドル、ユーロ、円など7種類の通貨で取扱いを開始したCLS銀行の多通貨同時決済業務は、2020年現在、参加者は2万8,000社にのぼり、17の通貨について1日当り5兆ドルもの決済を行うまでに至ってお

12　Continuous Linked Settlement.

り、外国為替取引決済の８割を占めるまでに拡大している。

　また、CLS銀行を通さない相対の外為決済取引においても、決済方法の改善策が検討された。決済指示を行って自分の資金送金を実施してから、実際の決済が完了するまで、決済が完了したか、あるいは行われなかったか、についての確認ができるまでに時間がかかる、という欠点を補うために、仲介業者が入って、互いの資金手当が行われていることを確認してはじめて取引決済を完了させる、という、PVP（＝Payment versus Payment：支払対支払）と呼ばれる取引スキームが検討された。PVP取引を通じて決済リスクの回避を図る、という取組みも着実に進展している。

　バーゼル銀行監督委員会の提言に基づいた官民双方の努力により、外為決済リスクは、大きく軽減したといえるだろう。しかしながら、金融資本市場はその規模が拡大するとともに複雑性を増しており、リスク管理における決済リスク管理の重要性は、ヘルシュタット事件における外為取引を超えてより多様な金融商品の取引にもまたがり、さらに高まっていると考えられる[13]。

> **目撃者のコラム**
>
> 　ヘルシュタット・リスクが発生した時点は、自身はまだ高校生であり、厳密な意味での「目撃者」には当たらない。しかし

13　第19章「金融エコシステムとノンバンク金融（NBFI）」参照。

ながら、その後にリスクマネジャーとしてのキャリアを積むにつれ、外為取引の決済リスク、あるいはより広い範囲の決済リスクは、いまなお対応がきわめて悩ましいリスクとして君臨し続けているといわざるをえない。ヘルシュタット・リスクはリスクマネジャーにとり、いまなお「トラウマ」として存在し続けているのである。

　仮に決済リスクが発生した場合、決済リスクは取引相手に対する突然、かつ多くの場合想定外の債権、すなわち信用リスクとして顕在化する。一方で、決済リスクを一件一件の取引について心配していては、日々の取引は実行不可能である。日々の取引を実行しながらも、取引先の信用状態や資金繰り状況に留意し、万が一信用力の悪化や資金繰りの悪化の兆候がみえた場合には、決済リスクをとらないようにコントロールする必要がある。そのためには、取引先に対するリスク・エクスポージャーの計測の頻度を高め、時には日中エクスポージャーも把握し、またその取引先に対するエクスポージャー限度額の空き枠を管理するインフラを整えることで、万が一ヘルシュタット・リスクが顕在化した場合でも、不測のエクスポージャーが発生しないような取組みがなされている。

　本文でも紹介した、1996年3月のバーゼル銀行監督委員会の「外為取引の決済リスク」報告書公表の後で、英国のイングランド銀行は、英国国内の銀行の担当者向けに本報告書の説明会を開催した。明るい朱色の表紙の報告書を配布資料として、ロンドンのイーストエンド（東側）地区、一般に下町とされる地区の公民館ホールのステージに並んだイングランド銀行の担当官3名が、説明会に出席した銀行担当者たちの質問に答えていた。今後1年半以内に、業界として外為決済リスクの削減を実現する手だてを講じるべき、としたイングランド銀行の担当官に対して、参加者からは、「外為決済リスクは昔から存在する

問題。本当にそんなこと（1年半以内のリスク削減）ができると思っていらっしゃるのですか」、という、多少皮肉も込めた質問がなされた。これに対する、担当官の静かな回答に会場は息を飲んだ。「この市場（外為市場）をつくったのはあなたたちだ。そこから発生した問題を解決するのが、あなたたち自身の責任なのは明白なことだ」。その瞬間、会場は沈黙が支配し、空気は凍ったように感じられた。英国人の英語にまだまだ慣れていない身にも、「これはただ事ではない」と背筋を寒くさせるに十分であった。

　その後決済リスクの問題は、金融資本市場の規模の拡大や複雑化、求められるスピードの進化、さらには市場間の連関性の高まり等から、外国為替取引だけではなく、国内資金や有価証券、さらには新手のデジタル決済手段に至るまで、あらゆる取引に係る課題として、さらに重要なリスクになっているといえる。それだけ取扱いがむずかしいリスクということなのだ。しかしながら、本章で示した、信用リスク管理からのアプローチや、CLSやPVPといった取組みなど、外為決済リスクに対する取組みが大きく進展したことは、このむずかしい課題も解決可能なものであることを示している。またそのためには、官と民の間の健全な緊張関係に基づく連携があったことも示している。1996年の説明会での凍った空気が、「緊張の下での連携」努力を加速させたのかもしれない。

〈参考資料〉

「いわゆるヘルシュタット・リスクの概念とその規模の測定について」、鎌田沢一郎、日本銀行金融研究所「金融研究」、1990年7月

「外為円決済を巡る最近の動向」、小林亜紀子、濱泰穂、今久保圭、日銀レビュー、2007年6月

「外為決済リスクに係るラウンドテーブル最終報告書」、金融庁、
　2018年8月

「日本銀行が運営する資金決済システムに関する情報開示」、日本銀
　行、2021年7月

"Supervisory guidance for managing risks associated with the set-
tlement of foreign exchange transactions", Basel Committee on
Banking Supervision, Bank for International Settlements, Febru-
ary 2013

"Reducing Foreign Exchange Settlement Risk", The New York
Foreign Exchange Committee, October 1994

"Settlement Risk in Foreign Exchange Transactions", Committee
on Payment and Settlement Systems of the central banks of the
Group of Ten countries, March 1996

"Triennial Central Bank Survey: Foreign exchange turnover in
April 2013: preliminary global results", Bank for International
Settlements, September 2013

第 2 章

ブラックマンデー
【1987年】

　1987年10月19日、ニューヨーク株式市場は、前日比20%
を超える大暴落となった。後に「ブラックマンデー」「暗
黒の月曜日」と呼ばれる市場クラッシュであった。果敢な
金融緩和で恐慌の危機をかわした後、市場では、暴落の再
発を防ぐための制度が導入された。かたや、金融機関を中
心とした市場参加者は、市場リスク管理体制の整備を急い
だ。

1 「ウォール街の10月の大虐殺[1]」

　手がかりがなかったわけではなかった。前年の1986年頃か
ら、巨額の借入れを元手とした企業買収、いわゆるLBO[2]が
ブームとなり、企業の負債は拡大傾向にあった。景気は過熱気
味で、市場はソフトランディングを模索し始めていた。米国証
券取引委員会（SEC[3]）は、企業買収の急拡大に対してインサ
イダー取引の調査を開始していた。米国連邦準備制度理事会
（FRB[4]）は景気過熱懸念から短期金利を高め誘導し、金融引
締めに転じていた。株価もその年の8月をピークに下値を探り
始めていた。

1　1987年10月のタイム誌の見出し。
2　レバレッジド・バイアウト（Leveraged Buyout）。
3　Securities and Exchange Commission.
4　Federal Reserve Board.

10月に入ってから、株価は下げ足を速め、すでに第１週に６％、第２週には12％下落していた。また、前週末に欧州を襲った大嵐[5]に際して、ロンドンのトレーダーが、週末に向けてポジションを手じまいする売りオーダーを置いたことが引き金となった、という説もある。

　しかしながら、どのような理由をもってしても、週明けの1987年10月19日月曜日のニューヨーク株式市場の暴落は説明しきれなかった。この日１日で、ニューヨーク株式市場は、ダウ・ジョーンズ株価指数で、前日の2,246.74ドルから508ポイント、比率にして実に22.6％下落し、時価総額にして１日で5,000億ドル（約71兆円）相当を失ったのである。後に「ブラックマンデー」「暗黒の月曜日」と呼ばれる株式市場暴落の発生である。

　ニューヨークのブラックマンデーは、数時間後に始まったアジア市場に、さらに欧州市場に瞬時に波及した。翌10月20日の東京市場では、日経平均株価が、3,836.48円安（▲14.90％）[6]、と過去最大の下落を示した（図表２－１参照)[7]。

5　1987年の大嵐（Great Storm of 1987）と呼ばれ、英国で18人の死者と73億ポンド（約１兆7,000億円）の損害、フランスで４人の死者と230億フランスフラン（約5,500億円）の損害をもたらした。
6　終値は２万1,910.08円。
7　欧州市場では、前週末から20日の間に、英国FT株価指数が21.7％、ドイツのDAX株価指数が10.7％下落した。また、香港のハンセン指数は休場明けの26日に33.3％の下落を記録した。

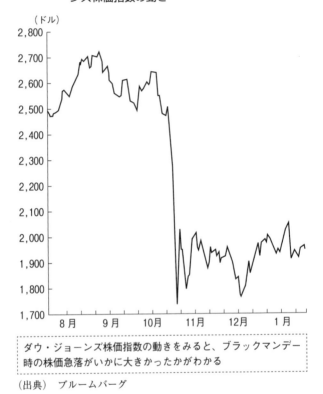

図表 2 - 1　1987年 7 月19日〜1988年 1 月19日のダウ・ジョーンズ株価指数の動き

（ドル）

> ダウ・ジョーンズ株価指数の動きをみると、ブラックマンデー時の株価急落がいかに大きかったかがわかる

（出典）　ブルームバーグ

2　事件の「犯人」——プログラム・トレーディングとポートフォリオ・インシュアランス

　ブラックマンデーの株価暴落の「主犯」とされたのが、「プログラム・トレーディング」と「ポートフォリオ・インシュア

ランス（ポートフォリオ保険）」であった。

　プログラム・トレーディングは、株式現物と株価指数先物の間の裁定取引、いわゆる「インデックス・アービトラージ取引」をコンピュータ・プログラムによって自動的に発注・執行するものである。株価指数先物取引価格と、株価指数を構成する株式現物価格は通常連動して動くはずであるが、市場の動きによっては、たとえば、株価指数を構成する株式の株価合計が、取引手数料を考慮しても、株価指数先物よりも割安になるケースがある。そうした場合、株価指数を構成する株式バスケットを買い、株価指数先物を売り建てることで、両者が再び収れんした際に、無リスクの利益（裁定利益）を確定することができる[8]。プログラム・トレーディングは、このような裁定利益の機会を、両者の価格推移から自動的にとらえ、チャンスが生まれたときに自動発注を行うことで、裁定取引のポジションを作成、あるいは解消し、裁定利益を確定させる取引である[9]。

　これに対して、ポートフォリオ・インシュアランスは、機関投資家向けのリスクヘッジ商品として、開発・販売された取引スキームである。たとえば、株式のポートフォリオをもっている機関投資家が、市場の下落に直面した場合、そのロングポジ

---

[8]　逆に、株価指数先物が割安となった場合、株価指数先物の買い、現物株式バスケットの売りで裁定利益を確定させる取引もありうる。
[9]　第15章「アルゴリズム取引・HFT取引と「フラッシュ・クラッシュ」」参照。

ションに対するヘッジ比率に基づいた株価指数先物のショート
ポジションを組めば、株式ポートフォリオの価値下落は、理論
上、売り建てされた先物ポジションから生じる益で相殺される
ことになる。さらにそれを単純な先物ではなく、オプション取
引を使うことで、先物取引に比べて少額のコストで同様の効果
を得ようとする戦略も考えられる。市場が下落する兆候を示し
たときには、コンピュータ・プログラムがそれを感知して、
「ダイナミック・ヘッジ」と呼ばれる手法で算出されたヘッジ
比率に基づいた、株価指数先物の売り取引やオプション取引を
自動的に行い、それによって、ポートフォリオの価値を維持す
る、すなわち「ポートフォリオの価値に保険をかける」という
のが、ポートフォリオ・インシュアランスとして販売された投
資戦略であった。

　しかしながらこうした投資戦略が期待どおりの効果を発揮す
る前提は、個別の株価や株価指数が整然と価格変化し、その間
に行われる取引発注が問題なく執行されるといった、市場が正
常に機能することであった。10月19日にみられた異常な市場で
は、これらの投資戦略が、かえって市場の下落に拍車をかける
ことになってしまったのである。

3　10月19日──「暗黒の月曜日」

　まず、朝から株価が急落したことで、ポートフォリオ・イン
シュアランスのヘッジプログラムが発動、機関投資家のポート
フォリオを守るべく、各機関投資家のポートフォリオ・イン

シュアランスは、先物の売り注文を大量に行った。この大量の売り注文によって先物価格は、現物に先んじて急落し、先物の価格下落に追いつかない株式現物価格が相対的に高くなってしまった。今度は、これをプログラム・トレーディングのコンピュータが感知する。現物株式が先物に比べて相対的に高くなったので、現物株式のバスケットを売れば、先物に対して相対的に高い価値を利益化することができるはずである。こうしたプログラム・トレーディングからの株式バスケットの売り注文が大量に行われることになる。

　正常な市場であれば、株式バスケットの売りと同時に行われる先物の買戻取引によって、先物価格の上昇がみられるはずである。しかしながら、急落を示した市場では、大量に発注された株式バスケットの売り注文に対して、個別株式の取引が成立せず、株式現物の気配価格を大きく下げることとなってしまった。気配を切り下げた株式現物価格は、ポートフォリオ・インシュアランスに、さらなる先物売りを指示することとなり、こうした投資戦略が、株価下落のスパイラル的な悪循環を演出することとなった[10]。

10　ブラックマンデーの22.6％の株価下落のうち、ポートフォリオ・インシュアランスを原因とする下落分が12％に当たるとされている。また、ブラックマンデーの前週において、実需に基づく売り取引が40億ドルであったのに対して、プログラム・トレーディングとポートフォリオ・インシュアランスのダイナミック・ヘッジ戦略に基づく売り取引は120億ドルであったとされている。

4 事態の収拾──恐慌からの脱出

　ブラックマンデーの暴落を、恐慌に至る道から断ち切ったの
は、米国連邦準備制度理事会（FRB）を中心とした金融当局の
努力によるところが大きい。FRBは、事態に対して機敏に対
応し、株価暴落に伴う信用不安で委縮する金融機関に対して流
動性を潤沢に供給する姿勢を明確にした。FRBのFOMC[11]は、
公開市場オペレーションを通じて米国国債の買いオペを行い、
市場に資金供給を行うとともに、短期金利の低め誘導を実施し
た。ブラックマンデー前の金融引締政策を180度転換したこと
になる。

　いくつかの金融機関では資金繰り問題や資金決済問題も懸念
されたが、FRBを中心とした資金供給と金融緩和によって何
とか乗り切り、株価も徐々に落ち着きを取り戻していった（図
表2－2参照）[12]。

　翌1988年第1四半期に米国経済は前期比年率2％の成長を示
し、第2四半期には、5％に成長幅を拡大した。ブラックマン
デーが引き金となった株式市場に対する不安は、結果として、
実態経済のパフォーマンスが払拭することとなった。

11　連邦公開市場委員会（Federal Open Market Committee）。米国の金
　融政策に関する決定を行う。
12　FRBの危機管理本部は11月上旬に通常業務に戻ったとされる。

図表 2 − 2 1986年12月〜1988年12月のダウ・ジョーンズ株価指数の推移

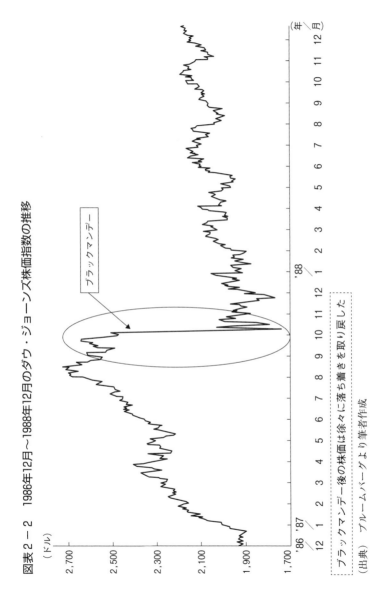

ブラックマンデー

ブラックマンデー後の株価は徐々に落ち着きを取り戻した

（出典） ブルームバーグより筆者作成

5 事件後の経緯

　ブラックマンデーは、市場関係者を震撼させた。特に、市場が急落した際に、先物主導の売りが、さらなる売りを呼ぶかたちで、雪崩現象を起こすリスクがクローズアップされた。これに対してニューヨーク証券取引所は、翌1988年に、サーキット・ブレーカー制度を導入した。サーキット・ブレーカー制度とは、先物価格が急激に動いた場合に、取引を一時停止するメカニズムを組み込むもので、これにより、先物主導の市場暴落に対する一定の歯止めが確保されたことになる[13]。

　また、暴落の要因とされたポートフォリオ・インシュアランスは、市場が急速に動く局面では、その中心的な考え方であるダイナミック・ヘッジ戦略が、有効に働かないことが明らかになった。その結果、機関投資家向けの投資戦略としてのポートフォリオ・インシュアランスは商品性を失った。

　ブラックマンデーにおいて幸運だったのは、それが、金融機関がトレーディング業務に本格的に取り組む前に、かつ株式市場で発生したことであった。金融機関は、1980年代からトレーディング業務に力を入れ始めてはいたものの、後にみられるような主力業務としての位置づけではなく、ブラックマンデーに

13　この時点では、株価指数先物のような指数取引に対する措置が導入された一方、個別株式に対する措置は導入されなかった。この点は、後述のフラッシュ・クラッシュの際に問題となる。第15章「アルゴリズム取引・HFT取引と「フラッシュ・クラッシュ」」参照。

よっても、金融機関、特に銀行の屋台骨を揺るがすようなトレーディング損失は発生しなかった。仮に、ブラックマンデーが15年、あるいは10年遅れて起きていたら、金融機関自身に大規模なトレーディング損失が発生し、いくつかの金融機関の経営そのものが懸念視されることがあったかもしれない。また、ブラックマンデーが、株式市場で起こったことも幸いした、といえなくもなかった[14]。銀行は、当時存在したグラス・スティーガル法のもとで株式関連業務を厳しく制限されており、株式市場の下落が、銀行のポジションに直接影響を与えることは少なかったのである。

6 | 金融リスク管理への影響

　ブラックマンデーは、今日いわれるような金融リスク管理の実務が確立される以前の出来事であった。金融機関がトレーディングで大きなポジションをとるようになったのも、ブラックマンデー以降のことであった[15]。しかしながら、ブラックマンデーが、市場リスク管理の重要性を痛感させ、特に、後にストレステストとして議論される、市場の大きな動きに対する市場リスク管理実務の先行事象となったことも事実である。金融機関は、市場リスク管理と、そこにおける金融技術とIT技術の重要性を認識し、それらを取り込む努力を始めることにな

14　第5章「FRBショックとデリバティブ損失」参照。
15　第5章「FRBショックとデリバティブ損失」、第10章「サブプライムローン問題と証券化商品」参照。

る[16]。その意味でブラックマンデーは、金融機関に市場リスク管理体制整備の警鐘を鳴らした事件であった。

　ブラックマンデーが起こったのは、個人的に国際資本市場における商品開発実務に従事し始めた直後であった。東京市場では、ブラックマンデーの翌20日の火曜日に株価が急落した。株価指数や個別株価を示す目の前の情報端末が、色とりどりの点滅を重ねながらつるべ落としのように下がっていたのを、いまでも鮮明に思い出すことができる。株価は、企業業績や時価総額といった概念と無関係に、するすると下落していった。先輩の為替ディーラーはなすすべもなく、「どこまで落ちるんだろうね」と傍観者のような言葉を発した。金融危機を回避するために奔走していた方々からすると、不謹慎な発言だろうが、暴落する市場を目の当たりにした、多数の市場参加者の「感想」であったことも事実であろう。

　しかしながら冒頭に記載のとおり、ブラックマンデーにも手がかりはあった。市場リスクマネジャーとしては、上昇する市場においても、リスクシナリオを想定する想像力が必要となろう。特に、市場が極端な動きを示す、ストレス状況に対しては、感性を市場に集中してなんらかの手がかりをつかみ、「健全な懐疑心」に基づいてストレスシナリオを考えるべきである。また、プログラム・トレーディングのようなインフラ強化を伴う新たな市場取引慣行に対しては、それがどのような市場を前提としているのか、その前提が崩れた場合に何が起こるのか、どのように対処すべきなのかについての対応策を事前に検

16　第4章「G30レポートとVaR革命」参照。

討しておく必要があろう。そのことは、後でみるアルゴリズム取引やHFT取引、さらにはプログラミングを人が介さないAIが取引インフラをかたちづくることになったとしても変わりはないのである。

〈参考資料〉

"Report of the Presidential Task Force on Market Mechanisms", Brady N, 1988

"Endogenous Risk, Modern Risk Management—A History", Danielsson J and Hyun S, 2003

『波乱の時代』、アラン・グリーンスパン、日本経済新聞出版社、2007年（"The Age of Turbulence", Greenspan A, 2007）

第 3 章

BCCIと
マネーローンダリング
【1991年】

┌─ 本章のポイント ─┐

　1991年7月5日、それまで各国主要都市の目抜き通りに
支店を連ねていた銀行が突然閉鎖された。その銀行はバン
ク・オブ・クレジット・アンド・コマース・インターナショ
ナル（＝Bank of Credit and Commerce International, BCCI）[1]。
1972年に設立され全世界73カ国で業務を展開していた多国
籍銀行であった。BCCIの処理の過程で明らかになったの
は、ずさんな内部管理に加えて、麻薬取引や密輸、武器の
不正取引からテロリスト支援に至るまで、複雑な資本関係
に隠された、さまざまな不正取引の数々であった。そこで
は、BCCIを経由することで、不正取引で得た資金を正常
な資金に偽装する、マネーローンダリング（資金洗浄）も
広範に行われていた。各国当局はBCCIの銀行取引を閉
鎖、全世界の預金者・債権者に被害が発生した。

1 多国籍銀行BCCI

　BCCIは、1972年にパキスタンの銀行家ハッサン・アベディ
がアブダビ首長のザーイド・ビン・スルタン・アール・ナヒ
ヤーンの出資を得ることで設立された[2]。その設立の目的は、
イスラム圏、ひいては広く発展途上国の金融活動に資する銀行

1　「国際商業信用銀行」と訳されることがある。
2　アブダビ首長の出資については、裏で利回り保証および買戻し条件
　が付されており、純粋の投資ではなかった、とされている。

とすることである、とされていた。BCCIグループの中心は、ルクセンブルクに設立された持株会社のBCCIインターナショナル、ルクセンブルク設立の銀行として、ルクセンブルク、英国、ドイツ、日本、米国、オランダ、中東などに47の支店を有したBCCI、そしてパキスタン、フランス、モナコ公国、アフリカ、アジアなどに63支店を有したBCCIオーバーシーズ銀行、の3社であったが、それ以外にもBCCI香港、BCCIジブラルタル、BCCIスイス、BCCIスペインなど、多数の子会社を有していた（図表3－1参照）。

また1982年以降BCCIインターナショナルは、ファースト・アメリカン銀行（First American Bank）を含む米国の地銀4行を買収し、米国にも営業拠点を築いた。持株会社であるBCCIインターナショナルはルクセンブルク法人であったが、本部機能は英国に置いており、実質的な運営指示はロンドンからなされていた。グループは、数多くの持株会社、子会社、関係会社、機関銀行、内部出資、信託契約などを通じてくもの巣のように複雑な相互出資関係を有しており、どの会社が親会社で、どれが子会社なのかもわからず、連結ベースの財務諸表も存在していなかった。また、その業務は複数の金融センターに分散されており、結果として多数にわたる監督当局の監督責任は分断されていた。そもそもBCCIは、規制の緩いオフショアセンターを活用していたため、その業務内容は監督当局からはみえにくく仕組まれていた。また当時は、持株会社は銀行監督規制の対象ではなく、BCCIグループを主に監督している金融当局

図表3－1　BCCIのグループ構成

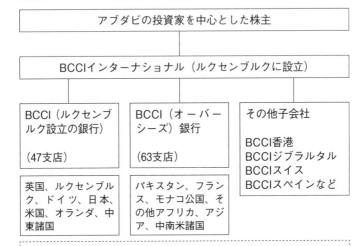

アブダビの投資家を中心とした株主

BCCIインターナショナル（ルクセンブルクに設立）

BCCI（ルクセンブルク設立の銀行） （47支店）	BCCI（オーバーシーズ）銀行 （63支店）	その他子会社 BCCI香港 BCCIジブラルタル BCCIスイス BCCIスペインなど
英国、ルクセンブルク、ドイツ、日本、米国、オランダ、中東諸国	パキスタン、フランス、モナコ公国、その他アフリカ、アジア、中南米諸国	

BCCIグループは複雑な資本関係を構成することにより、グループのなかでどの会社が親会社でどの会社が子会社か、わからない状況とし、主たる監督当局も存在しなかった

も存在しない状況にあった。

2　BCCIをめぐる懸念と対応の遅れ

　BCCIの監査法人であるプライスウォーターハウスは、BCCIの設立後間もない1976年に、BCCIの決算勘定が突合していないと指摘した。またBCCIインターナショナルはロンドンに本部機能を有していたが、英国の監督当局であるイングランド銀行は1970年代終わりには、BCCIの経営状況に疑問を呈し、英国内における業務拡大に懸念を示したといわれている。

　1980年代後半には、BCCIの経営の不透明性は関係者の知る

ところとなった。1988年、米国フロリダ州は、BCCIが麻薬取引に関するマネーローンダリング（後述）にかかわっている可能性があるとして、当局に調査を依頼した。1989年には、米国上院のケリー議員とブラウン議員がBCCIに関する疑惑を調査した[3]。1990年には、監査法人であるプライスウォーターハウスが、BCCIの米国法人であるファースト・アメリカン銀行とBCCIの間の不正取引を指摘、英国当局もBCCIの検査を開始した。またBCCIが雇った外部調査員もこの時点でBCCIの経営陣に対し、違法取引が行われていることを報告していた。ところが1990年4月、イングランド銀行は、それまで英国にあったBCCIの本部機能をアブダビに移すことで、業務の継続を認めることを合意した。その後アブダビ政府はBCCIの不正取引についての報告を受けたとされているが、外部監査人との連携は行われず、BCCIの不正追及の機会は、いったん失われた。

　1991年6月22日、プライスウォーターハウスはイングランド銀行に対して、「サンドストーム（Sandstorm（＝「砂嵐」）報告[4]」と呼ばれる調査報告書を提出、BCCIが広範にわたる不正会計処理を行ってきたことを示した。これを受けたかたちでイングランド銀行は、世界の7カ国の監督当局との協調のうえで、1991年7月5日にBCCIの銀行免許の取消しと業務停止を

3　調査報告書は、BCCIの銀行業務が停止された後の1992年に提出されている。ケリー議員はその後オバマ大統領のもとで国務長官に就任、さらにバイデン大統領のもとでは気候変動担当大統領特使を務めている。
4　「Sandstorm」は、プライスウォーターハウス内における本プロジェクトの暗号コード名。

敢行した。

　その後のBCCIの処理は、決して平坦なものではなかった。その後の調査で、100億ドル（約1兆3,700億円）を超える使途不明金が明らかとなり、多くの国において預金者が損害を被った。日本においてもBCCIと取引のあった多くの企業や個人が損害を被った。

【BCCI閉鎖とヘルシュタット・リスク】

　BCCIの業務閉鎖の過程でも、第1章で取り扱ったヘルシュタット・リスクが発生している。

　7月5日以前に行われた為替取引におけるBCCIの取引相手は、7月5日にBCCI宛てに英ポンドの支払を実施していたが、7月5日のBCCIの業務停止の連絡を受けた後のニューヨーク市場における米ドルの受取りはなされず、BCCIに対する債権となった。また、BCCIと米ドル／円の為替取引を行っていた日本の銀行も、7月5日の東京時間に外為円決済制度を使って円の支払を行っていたのに対して、BCCIから受け取るべき米ドルは、米国時間で資産凍結措置がなされたことから受け取れないという事態となった。

3　BCCIと不正取引

　BCCIの破綻処理の過程で明らかになったのは、BCCIが金融

不正取引の温床となっていた実態であった。コモディティを中心とした投機的トレーディングから損失が発生したことは、すでに多くの市場関係者の知るところであったが、それは氷山の一角にすぎなかった。貸出業務においては大口貸出限度枠もなく、野放図な貸出が行われていた。また、二重帳簿をもつことにより、顧客の預金は不正に着服されていた。すなわち1つの帳簿では正規の銀行業務を記帳している一方で、もう1つの帳簿では預かった顧客預金を着服して第三者の銀行に送金、そこからさらに名義貸しによって全額をBCCIに預金させ、新たな預金として扱ったうえで、二重に記帳された預金は不正取引の損失補てんなどに充当された。また、こうした資金は麻薬取引の原資やテロリスト支援の資金としても使われていた。

　そもそもBCCIに対する出資は、多くの場合、BCCIからの貸付によって資金があてがわれており、各出資者はBCCIからの元本保証に加えて利回りさえ保証されたかたちで、表向きの出資者となっていたにすぎなかった。いわゆる「名義貸し」であった。

　BCCIの使途不明金には、テロリスト資金とのつながりが指摘されている。いくつかのテロリストの口座がBCCIの英国内の口座として開設されていること、また米英の諜報機関がその事実を認識しているとする報道もなされた。BCCIは米国の情報機関であるCIAの作戦行動を支え、海外における反体制団体に対する資金支援を裏で支えていた、ともされた。1990年代に問題となった、イラン・コントラ事件との関係が取りざたされ

たほか、アフガニスタン紛争においては、後にアルカイダを率いてテロ活動を指揮することになるグループ[5]に対してもBCCIを通じた資金供給がなされていた、ともいわれている。こうした不正取引では、いわゆるマネーローンダリング[6]（資金洗浄）取引が広範に行われていたのである。

4 マネーローンダリング（資金洗浄）

　麻薬取引や詐欺、脱税などの犯罪や、広く不正取引から得られた収益は、その出所を突き止められることを嫌う「裏金」である。こうした裏金を通常の取引で使っても問題ないような資金にみせかける行為を、裏金を通常の資金に洗い流して（＝出所を消す）きれいな資金にみせかける、という意味で、マネーローンダリング（資金洗浄）と呼ぶ[7]。一般的には、金融機関の架空口座を利用して転々と送金を繰り返したり、有価証券の現物を購入する[8]などの手法で資金の出所をわからなくする方法がとられる（図表3-2参照）。

　マネーローンダリングに対しては、国際的に協調して対応す

5　アルカイダは、後にニューヨーク同時多発テロを引き起こすことになる。第9章「ニューヨーク同時多発テロとBCP」参照。

6　Money Laundering.

7　第9章で触れる2001年のニューヨーク同時多発テロでは、合法的な資金がテロ行為に使用されたことから、それ以降、合法的な資金が非合法な目的に使用されることも、「テロ資金供与」として、広義のマネーローンダリングに含まれる、とされるようになった。

8　有価証券以外に、匿名性や換金性の高い、金塊やダイヤモンド等も、マネーローンダリングに使用されることが多い。

図表 3 - 2　マネーローンダリング（資金洗浄）のメカニズム

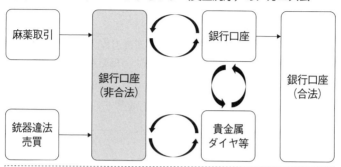

麻薬取引や銃器違法売買で得られた資金は多数の銀行口座を転々と移動させたり、貴金属やダイヤモンド等を購入する等して、出所を隠匿して「資金洗浄」され、最終的に合法的な取引として入金される

ることが必要であり、国連や主要国サミットでの議論や提言に基づいて、対応がとられた（図表 3 - 3参照）。

　1988年12月、国連は、「麻薬及び向精神薬の不正取引の防止に関する国際連合条約（麻薬新条約)」を採択、不正取引に国際レベルで立ち向かうことを開始した。翌1989年には、アルシュ・サミットでの合意に基づき、マネーローンダリング対策における国際協調を進めるための「金融活動作業部会」、通称FATF[9]が設立された。

　FATFは、薬物取引に基づくマネーローンダリング対策として、1990年 4 月に、主に以下の①〜⑥からなる「40の勧告」を提言した。

9　Financial Action Task Force on Money Laundering.

図表3－3　マネーローンダリングに関する国際協調の動き

年月	内　容
1988年12月	「麻薬及び向精神薬の不正取引の防止に関する国際連合条約」（ウィーン条約）（麻薬新条約）採択
1989年7月	フランスでアルシュ・サミット開催。金融活動作業部会 (Financial Action Task Force on Money Laundering, FATF) 設立
1990年4月	FATF、マネーローンダリング対策に関する「40の勧告」提言
1995年6月	カナダでハリファックス・サミット開催。薬物犯罪以外の重大犯罪に関するマネーローンダリング対策についても討議
1996年6月	FATF「40の勧告」改訂。マネーローンダリング対策を、薬物犯罪からそれ以外の重大犯罪にも拡大
1998年3月	英国でバーミンガム・サミット開催。先進国間で、マネーローンダリング情報分析機関（Financial Intelligence Unit, FIU）の設置義務づけ
2000年2月	金融監督庁（当時）に「特定金融情報室」を設置

マネーローンダリングを中心とした金融犯罪に対して、各国は国際協調により、対応を行った

（出典）　金融庁、新聞報道等より筆者作成

① マネーローンダリングの対象となる犯罪の定義

② 洗浄された資金に対する暫定的な措置および没収

③ 顧客管理措置および記録の保存

④ 疑わしい取引の届出および遵守

⑤ FATFに非協力的な国などへの措置

⑥ テロ資金対策

　特に銀行は、各国で資金決済における中核的な役割を担っていることから、FATFの40の勧告に基づき、不審な資金のやりとりがあった場合、当局に届出を行うことになっている。

　こうした動きを受けて、日本においても、1992年に施行されたいわゆる麻薬特例法[10]で金融機関等に薬物犯罪収益に関するマネーローンダリング情報の届出を義務づける「疑わしい取引の届出制度」を創設、さらに2000年に施行された「組織的犯罪処罰法」で同届出制度を拡充した。そこでは、薬物犯罪に加えて一定の重大犯罪に関する情報を届出対象とするとともに、マネーローンダリングに関する情報集約や、捜査機関に関連情報を提供する権限を金融監督庁（当時）の特定金融情報室に与えることとした。2003年には、本人確認法[11]が施行、金融機関の口座開設や、現金や無記名の有価証券、持参人払小切手などの取引に際して、本人確認を行うことが義務づけられた[12]。さらにその後、「改正テロ資金供与処罰法（2014年施行）」「国際テロリストの財産凍結法（2015年施行）」「改正犯罪収益移転防止法（2016年施行）」「改正資金決済法（2017年施行）」等が導入されている[13]。

10　「国際的な協力の下に規制薬物に係る不正行為を助長する行為等の防止を図るための麻薬及び向精神薬取締法等の特例等に関する法律」
11　「金融機関等による顧客等の本人確認等に関する法律」。2008年に「犯罪による収益の移転防止に関する法律」が全面施行された際に廃止された。
12　こうした反マネーローンダリングの取組みは、略して「AML（＝ Anti-Money Laundering)」と呼ばれる。

5 BCCI対応の問題点

BCCI事件が、英国やルクセンブルクといった金融先進国を舞台として発生し、広範なマネーローンダリング活動を許してしまった、という事実は、各国の金融当局にとって衝撃であった。BCCI対応からは金融監督上のいくつもの問題点が浮き彫りとなった。

第一に問題だったのは、金融機関自身における内部統制体制の構築が不透明なまま放置されていたことである。BCCIでは、複雑なグループ出資関係を意図的に構築することで、誰がグループを所有しているのか、経営しているのかが不透明な状態をつくりあげていた。その結果、本来公共性に基づいてなされるべき金融機関経営の意思決定が正しく行われず、貸出等の信用創造機能が特定の利害のために使われてしまう、いわゆる「機関銀行化」のための素地が築かれていたといえる。またBCCIのケースでは、株主自身も「名義貸し」による、名目上の株主にすぎず、株主による経営の監視も存在していなかった。BCCIの意思決定にかかわったすべての関係者が不正の意図をもっていたとは限らないが、その複雑な構造や内部統制体制の不備から、当事者自身もBCCIの組織構造や誤った意思決定を正確に把握できていなかった可能性も否定できない。大規

---

13 こうした法令が導入された一方で、2021年8月に公表されたFATFの第4次対日審査の結果、日本は「重点フォローアップ国」とされ、さらなる対策が求められる状況にある。

模な金融グループは、その構成を十分に透明にする必要があり、その経営者は公共性が高い金融機関を経営するに足る資質を有している必要があることが認識された。また、当該金融機関に大株主が存在する場合、株主による経営陣の監視が十分に機能しなくなる可能性があることから、金融機関の経営執行からは独立した社外取締役の役割が重視されることとなった。これは、金融機関におけるコーポレート・ガバナンス体制構築の問題と言い換えることができる。

次に指摘すべきなのは、金融機関グループに対する連結ベースの金融監督の問題である。その複雑なグループ出資構成により、BCCIに対しては、どこの国の金融当局がどのような金融監督を担当していたかがあいまいになっており、結果としてBCCIを監督する当局が実質的に不在であった。BCCI自身が、グループ構造を複雑につくりあげ、かつ本社の所在地と本部機能を分ける等して、そうした状況を意図的につくりあげていたことによる事情は否めないが、こうした事態を再発させず、多国籍銀行に対する監督を適切に行うためには、金融機関を連結ベースで監督する枠組みを確立するとともに、金融当局間の協力や情報交換が不可欠であるという認識が共有された。

最後に、BCCI事件においてはその不自然な業務状況を早期にとらえる機会が何度か見逃されていた。その多くは、会計記帳の不透明性や不正会計に関する監査法人の指摘であった。金融機関と外部監査法人との間で発見された事象を監督当局が活用することは、BCCI事件の大きな教訓として認識された。

6 金融機関監督体制への影響

BCCI事件の後、各国金融当局は、自国における金融制度改革や国際協調を通じて、金融機関の内部統制強化策を打ち出すこととなった。

まず、金融機関のコーポレート・ガバナンス体制強化について、バーゼル銀行監督委員会は1998年9月に「内部管理体制の評価のためのフレームワーク」を公表、銀行の内部統制に関する13の原則を示した。さらに、1999年9月に「銀行組織にとってのコーポレート・ガバナンスの強化[14]」、2010年10月には「コーポレート・ガバナンスを強化するための諸原則」を公表し、BCCI事件の教訓を国際的なベストプラクティス指針として示した（図表3−4参照）[15]。また先進国の集まりである経済協力開発機構（OECD＝Organization for Economic Co-operation and Development）も1999年6月に「OECDコーポレート・ガバナンス原則」を公表、2015年9月にはこれを改訂して、新たに「G20／OECDコーポレート・ガバナンス・コード」として公表した[16]。

---

14 2006年2月に改訂。
15 同原則は2015年7月に「銀行のためのコーポレート・ガバナンス諸原則」として改訂された。
16 同文書は2023年9月に改訂された。本邦では、2015年6月に東京証券取引所が「コーポレート・ガバナンス・コード」を公表、すべての上場会社に2名以上の独立社外取締役設置を求めるなど、5つの基本原則に基づく対応を定めた。2021年6月の改定では、特にプライム市場上場会社は独立社外取締役を3分の1以上選任すべきであるとした。

連結ベースでの金融監督については、欧州議会は1992〜1993年にかけて、金融機関を連結ベースで監督する方向性で銀行規制を改定することを合意し[17]、さらに米国、スイス、日本、カナダといった、欧州外の第三者国の金融当局との間で協調行動

図表3−4　銀行のためのコーポレート・ガバナンス諸原則

原則 1	取締役会の最終責任
原則 2	取締役会メンバーの適格要件と構成
原則 3	取締役会自体の構成と実務
原則 4	経営陣
原則 5	グループ構成に対するガバナンス
原則 6	リスク管理部門
原則 7	リスクの認識、モニタリングとリスクコントロール
原則 8	リスク・コミュニケーション
原則 9	コンプライアンス
原則10	内部監査
原則11	報酬制度
原則12	ディスクロージャーと透明性
原則13	監督当局の役割

BCCI事件を受けて、バーゼル銀行監督委員会が公表した、コーポレート・ガバナンスを強化するための諸原則は、2015年7月に「銀行のためのコーポレート・ガバナンス諸原則」として改訂された

（出典）「銀行組織にとってのコーポレート・ガバナンスの強化」、バーゼル銀行監督委員会

17　"Consolidated Supervision Directive (92/30/EEC)".

に向けた交渉を行うことが認められた。また第8章で詳述する「バーゼルⅡ[18]」では、銀行経営の健全性を確保するための自己資本比率規制を、グループ会社を含む連結ベースで実施することを明記した。

国際的な銀行における金融監督責任については、金融機関の本店や本部機能が存在する国と、当該金融機関が設立・登録された国が異なる場合に、責任のあいまいさが生まれる可能性が高い。こうした事態に対応すべく、金融機関の意思決定機関が仮にその国に存在しなくても直接議論を行えるように、金融当局間が協働する方向性が示された。また、金融機関の不正取引や不透明な運営を早期に発見して対処するために、金融当局間で相互に情報を交換することを可能とする枠組みを整備することとした。

最後に、会計記帳の不透明性や不正会計を早期に発見する目的で、金融当局と監査法人が直接会話をする実務も取り入れられた。欧州においては監査法人が不正会計についての情報を得た際にはそれを金融当局に伝える義務を課する、との方向性が示された。こうした方向性を受けて、バーゼル銀行監督委員会は、2001年8月に「銀行の内部監査および監督当局と監査人との関係」を公表し、監督当局と内部監査、外部監査の関係についての20の原則を示した。

また英国では、銀行法39条（当時）に基づき、監督当局が特

18　バーゼルⅡについては、第8章「バーゼルⅡとオペレーショナルリスク」参照。

定のテーマについて、監査法人による金融機関監査を行わせ、その監査結果を直接当局に報告させる枠組みを開始した[19]。

7 金融リスク管理への影響

こうした金融当局の動きに対して、民間側も対応を進めた。自らの企業構造を理解する（＝"know-your-structure"）、ないし、自らの企業組織を理解する（＝"know-your-organization"）という考え方は、企業経営として当たり前に思えるかもしれないが、金融機関経営が国際化とともに複雑化するなかで、深刻な課題として受け止められた。また、不正取引やマネーローンダリングへの無意識な関与を防ぐための対策や、特に新規口座を開く際の本人確認を含む、KYC（＝"know-your-client"）の必要性は急速に浸透した。

BCCIのケースは、当初より組織ぐるみの不正行為が行われていた、いわば確信犯であり、実質的な株主と経営陣自身が不正取引の意図をもっていたことから、当時一般的だったコーポレート・ガバナンスのレベルでは対応しがたかったといえよう。連結ベース監督の欠如や、金融当局間の協調が進んでいなかった時代背景からすると、BCCI事件は、金融業界のグローバル化のスピードと、金融監督の国際化のスピードの間にずれ

---

19 その根拠法である、銀行法39条（"Section 39 of the Banking Act, 1987"）にちなみ、同条に基づく監査報告は、俗に「セクション39レポート」と呼ばれた。その後、銀行法改正に伴い、現在では、銀行法166条に基づく、「専門家報告」（Skilled Person's Reports under Section 166 of the Banking Act）が行われている。

が生じたなかで付けいるスキを与えた、避けることのできなかった事例と考えることもできるかもしれない。その後のマネーローンダリングに対する取組みや、独立社外取締役を中核に据えたコーポレート・ガバナンスの枠組み強化を通じて、組織ぐるみの不正に対する対策はより精緻なものになっているといえよう。

しかしながら、不正金融取引やマネーローンダリングは、不正を働く側も、さらなる仕組みの高度化を図っている。2001年のニューヨーク同時多発テロの際[20]に、合法的な資金がテロ行為に使用されていたことが明らかになったように、善意の寄付行為がマネーローンダリングやテロ資金供与などの非合法目的に使われてしまうことも発生している。さらに、サイバー攻撃やデジタル資産を経由したマネーローンダリング等、金融不正手法の高度化もまた後を絶たない[21]。新たなるBCCI事件を防ぐためには、独立社外取締役を中心として、株主や経営陣、金融当局や監査法人のみならず、従業員や取引先も含めた多数の眼によるチェックを可能とする体制づくりへの不断の努力が必要なのである。

┌─ **目撃者のコラム** ─────────────────┐

英国ロンドン市内でも多くの支店を展開していたBCCIが閉

20　第9章「ニューヨーク同時多発テロとBCP」参照。
21　第19章「暗号資産とデジタルリスク」参照。

鎖された1991年は、当時勤務していた銀行で本店から英国証券現法への転勤が決まった時期であった。ロンドンの目抜き通りの中心であるオックスフォード・サーカスから歩いてすぐ、出張時に見慣れていた「BCCI」支店からは、「BCCI」のロゴの看板が取り外され、「テナント募集」の看板が立っていた。当時はBCCI事件の背景など知る由もなく、「さすがに生存競争の厳しい英国シティは、銀行支店の生き残りも大変なんだな」と、天真爛漫な疑問をもったことが思い出される。

　その後、現地法人でリスク管理を担当し、BCCI事件を起点とした内部統制体制強化の歴史を知るに際して、BCCI事件が英国の金融監督行政に与えた影響の大きさとその爪跡をうかがい知ることができた。当時邦銀を担当していたイングランド銀行の銀行監督官は、事件当時にBCCIを担当していたために出世コースから外れたらしい、とも聞いた。

　その後も、金融機関のコーポレート・ガバナンスをめぐる問題の発生は後を絶たない[22]。グローバルな金融機関の経営は複雑になっており、日々の業務に携わらない独立社外取締役によるガバナンス発揮には限界があるといった意見もある。たしかにグローバルな金融機関経営は複雑化の一途をたどっている。しかし、十分な知識と経験を有する独立社外取締役が経営陣に対して的確な質問をぶつければ、ガバナンス上の課題はみえてくるものである。マネーローンダリングを中心として、コーポレート・ガバナンスの弱みに付けこんでくる金融不正取引は常に高度化している。脅威は必ずしも外部からとは限らず、社内から内部統制が崩されることもある。それは金融機関が単純であればそれにふさわしい不正取引で、また複雑な構造の金融機関に対しては、さらにそれにふさわしい手法で付けこんでこようとするものである。直面する課題に対しては、金融機関の大

22　第13章「LIBOR不正とコンダクトリスク」参照。

きさや複雑さにかかわらず、独立社外取締役の知見も加えて金融機関経営の問題の本質がどこにあって、それを解決ないし軽減する手法がどこにあるのかについて疑問を投げかけることが問題解決の王道と考えるべきであろう。

〈参考資料〉

『マネーロンダリング対策の実務』、有友圭一ほか、ファーストプレス、2007年

"The BCCI Affair, A Report to the Committee on Foreign Relations", Senator John Kerry and Senator Hank Brown, 1992

"Internal Controls: The EC Response to BCCI"（"Internal Controls in Banking"）, John Mogg, 1995

"Report on Sandstorm SA under Section 41 of the Banking Act 1987", Price Waterhouse, 1991

"G20/OECD Principles of Corporate Governance", OECD, 2023

「内部管理体制の評価のためのフレームワーク」、バーゼル銀行監督委員会、1998年9月

「銀行の内部監査および監督当局と監査人との関係」、バーゼル銀行監督委員会、2001年8月

「銀行組織にとってのコーポレート・ガバナンスの強化（"Enhancing corporate governance for banking organizations"）」、バーゼル銀行監督委員会、2006年2月

「銀行のためのコーポレート・ガバナンス諸原則（"Corporate governance principles for banks"）」、バーゼル銀行監督委員会、2015年7月

「有効な銀行監督のためのコア・プリンシプル」、バーゼル銀行監督委員会、2024年（予定）

「コーポレート・ガバナンス・コード」、東京証券取引所、2021年6月

第 4 章

G30レポートと
VaR革命
【1993年】

┌─ 本章のポイント ─

　1980年代後半以降のデリバティブ取引市場の拡大から、
金融機関のリスク管理は複雑さを増した。デリバティブ取
引を含むトレーディング活動から生じる新たなリスク管理
の必要性に対し、「G30レポート」をきっかけとして、金
融監督当局と金融業界は、市場リスク管理のベストプラク
ティスについての意見交換を行った。その結果、VaRを中
心とした管理手法が業界標準となり、市場リスク管理のみ
ならず、他のリスクに対してもVaRの考え方が浸透する道
筋を示した。

1　ニューヨーク連銀総裁の警告

　「あなた方銀行はオフバランスシート取引の状況について、
もっともっと厳しく注意を払うべきである。オフバランスシー
ト取引の急成長と複雑さ、そしてそこに含まれる信用リスク、
価格リスク、決済リスクについて、真剣に懸念すべきである。
……このスピーチが、警告のように聞こえるとしたら、それは
まさに私の望むところである。オフバランスシート取引には、
もちろん一定の役割がある。しかしながら、それらは注意深く
運営され、かつ管理されなければならず、トレーダーやロケット・
サイエンティスト[1]だけではなく、あなた方経営者の皆さん自
身も、それをしっかりと理解しなければならないのである」

　ニューヨーク連銀総裁（当時）のジェラルド・コリガンは、

1993年1月のニューヨーク州銀行協会年次総会で、このように述べた。それは、幾何級数的に拡大を続けていたデリバティブ取引に対する、まさに警告であった。

2 デリバティブ取引市場の拡大

金融技術の発展を背景として、1980年代～1990年代にかけてデリバティブ取引が大きく発展した。当初は実需に基づく債権債務の交換のかたちで行われたスワップ取引[2]や、取引所取引として始まったオプション取引[3]は、1980年代後半には、金融機関のトレーディング業務拡大の時流にのり、それら自体が取引対象となって、デリバティブ自身の市場を形成した。

これらデリバティブ取引の多くは取引当事者の相対取引[4]であることから、当初は市場規模の拡大を正確に把握することさえもむずかしかった[5]。スワップやオプションといった取引の

---

1 デリバティブの開発にあたって重要とされたオプション理論において、航空工学における経路推定技術が用いられたことから、デリバティブ開発に携わる金融工学担当者は、しばしば「ロケット・サイエンティスト」と呼ばれた。
2 最初のスワップ取引は、世界銀行とIBMとの間で、1981年に行われたクロスカレンシースワップであったとされる。
3 シカゴオプション取引所（CBOE）で個別株式に対する標準化された株式オプション取引は1973年に始まった。同じ年に、フィッシャー・ブラックとマイロン・ショールズによるオプション価格評価に関する論文、いわゆるブラック・ショールズ理論が発表されている。
4 店頭取引（Over-the-Counter取引、OTC取引）と呼ばれる。
5 国際決済銀行（BIS）が、BISユーロカレンシー・スタンディング委員会（当時）の提言に基づいて、グローバルベースで店頭デリバティブの残高統計を開始したのは、1998年6月になってからである。

価格は高度な数学に基づくファイナンス理論から導かれること
が多く、取引内容の理解自体も容易ではなかった。また、ト
レーダー同士が直接電話で取引を執行し、その後、互いのバッ
クオフィスの間で、取引の事後に取引内容の詳細を確認する、
という流れとなることから、事前の審査や契約手続を前提とし
た従来の銀行取引では経験したことのない管理が求められるこ
ととなった。個別の相対取引で取引内容を確定していくため、
取り交わされる契約書が合意した取引内容を正確に反映してい
るかどうか、といった、法務上のリスクも存在した。さらにデ
リバティブ取引は、直接は財務諸表に記載されない、いわゆる
「オフバランスシート取引」であることから、財務諸表をみた
だけでは、そこにどのようなリスクが含まれているのかがわか
らなかった。その一方でデリバティブ取引は、バランスシート
を使わずにオーダーメード型の取引をアレンジすることが可能
であり、事業法人をはじめとするエンドユーザーのヘッジニー
ズも取り込むかたちで、急速に拡大した。

　金融監督当局は、こうしたデリバティブ取引の急拡大が金融
システムに与える悪影響を懸念した。冒頭のコリガンによるス
ピーチは、民間金融機関が果たすべきデリバティブのリスク管
理に対する懸念として示されたものであった。

　監督当局の警告に対して、民間金融機関の側も迅速に対応し
た。そうしたなかで、その後の金融機関における市場リスク管
理、あるいは金融リスク管理そのものの方向性を決定づけたの
が、1993年に公表された調査レポート、「デリバティブ：その

実務と原則」、いわゆる「G30レポート」であった。

3　G30レポート

　「G30」は、「グループ・オブ・サーティ」の略称であり、主要国の金融当局や中央銀行、主要な民間金融機関の経営者のもとでのシンクタンク的活動である。G30では、デリバティブ取引の急拡大と、金融監督当局の懸念に対応すべく、米国の大手金融機関JPモルガン銀行の会長であった、デニス・ウェザーストーン氏が指揮するかたちで、デリバティブ取引の管理に求められる実務指針を検討、その結果を「デリバティブ：その実務と原則」、俗にいう「G30レポート」として取りまとめた。G30レポートは、1993年7月に公表された。

　G30レポートは、デリバティブ取引に携わる市場参加者とエンドユーザーが従うべき20の原則と、監督当局が留意すべき4つの原則を提唱、デリバティブ取引に求められるリスク管理実務のベストプラクティスを示した。以下、G30レポートにおける主な提言内容をみてみたい。

①　デリバティブ取引に係るポリシー

　デリバティブ取引に係る管理方針は、デリバティブ管理ポリシーというかたちで、企業の最高意思決定機関である取締役会が承認すべきであり（提言①）、実際の取引を執行する権限は、取引を行う個々人に明確に与えられるべきであるとされた（提言⑱）。ここでは、リスク運営に関するガバナンスの考え方が明確に示されている。

② デリバティブ取引の市場リスク管理実務

次に、リスク管理上の目的から、デリバティブは少なくとも1日1回値洗いし（提言②）、リスク内容を把握しなければならない。その際に、ポートフォリオのストレステストを定期的に実施すべきであり（提言⑥）、ポートフォリオから発生する資金調達の必要性についても定期的に評価すべきである（提言④⑦）。また、デリバティブの市場リスク管理は、フロント部門から独立したリスク管理部門を設置して管理にあたらせるべきである（提言⑧）。

③ デリバティブ取引の信用リスク管理

信用リスク管理についても、独立した部門によって管理されるべきであり（提言⑫）、カレントエクスポージャー（再構築コスト）とポテンシャル・フューチャー・エクスポージャー（将来の潜在的エクスポージャー）からなる信用リスク全体を管理すべきである（提言⑩⑪）。その際、標準的なマスター契約を利用することが望ましく、また締結された契約は法的に有効でなければならない（提言⑬⑭⑮）。

④ デリバティブ取引の情報開示

デリバティブ取引の目的や取引範囲、時価評価方法やリスク内容は、適切に開示すべきである（提言㉓）。

金融リスク管理の実務に携わった人間であれば、今日の市場リスク管理や信用リスク管理、あるいは広く金融リスク管理の実務に求められている実務のエッセンスが、G30レポートに含まれていることに驚かされるのではないか。まさにG30レポー

トは、その後の金融リスク管理実務の業界標準をかたちづくり、金融リスク管理態勢整備を目指した金融機関に明確な道しるべとなった、といえる。

　なかでも注目されたのは、バリュー・アット・リスク（VaR）について触れた、提言⑤である。そこでは、デリバティブ業者は、一貫性のある評価方法に基づいて、デリバティブからなるポートフォリオの市場リスクを評価し、限度枠と対比するかたちで管理を行うべきであり、その際、VaRにみられるような統計的な手法を採用することが適当であるとされた。ここにおいて、VaRによる管理が明示的に提唱されたのである。

　そもそもVaRとは何か。VaRは、現在保有しているデリバティブを含む資産負債のポートフォリオから、金利や為替、株式といった市場のパラメーターが変化することによって、どれだけの損失を被る可能性があるのかについて、一定の期間（保有期間）に、一定の確率（信頼水準）で被る最大損失額のかたちで表そうとする指標である[6]。たとえば、「信頼水準99％の確率で、保有期間10日間のVaR値は10億円である」というコメントは、現在のポートフォリオを10日間持ち続けた場合、100回に99回までは、損失が10億円以内に収まる、ということを示すことになる[7]。「信頼水準99％」や「保有期間10日間」といっ

6　VaRは、G30レポートの指揮者であるJPモルガン銀行のデニス・ウェザーストーン会長（当時）が、自行のポジションから、明日最悪いくらの損失が発生するかを夕方4時15分までに報告せよ、という指示を行ったことから生まれたとされる。

図表 4 - 1　バリュー・アット・リスク（VaR）の概念

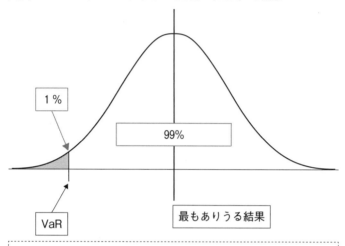

| 1 ％ |
| 99％ |
| VaR |
| 最もありうる結果 |

> トレーディング勘定から発生する損失を商品の価格変動による損失分布とその頻度（確率）によって測ろうとするVaRの考え方は、急速に浸透した

た基準は、VaRを計測する金融機関が自らの業務特性等に照らして設定するものである（図表 4 - 1 参照）。

　G30レポートが公表された1993年には、VaRはまだ一部の先進金融機関の実務にとどまっており、その計測手法も標準化されていなかった。そうしたなかで、デリバティブ取引を含む市場リスクを統計上の数値として表し、その値に限度を設定して

7　逆にいうと、100回に 1 回は、10億円を超える損失が発生する可能性がある、ということになる。図表 4 - 1 であれば、左端の灰色部分が全体の面積の 1 ％になる点がVaR値となる。これに対して灰色部分における期待値を「期待ショートフォール」と呼ぶ（第12章「バーゼルⅢと金融規制強化の潮流」参照）。

管理する、というVaRに基づくリスク管理を明示的に提唱した
G30レポートは、その後の金融リスク管理の実務をけん引する
役割を果たしたといえる。

4 バーゼル委員会のデリバティブ管理ガイドライン

G30レポートが示した実務提言に対して、今度は金融監督当
局側が呼応する。国際決済銀行（BIS）のバーゼル銀行監督委
員会は、翌1994年7月に、「デリバティブ取引に関するリスク
管理ガイドライン」を公表した。そこでは、G30レポートが示
した、独立したリスク管理部門の設置や値洗いの実施などが、
監督当局による「実務ガイドライン」として示された（図表
4-2参照）。

このなかで、デリバティブ取引の市場リスク管理手法とし
て、「市場参加者は、市場リスクをVaR手法で計測することが
ふえている。……金融機関は、VaR以外の手法を採用すること
も可能であるが、その場合でも計測手法は十分に正確、かつ頑
強で、リスク管理プロセスに十分に統合されていることが必要
である」としており、民間金融機関によるVaRへの取組みが触
れられている。

5 ストレステスト

G30レポートの先駆性は、この時点でストレステストの重要
性に触れている点にもみられる。前述のとおりG30レポートの
提言⑥は、ポートフォリオのストレステストを定期的に実施す

図表4－2 バーゼル銀行監督委員会「デリバティブ取引に関する リスク管理ガイドライン」概要

1．取締役会と経営陣による適切な監視
　a．取締役会の責任
　　　・取締役会はデリバティブ取引のリスク管理に係る重要なポリシーを承認すべきであり、定期的に見直すべきである
　　　・取締役会はリスクエクスポージャーにつき定期的に報告を受けるべきである
　b．経営陣の責任
　　　・経営陣はデリバティブ業務遂行に必要となるポリシー・手続を確保する責任を負う
　　　・上記責任は、①リスク管理責任の明文化、②リスク計測に必要なシステムの確保、③リスク限度枠の設定、④効果的な内部統制、⑤包括的なリスク報告、を含む
　　　・経営陣はデリバティブ業務・リスク管理に十分な経営資源と要員の配置を確保する必要がある
　c．独立したリスク管理部門
　　　・リスク管理は、デリバティブ業務部門から独立して運営されるべきである

2．適切なリスク管理プロセス
　a．リスク計測
　　　・デリバティブ取引を活発に行う金融機関は、値洗いおよび各種リスクを日次でモニタリングしなければならない
　　　・市場リスクに対しては、「最悪のシナリオ」の発生可能性についても考慮すべきである
　b．リスク限度額の設定
　　　・リスク限度額とリスクテイクについてのガイドラインを適切に設定しなければならない
　　　・リスク限度額を通じて、リスクに係る協議や取締役会が設定するリスク許容度に対するモニタリングが行われるべきである
　c．リスク報告
　　　・損益とリスクエクスポージャー状況は少なくとも日次で報告されなければならない
　d．経営による評価と手続見直し
　　　・経営陣はリスク管理手続・手法等を定期的に見直すことを確保すべきである

3．包括的な内部管理と監査手続

・内部監査部門は、リスク管理機能の独立性を含むリスク管理状況を定期的に監査しなければならない

4. リスクカテゴリーごとの健全なリスク管理実務
a. 信用リスク（決済リスクを含む）
・デリバティブ取引を活発に行う金融機関は、潜在的な信用リスクを分析する必要がある
・信用リスク管理にネッティング契約を活用すべきである
b. 市場リスク
・すべてのトレーディング・ポートフォリオとエクスポージャーは少なくとも日次で値洗いされなければならない
・市場リスクは、取締役会や経営陣に承認されたリスク限度額やロスリミット・ガイドライン等により管理すべきである
c. 流動性リスク
・流動性リスクはデリバティブ取引に固有なものではないため、より広い観点から流動性リスクを管理すべきである
d. オペレーショナルリスク
・オペレーションやシステムはデリバティブ業務を適切にサポートできるものでなければならない
e. 法務リスク
・デリバティブ取引に係る担保契約やネッティング契約は法的に有効なものでなければならない

バーゼル銀行監督委員会の「デリバティブ取引に関するリスク管理ガイドライン」には、G30レポートで触れられた論点も数多く含まれていた

（出典）　バーゼル銀行監督委員会

べきとしている。VaRは過去の市場の動きなど一定の統計データに基づいて計測される。言い換えると、市場が過去とは異なる動きをした際には、VaR値は意味をもたないといえる。そうしたVaRの弱点を補うためにG30レポートは、市場が過去にみられないような極端な動きを示したケースをストレスシナリオとして想定し、その場合のポートフォリオへの影響をストレステストとして実施することを求めているのである。

6　BIS規制と市場リスク規制の導入

　市場リスク管理に係るこうした官民の対話が結実したのが、バーゼル銀行監督委員会が1996年に導入した[8]市場リスク規制における、内部モデル方式の採用であった。

　バーゼル銀行監督委員会は、1990年代に入り、国際的に活動する銀行に共通して適用される自己資本比率規制を導入した。いわゆる「BIS規制」である[9]。

　BIS規制は、国際的な活動を行う銀行に対して、銀行が保有する貸出などの信用リスク資産を、「リスクアセット」として定義し、リスクアセット総額の8％に相当する自己資本額を、最低所要自己資本として常に保有することを義務づけるものである。

　リスクアセットは、銀行が保有する個別の与信資産に対して、その信用力に基づく「リスクウェイト」を割り当てたうえで、その合計額として算出される。たとえば、自国の国債やOECD加盟国の国債のリスクウェイトは、デフォルトリスクが小さいとみなされることから0％とされる一方、OECDの金融機関向け与信は20％、一般事業法人向けの与信は100％、と

8　バーゼル銀行監督委員会は、1996年1月に市場リスク規制に合意した。適用開始は1997年末とされた（日本では1998年3月末から）。

9　BIS規制は、日本では1988年12月に当時の大蔵省通達による行政指導のかたちで、国内規制化した後、1992年6月に成立した金融制度改革法で、銀行法に自己資本比率規制に関する条文が加えられ、その後、1993年4月から施行された。

いった具合である。BIS規制は、こうして合計されるリスクアセット総額に対して、最低 8 ％の自己資本を維持することを求めるものである（図表 4 – 3 参照）。

たとえば、自国国債を 1 兆円（リスクウェイト 0 ％）、OECDの金融機関向けの与信を 1 兆円（リスクウェイト20％）、一般事業法人向け与信を 1 兆円（リスクウェイト100％）保有する銀行のリスクアセットは、 1 兆2,000億円[10]となり、この銀行が、国際的な活動を続けるためには、少なくとも960億円[11]の自己資本を維持することが求められることになる。

リスクアセットを分母とした場合に、分子に当たる自己資本については、普通株式や利益剰余金、優先株といった本源的で

図表 4 – 3　BIS規制におけるリスクウェイト

対象資産	リスクウェイト
現金、国債、地方債、OECD加盟国の国債、等	0％
政府関係機関債等	10％
OECD加盟国の金融機関向け債権	20％
抵当権付住宅ローン	50％
通常の貸出債権	100％

与信額面を中心とした従来の与信管理に対して取引先の属性によってリスクウェイトに差をつけるというBIS規制は、自己資本比率規制の考え方を一変させた

（出典）　バーゼル銀行監督委員会より筆者作成

10　1 兆円 × 0 ％ + 1 兆円 ×20％ + 1 兆円 ×100％ = 1 兆2,000億円。

11　1 兆2,000億円 × 8 ％ = 960億円。

質の高い資本を「ティア1資本[12]」としたうえで、これに劣後債などの質の劣る「ティア2資本」を加えたものをBIS規制上の資本と定義した。

しかしながら、BIS規制に基づく自己資本比率規制が始まった1990年代はじめには、すでに金融機関のトレーディング業務が拡大しつつあった。貸出資産を中心とした与信残高に基づいてリスクアセットを、ひいては、最低所要自己資本額を算出するBIS規制は、トレーディング業務から発生する市場リスク、特に、オフバランスシート取引であるデリバティブ取引から発生する損失のリスクをとらえていない、という批判が、導入当初から巻き起こった。

これに対してバーゼル銀行監督委員会は、新たにトレーディング勘定の市場リスクに対しても所要資本を求めることを決定、1993年4月に提案文書[13]を公表して、民間金融機関を含む市中からの意見を募ったうえで、最終的に1996年1月に、BIS規制に市場リスク規制を追加することを合意した。すなわち、BIS規制における自己資本比率規制計算の分母に当たるリスクアセットに、新たに市場リスクアセットを追加する、というものである。

12　ティア1資本のうち、普通株式や内部留保などの、特に質の高い資本については、後に「普通株式等ティア1資本」と呼ばれることとなった。第12章「バーゼルⅢと金融規制強化の潮流」参照。
13　「市中協議文書」（Consultative Paper）と呼ばれる。

7 自己資本比率規制における「メニュー方式」

　この市場リスク規制において注目されたのは、「メニュー方式」の導入である。すなわち、新たに導入される市場リスクアセット計算においては、基本的な計算方式である「標準的方式」とVaR手法に基づく「内部モデル方式」の2つの手法が用意され[14]、通常の金融機関は標準的方式を選択する一方で、当局が設定する承認基準を満たす市場リスク管理態勢を有する金

図表4-4　BIS市場リスク規制における「メニュー方式」

算出手法	手法の概要
標準的方式	バーゼル委が定めた一定の算式に基づき、金利・為替・株式・コモディティごとに算出されたリスク相当額の合計額
内部モデル方式	算出基準日におけるVaRと算出基準日を含む直近60営業日のVaRの平均にVaRのバックテストの超過回数により3.0から4.0の間で決定される乗数を乗じた額のいずれか大きい額 内部モデル方式によるリスク相当額の算出には、監督当局の承認が必要

規制される側の金融機関が規制する手法を選べるという「メニュー方式」は画期的なものとして受け入れられた

（出典）　バーゼル銀行監督委員会より筆者作成

14　内部モデル方式は、1993年4月当初の市中協議文書の段階では提案されていない。まさに、G30レポートや、「デリバティブ取引に関するリスク管理ガイドライン」で行われた官民の対話から新たに織り込まれたものと考えられる。

融機関は、内部モデル方式を選択することができるとしたのである（図表4−4参照）。各金融機関は、自らの市場リスクの内容や管理態勢・管理手法の状況にかんがみ、これら2つの手法のうち、どちらを採用するかを、あたかもレストランでメニューを選ぶように自ら選ぶことができるという意味で、「メニュー方式」とされたのである。

内部モデル方式を選択する金融機関は、当局に内部モデルの承認申請を行い、モデルの内容や管理態勢が、当局が定める基準を満たすと認められた場合に、自行のVaRモデルに基づく計測結果を、BIS規制上の市場リスクアセット計算値として採用することができる、とされた。G30レポートで提唱され、「デリバティブ取引に関するリスク管理ガイドライン」で触れられたVaRが、国際的な自己資本比率規制計算において正式な手法として採用されたわけである。

内部モデル承認取得には、厳しい定性的および定量的基準を満たすことが求められるものの、規制を受ける側が、自らを規制する手法を選択し、かつその計測に自行のモデルからの計測結果を採用できるという考え方は画期的であった。自行のVaRモデルによる計測結果を内部モデルとして所要資本計算に採用できるとしたことで、民間金融機関の側では、VaRモデルをより高度化しようとするインセンティブが生まれることとなった。こうして市場リスク規制における内部モデル方式の導入は、リスク管理手法の高度化にも資することとなったのである。

市場リスク規制における内部モデルの採用と「メニュー方式」の採用は、画一的なリスクウェイトによって評判の悪かった信用リスクや、後に導入されるオペレーショナルリスクにも影響を与えた。後に行われBIS規制の全面改正に当たるバーゼルⅡにおいては[15]、市場リスクに加えて、信用リスクやオペレーショナルリスクに対しても「メニュー方式」が適用されることとなる。

8　「VaR革命」と金融リスク管理への影響

　市場リスクにおけるVaR手法の発展とBIS規制市場リスク規制における内部モデルの採用は、金融リスク管理において、「VaR革命」と呼んでもいいほどの影響を与えた。各金融機関は、VaR手法をはじめとするリスク管理手法の高度化に向けて切磋琢磨し、VaRを中心としたリスク管理理論についての議論が官民を問わず行われた。VaR計測の前提となる信頼水準について、99.9％や99.95％といったより精緻な計測を図る試みや、VaRの「外側」に位置する大規模損失の分布を追求しようとする立場、さらにはVaR計測の手法におけるシミュレーション手法、特にそこで必要とされる乱数の生成方法を検討する立場など、VaRを中心としたリスク計測手法にファイナンス技術の粋がつぎこまれた。

　また、VaRの考え方を、信用リスクやオペレーショナルリス

15　第8章「バーゼルⅡとオペレーショナルリスク」参照。

クといった、市場リスク以外のリスクカテゴリーに応用しようとする動きもさかんになった。「信用VaR」や「オペレーショナルVaR」の検討は、後のバーゼルⅡにおける議論に向けてさらに活発化することとなる。

こうした「VaR革命」の契機となったのが、G30レポートであったといえる。同時に、G30レポートは、デリバティブ取引に係るポリシーの策定や、フロント部門から独立したリスク管理部門によるリスク管理等の定性的な金融リスク管理についてのベストプラクティスについても明確な指針を与えており、金融リスク管理における1つの重要な節目をかたちづくったといえる。

目撃者のコラム

インターネットも発達していなかった1993年において、G30レポートに接することは容易ではなかった。「G30」という、監督当局や中央銀行関係者以外にとっては、ほとんど知られていなかった団体が公表した報告書が、これほどまでに影響力をもったとは、当時ですら予想の範囲を超えていた。

個人的に、G30レポートそのものに接したのは、翌1994年のバーゼル銀行監督委員会による「デリバティブ取引に関するリスク管理ガイドライン」が公表された後であったが、リスク管理の態勢整備に腐心していた身にとっては、まさに「目からうろこが落ちる」気がした。G30レポートの隅から隅まで、むさぼるように読みふけったうえで、一つひとつの提言は、乾いた砂漠に水を落としたように吸い込まれていった。本稿をまとめるために、再度原典を見直してみても、その内容が現在の金融

リスク管理の実務指針としての輝きを失っていないこと、またその一方で、そこでの指摘が公表から30年を経た現在の金融リスク管理においても重要な課題であることにも驚かされる。

　当局と民間金融業界の「対話」も新鮮であった。ファイナンス理論を駆使したデリバティブ取引や証券化業務など、金融機関の業務がグローバル化かつ複雑化するなか、金融機関のリスク管理や自己資本規制を画一化された手法[16]でとらえることはむずかしい、との認識が高まりつつあった。リスクだけでなく、ビジネスモデルですら金融機関ごとに異なる。個々の金融機関におけるリスク管理高度化も行われるなか、規制整備においても、画一的なルールではなく金融機関自身によるリスク管理高度化を促進させるような規制を整備すべきであるという考え方が芽生えていった[17]。金融リスク管理の実務が急速に市民権を得ていくのを感じた時期であった。

　その一方で、VaR自体は、金融機関の経営にとって理解しやすい、いわば経営をサポートするツールとして生まれたものであり、必ずしも理論的な解を求めたものではないということも認識する必要がある[18]。VaRの値は、一定の前提や仮定のもとで算出されるものであり、そこにはおのずと限界がある。その限界や前提を理解したうえで、VaRのみに頼ることなく、ストレステストやシナリオ分析などといったその他の手法をあわせて使うことではじめてリスク管理が成立するといえる。第

16　「one size fits all（ワンサイズですべてにあわせる）」と称される。

17　アラン・グリーンスパン米国連邦準備制度理事会（FRB）議長（当時）は、1997年7月に行われた「銀行と競争に関する第33回コンファレンス」で、「たとえば、銀行における市場リスク、信用リスクおよびオペレーショナルリスクを評価・管理する内部システムが科学技術や金融技術の進歩と相まって発展するのに従い、監督政策もそうした銀行の固有のニーズや内部管理手続にあったものに変えていかなければならない」と述べている。

18　本章脚注6参照。

5章でみるFRBショックによる利上げ、第7章でみるアジア危機、第19章でみるシリコンバレー銀行のデジタル・バンクラン等で繰り返しみられる、想定を超えた市場の動きとそこから発生する事件に対して、ストレステストは一定の答えを提供するものであり、G30レポートが1993年にその重要性を指摘していたことには驚かされる。VaRやストレステスト、シナリオ分析といった複数のリスク管理ツールのうち、どの結果を重視すべきかについては、局面に応じて判断し、使い分けていくべきである。その手腕にこそ、リスクマネジャーの真骨頂があるのである。

〈参考資料〉

「自己資本の測定と基準に関する国際的統一化」、バーゼル銀行監督委員会、1988年7月

「マーケットリスクを自己資本合意の対象に含めるための改定」、バーゼル銀行監督委員会、1996年1月

「マーケットリスクに対する所要自己資本額算出に用いる内部モデル・アプローチにおいてバックテスティングを利用するための監督上のフレームワーク」、バーゼル銀行監督委員会、1996年1月

「デリバティブ：その実務と原則（"Derivatives: Practices and Principles", Group of 30)」、1993年

「デリバティブ取引に関するリスク管理ガイドライン（"Risk Management Guidelines for Derivatives")」、バーゼル銀行監督委員会、1994年

第 5 章

FRBショックと
デリバティブ損失
【1994年】

┌─ 本章のポイント ┤

　1994年2月に米FRBが行った金利引上げは、市場に予想
外と受け止められ、多くの金融機関や機関投資家の債券
ポートフォリオで損失が発生した。さらに、金利低下に期
待したデリバティブ仕組商品で損失が発生、投資家から
は、投資銀行が販売にあたって適切な説明を怠ったとし
て、多数の損害賠償訴訟が発生した。金融機関は、デリバ
ティブ仕組商品等の複雑な金融商品を販売する際の説明責
任について、根本から見直すことが必要となった。

1 「FRBショック」

　1994年2月4日、米国連邦準備制度理事会（FRB）の連邦公
開市場委員会（FOMC）は、政策金利であるフェデラル・ファ
ンド金利誘導目標を0.25％引き上げて3.25％とする決定を下し
た。FRBとしては、実に5年ぶりの金融引締めであった。ブ
ラックマンデー以後継続していた、景気刺激型の金融政策を転
換すべき時期に至ったという判断であった。

　FRBのアラン・グリーンスパン議長（当時）は、利上げに先
立つ1月の議会証言で、「短期金利は異例の低水準になってお
り、経済活動が予想外に低迷し、その時期が長引く事態になら
ない限り、どこかの時点で短期金利を動かす必要が出てくる」
と述べ、利上げについてのニュアンスを伝えていた。

　しかしながら、金利の長期低下トレンドに慣れきった市場関

図表5−1　1991年1月〜1995年1月の米国10年国債金利の推移

FRBショック

ブラックマンデー以降低下傾向にあった長期金利は、1994年2月にFRB
が金融引締めに転じた「FRBショック」以降、上昇に転じた

（出典）　ブルームバーグ

係者は、FRB議長が市場に発したこのシグナルを見落とした。
市場は利上げをまったく織り込まず、2月4日の決定直後に発
表されたFOMCの利上げの実施から、市場はパニックに陥っ
た。後に「FRBショック」と呼ばれる金利上昇は、こうして
起こった。金利は反転上昇し、フェデラル・ファンド金利は、
この年の終わりには5.5％にまで上昇した（図表5−1参照）。

<h2>2　金利上昇とデリバティブ損失</h2>

　債券価格は、金利が低下すれば上昇し、金利が上昇すると下
落する。長期にわたる金利低下トレンドを受けて、ポジション
を拡大、かつ保有満期構成も長期化させていた多くの金融機関

の債券ポートフォリオは、予想外の金利上昇に対して大きな損失を被った。

FRBによる金利上昇は、さらに思わぬ事態を引き起こすこととなった。金利の長期低下を想定したデリバティブ取引からの損失発生である。5年にわたる金利下落から、機関投資家は金利低下を期待したデリバティブのポジションを積み上げており、これらのポジションが、予想外の金利上昇によって大きな損失を被ることになったのである。損失は金融機関自身のトレーディングだけでなく、広く機関投資家や事業法人にも拡大した。

さらにその過程で明らかになったのは、金融機関による不適切なデリバティブ販売であった。機関投資家は、投資銀行を中心とした金融機関の勧誘に応じて、投資元本を大きく超えるデリバティブのポジションをとっており[1]、これらポジションから発生した損失は、金利上昇から発生する損失を倍加させたのである。機関投資家のなかには、発生した損失をみて、はじめて自らが行っていたデリバティブ取引に含まれていたリスクを知った者もいた[2]。金融機関の側にはそうしたリスクについての説明や金利上昇の過程で発生していた損失についての報告を怠って、さらなる販売を続けていたケースもあり、販売金融機

1 　投資元本に対してより多くの想定元本のデリバティブ取引を組み込むことを「レバレッジをかける」と呼び、たとえば、投資元本10億円に対して、想定元本20億円のデリバティブを組み込むことを「レバレッジ2倍の取引」といった呼び方をする。
2 　第4章第1項「ニューヨーク連銀総裁の警告」参照。

関を相手どった多数の損害賠償訴訟が発生することとなった。

3 デリバティブ仕組取引

　前章でみたとおり、1980年代後半からデリバティブ市場は急成長していたが、その成長を支えた1つの大きな要因が、デリバティブを組み込んだ仕組取引の拡大であった。

　当初のデリバティブ取引は、たとえば事業法人の資金調達における固定金利払いを、金利スワップによって変動金利払いに変換する取引（図表5－2参照）や、機関投資家が資金運用のために保有する固定利付債のキャッシュフローを金利スワップによって変動利付債を保有するのと同じ経済効果を得るようにする、アセットスワップと呼ばれる取引（図表5－3参照）が中心であった。資金調達や資金運用等、いわば実需に基づいた取引であった。

　これに対してデリバティブの仕組取引とは、デリバティブを

図表5－2　資金調達関連スワップ取引

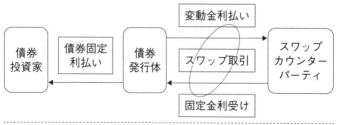

固定利払いを行う債券発行体は、金利スワップ取引を同時に行うことで、実質的に利払いを変動金利建てに変換することができる

図表5-3　アセットスワップ取引

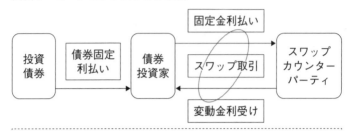

固定金利払いの債券を保有する債券投資家は、受取金利を「スワップ」することによって、実質的に変動利付債を保有するのと同じ経済効果を得ることができる

使って、個々の顧客の嗜好に応じたオーダーメード型の取引をアレンジするものである。当初は比較的単純な取引が行われたが、時がたつにつれて、より複雑な仕組取引が行われるようになった。

　たとえば、「インバース・フローター取引」（図表5-4参照）は、特定の固定金利から、短期の指標金利であるLIBOR（ライボー）金利[3]を差し引いた金利を受け取る取引である。この取引を取り組めば、短期金利が低下した際に、受け取る固定金利と差し引かれる短期金利の差は大きくなることから、より大きな金利収入が得られることになる。

　あるいは、「スワップション取引」と呼ばれる、金利スワッ

3　LIBOR（= London Inter-Bank Offered Rate）ロンドン銀行間取引金利として定義される基準短期金利。第13章「LIBOR不正とコンダクトリスク」参照。

90　第1編　金融リスク管理の黎明

図表5－4　インバース・フローター債の仕組み

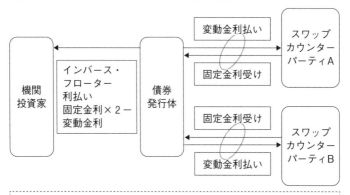

スワップ取引やオプション取引を組み合わせることにより、機関投資家や債券発行体は、自らの好みや市場予測に基づいた金利の受取りや資金調達が実現できることになった

プを中途解約できるオプションを組み込んだ取引では、スワップが途中で終了してしまうリスクをとるかわりに、スワップが続いている間は、高い固定金利収入を得ることができる、といった仕組みが組み込まれていた。

　1990年代に入り、仕組取引はさらに複雑化した。受取金利が、日本国債利回りと米国国債利回りと豪州国債利回りを足したものから米国変動金利を引いたものになる仕組取引、30年米国国債の利回りと２年国債の利回りに1.5を掛けたものとの差を受け取る仕組取引、満期時の株価指数が取引取組時から0.8〜1.3倍の間に収まっている間は高い金利が受け取れるがそのレンジを超えると受取金利がゼロになる仕組取引、などといったかたちで、金利や為替、エクイティやコモディティ等、市場

取引の対象となるあらゆる指標を複雑に組み合わせた仕組取引が販売された。

　仕組商品の形態も多様であった。相対のスワップ契約のなかに仕組取引の内容を織り込ませる例もあれば、仕組取引のキャッシュフローを元利払いに組み込ませた債券のかたちをとった「仕組債」と呼ばれる形態、同様のキャッシュフローを貸出や預金に組み込んだ「仕組みローン」や「仕組預金」といった取引など、さまざまな金融商品の形態が市場にあふれた。仕組取引市場は、まさに百花繚乱の様相を呈した。

　仕組取引は当初、機関投資家自身による、金利や株価指数、為替レート等に対する相場観を受けるかたちの、いわばオーダーメード型で組成された。金利が低下すると考えている投資家には、金利低下によってメリットがある一方、金利が上がると損失を被る仕組取引を、株価が上がると考える投資家には、株価が現行水準を上回ると高金利が得られるが、満期時に株価が当初水準を下回ると元本が毀損してしまう仕組取引を、といったかたちである。

　仕組取引が浸透すると、より多くの機関投資家に受け入れられる、「ヒット商品」とでも呼ぶべき商品も登場した。たとえば、日本の機関投資家向けには「株価リンク債」（図表5－5参照）と呼ばれる仕組債が活況を呈した。債券のキャッシュフローに株価指数の売りオプションを組み込むことにより、期中のクーポンは、通常の債券よりも高いレベルで設定される一方で、満期時の株価指数が一定の金額を下回ると、償還元本が株

価の下落幅に応じて減ってしまうといった商品である。

【株価リンク債の条件例】

> 債券発行体：AA格付の欧州銀行
> 金額：100億円
> 金利：9％（同時期の同満期国債金利6％）
> 元本償還：満期時の4日前の日経平均株価が、2万円を下回った場合、満期時の株価/20,000の割合で償還

　日本の保険会社は、もともと大量の株式を保有しており、株価リスクをとっている。一方で1990年代当時、利息収入は保険契約者に配当として還元できるが、株式保有から生じたキャピ

図表5－5　株価リンク債の仕組み

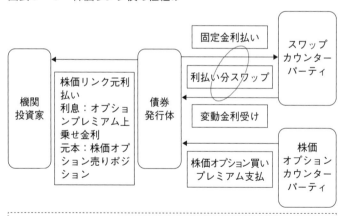

機関投資家は、株価リンク債を購入することで、株価のリスクをとる対価として高い金利収入を得ることになった。一方、株価リンク債の発行体は、背後にあるスワップ取引とオプション取引によって、自らは株価のリスクとは無関係に有利な条件での資金調達を行うことができた

タルゲインは保険契約の配当には回せない、という規則があった。保険契約者に対する配当利回り競争があるなかで、100億円額面の株価リンク債を購入すれば、100億円相当の追加的な株式リスクをとることにはなるものの、配当支払に回せる利息収入を上乗せすることができる、というメリットが享受できた。株式保有によるキャピタルゲインの可能性をあきらめるかわりに、配当支払に回せる利息収入を上乗せできる、というセールスポイントが、保険会社に広く受け入れられたわけである。

こうして株価リンク債は仕組債の「ヒット商品」として大量に発行されたが、その後の株価下落により、償還が元本を下回り、あるいは、償還額がゼロになった株価リンク債も発生することとなった。

仕組取引は、それをアレンジする投資銀行などの金融機関にとって収益性の高い業務である。仕組取引に組み込まれたスワップやオプション等のデリバティブ取引は相対取引であることから、そもそもその価格が外からはみえない。加えて、複雑な仕組取引を組成するためには、複数の複雑なデリバティブが組み込まれることになり、その原価ともいうべきストラクチャリングのコストは、機関投資家の側からは、よりいっそうわかりにくいものとなった[4]。アレンジャーである金融機関は、複雑で手がかかる仕組取引をアレンジすることで多額の手数料を

---

4 大手機関投資家のなかには、投資銀行等から売り込まれる仕組商品を分解して、手数料がいくら織り込まれているかを分析する専門の担当者を置く例もみられた。

享受することができたのである。

4 リスク経営の先駆者

米国の大手銀行バンカーズ・トラスト銀行は、その革新的な
経営スタイルとビジネスモデルで定評があった。もともとは米
国における総資産第8位の商業銀行であったが、投資銀行型の
ビジネスモデルを追求して、デリバティブを中心とした市場業
務や資本市場業務を強化したのである。取引先に対して、デリ
バティブを駆使したリスクヘッジ商品や仕組取引を積極的に提
案する[5]一方、自らにおいても、1990年代後半には、他行に先
駆けてRAROC（リスク調整後資本収益率[6]）と呼ばれるリスク
調整後業績評価の枠組みを全社的に導入しており、リスク管理
経営の先駆者として知られていた。

そんなバンカーズ・トラスト銀行が、1994年前後に相次いで
取引先から訴訟を受けることとなった。当初はちょっとしたつ
まずきと思われた事象だったが、結果として組織全体を揺るが
すこととなった。その問題が顕在化する引き金を引いたのが、
FRBショックによる金利シナリオの転換であった。

5　当時米銀は、グラス・スティーガル法のもとで証券業務を制限され
　ていたが、バンカーズ・トラスト銀行は子会社のBTセキュリティーズ
　証券会社を通じて、証券業務を行っていた。
6　Risk Adjusted Return on Capitalの略。

5 | デリバティブ損失とバンカーズ・トラスト銀行

　1994年のFRBショックとそれに続く金利上昇から、保有ポートフォリオが損失を被ることになったことは、バンカーズ・トラスト銀行の取引先も例外ではなかった。しかしながらバンカーズ・トラスト銀行の取引先は、同行が行ったセールスの内容と、金利が上昇する過程で受けた説明に対して疑問を抱いた。そしてそのうちの何社かは、バンカーズ・トラスト銀行が顧客に対して適切な説明を行わなかったことで損失が拡大したとして、バンカーズ・トラスト銀行を相手どって損害賠償訴訟を起こした。なかでも注目されたのは、消費財メーカーであるプロクター＆ギャンブル社（以下「P&G社」）と、カード会社であるギブソン・グリーティング社（以下「ギブソン社」）との間の係争であった。

　P&G社は、1993年後半〜1994年前半にかけて、バンカーズ・トラスト銀行から複雑な仕組取引の申出を受けた。米国国債の5年物と30年物の金利差（イールドスプレッドと呼ばれる）を変動ベースで支払う対価として固定金利を受け取る、という、利上げ方向に対してレバレッジ[7]がかかって損失が発生するタイプの仕組取引であった。1994年のFRBショックとその後の金利上昇はこの仕組取引を直撃し、P&G社は、当該取引から2億ドル近い含み損失を被ることとなった。

7　「レバレッジ」については、脚注1参照。

ギブソン社のケースも同様であった。ギブソン社は、バンカーズ・トラスト銀行の提案に基づき、たとえば、以下のような複数の仕組みスワップを締結した。

① **取引１（1992年10月）**

　ギブソン社が、3,000万ドル相当の元本に対して、LIBOR金利の二乗を支払うのに対して、5.5％の固定金利を受け取る取引

② **取引２（1992年10月）**

　3,000万ドル相当の元本に対して、LIBOR金利が前回よりも0.15％以上下がらなければギブソン社は0.28％を受け取るという取引

③ **取引３（1993年２月）**

　ギブソン社は、８カ月後に、3,000万ドルを払うかわりに、3,060万ドルと、3,000万ドル×（１＋（米国30年債の価格 − ２年債の利回り×10.3）÷4.88）のいずれか小さいほうの金額を受け取る取引

　それぞれが複雑な取引であるが、特に取引３に至っては、この仕組商品を購入したギブソン社の財務担当者が、この数式が何を意味するのかを理解していたとは、およそ考えられない。また、取引３は、前２つの取引が含み損失を抱えた後の追加取引であり、生じた損失を取り返すために、いわば起死回生の一手として取り組まれた取引であった。

　これらの取引はおしなべて、金利が低下するとギブソン社の受取りがふえる取引となっており、その後の金利上昇で損失を

図表5－6　バンカーズ・トラスト銀行とギブソン・グリーティン
　　　　グ社の取引経緯

時期	取引内容・経緯	損益状況 （百万ドル）
1991/11/12	固定金利イールドカーブ・スワップ実行	
1992/7/7	利食い取引実行	0.30
1992/10/30	金利上昇 5年間のベーシス・スワップ取引実行 ライボー金利が前回を0.15%下回らなければ0.28% 受取り	
1992/12/31	年末決算用報告 実際の含み損▲210万ドルに対して、顧客報告は▲100万ドル	▲2.1
1993年2月	金利低下から、含み損▲10万ドルに改善するも、顧客に知らせず	▲0.1
1993/2/19	取引期間を4年に短縮、含み損は、▲90万ドルから、▲210万ドルに拡大。一方BT社は、130万ドルの手数料を獲得	▲2.1
1993/4/21	金利低下から、損益改善。利食い取引実行	1.0
1993/8/4	ノックアウトレートに近づいたため条件変更実施	▲1.4
1993/8/26	条件変更実施	▲3.0
1993/12/31	年末決算用報告 実際の含み損▲750万ドルに対して、顧客報告は▲290万ドル	▲7.5
1994/2/23	FRBショックから含み損拡大 実際の含み損▲1,550万ドルに対して、顧客報告は▲810万ドル	▲15.5
1994/2/25	年末決算用報告 実際の含み損▲1,630万ドルに対して、顧客報告は▲1,380万ドル	▲16.3
1994/9/12	顧客よりBT社訴訟（5,000万ドルの損害賠償と2契約の無効請求）	─
1994年11月	BT社和解応諾	─
1994年12月	BT社、SECとCFTCに対し、1,000万ドルの罰金支払	─

BT社は、顧客であるギブソン社に対してデリバティブ取引の含み損の実態を伝えず、含み損の発生に対して追加取引を勧めることで、さらなる手数料収入を得た

（注）　BT社は、BTセキュリティーズ証券（バンカーズ・トラスト銀行の証券子会社）。
（出典）　新聞報道等より筆者作成

計上した。また、上記の取引3に当たるような、損失を取り返すために行った取引は、総じて高いレバレッジがかかっており、金利上昇によって損失の傷を深めることになった。

P&G社とギブソン社は、バンカーズ・トラスト銀行が適切な商品説明・顧客説明を怠ったとして1994年10月に同行を提訴した。同行に対する損害賠償訴訟は、ほかにも相次いでいた[8]。

米国の金融規制当局である米国証券取引委員会（SEC）と米国商品先物取引委員会（CFTC）は、デリバティブ取引をめぐるこうしたトラブルを重視し、1994年12月に、バンカーズ・トラスト銀行に対する調査を実施した。最終的に、バンカーズ・トラスト銀行の販売行為は不適切であった、として、同行は、過去最大となる1,000万ドル（約10億円）にのぼる罰金支払を命じられた。問題とされたのは、バンカーズ・トラスト銀行が、顧客のデリバティブ評価損につき、同社が社内で算定した額の半分しか顧客に伝えておらず、その結果、顧客がデリバティブ取引を続けてしまった可能性がある点であった。不適切な情報提供は、商品取引所法の詐欺防止条項に違反しているとされた（図表5 - 6参照）。

6 レピュテーショナルリスク

バンカーズ・トラスト銀行に追い打ちをかけたのは、CFTC

8　Air Products社、Federal Paper Board社、Sandoz社などがバンカーズ・トラスト銀行に対する損害賠償訴訟を行い、それぞれ和解している。

が調査の一部として公開した、セールス担当の電話の録音会話であった。それは、顧客を侮辱する会話で埋め尽くされていたのである。P&G社との係争では、約18カ月間、5万件にのぼる電話会話記録が分析され、複数の顧客に対する不適切行為が行われた、と結論づけられた。取引先に対して高度なリスクヘッジ商品やリスクマネジメントサービスを提供する業界のイノベーターというイメージを売り物としていたバンカーズ・トラスト銀行の評判は、地に落ちた。バンカーズ・トラスト銀行は、1994年11月にギブソン社と、1996年5月にはP&G社とも和解に至ったが、それまでに有能かつ主だった従業員は同行を後にしていた。その後、バンカーズ・トラスト銀行は、評判を回復させることもかなわず、P&G社との和解からわずか2年後の1998年にドイツ銀行に買収された。

7 | 米国カリフォルニア州オレンジ郡

FRBショックに続く金利上昇から損失を被ったのは、バンカーズ・トラスト銀行の取引先に限ったことではなかった。デリバティブを組み込んだ仕組取引は、機関投資家のみならず、事業法人や公共体にも広く販売されており、その損失は広い範囲で発生した。なかでも世の中を驚かせたのは、米国カリフォルニア州オレンジ郡がデリバティブ取引から巨額の損失を被り、財政破産を申請したという事件であった。

もともとオレンジ郡は、国内においては最もよく管理された郡との評判を有していた。郡の出納役ロバート・シトロンは、

郡財政における約75億ドル（約7,500億円）にのぼる資産運用[9]を担当、運用対象の多くは米国国債であった。しかしながらシトロンは、金利低下に期待した仕組取引を拡大、レポ取引を使って投資資金に2倍を超えるレバレッジをかけ、前述のインバース・フローター取引を中心とした金利低下期待のポジションをふくらませた。

FRBショックに伴う金利上昇から、シトロンの仕組取引ポジションは多額の含み損を抱えた。これに対してシトロンは、権限違反となる、運用基金間の証券混合を行って損失を隠蔽するとともに、6億ドル（約600億円）の地方債を発行して証拠金支払に充てた。1994年12月、取引業者であったクレディ・スイス銀行はオレンジ郡の財政がデリバティブ損失によって急速に悪化していることを察知して、オレンジ郡に対するレポ取引の折返しを拒否、結果的には、これがオレンジ郡の資金繰りにとどめを刺すことになった。同月16日、オレンジ郡は、16億9,000万ドル（約1,690億円）にのぼる損失を公表するとともに、米国連邦破産法9条に基づく破産申請を行った。公共体の破綻という異例な事態の結果、その後のオレンジ郡では、郡職員の人員削減や公共サービスのカットを余儀なくされることとなる[10]。

なお、オレンジ郡における損失においても、取引を行っていた投資銀行の販売活動の適切性が問題視された。オレンジ郡は

9　General Fund、Investment Pool、Commingled Poolを運用。
10　シトロン自身は、権限違反につき訴追され、1,000時間の公共サービスへの無償奉仕が課された。

10社以上の投資銀行を相手どって販売適合性について損害賠償請求訴訟を提起、最終的に6億ドル（約600億円）にのぼる和解金を得ている。

8 金融リスク管理への影響——販売適合性と金融リスク管理

　デリバティブ損失に伴って取引先からの損害賠償訴訟が起こされた事例は、その後の金融リスク管理にも大きく影響を与えた。

　デリバティブの仕組取引が活況を呈するなか、仕組取引を取り組む取引先がどこまでその取引のリスクに精通していなければならないのか、あるいは、仕組取引を売り込む金融機関側がリスクをどこまで説明しなければならないのか、は重要かつ悩ましい問題となった。

　投資商品についていえば、投資運用に精通している機関投資家は、自らが投資する商品のリスクを理解する能力があると考えられる一方で、事業法人を中心とするそれ以外の一般投資家は、投資商品のリスクについて必ずしも精通していないと考えられ、そうした投資家に対しては、取引を取り組む前にリスク内容を詳細に開示・説明することが必要ということがコンセンサスとして形成された。また、こうした投資家に対しては、そもそもリスクのある商品を販売すること自体の妥当性を検討すべきである、という「販売適合性」の問題を事前に十分に検討することが求められることとなった。

販売適合性の問題は、取引先にサービスを提供する金融機関の側の「企業倫理」や「行動規範」に加えて、金融機関の企業文化とも密接な関係がある。収益追求に偏った企業文化を有した金融機関では、顧客に不利益となる可能性がある取引をもいとわなくなり、その説明もおろそかになる可能性がある。一方、顧客本位の企業文化が確立した金融機関においては、収益機会を見送ることになったとしても、顧客のためにならない取引は提案しないという行動に出ることになる。しかし、後者の金融機関は、他の金融機関に収益的に後れをとる可能性があり、経営陣は、そのことをもって株主や株式アナリストからのプレッシャーにさらされる可能性もある。顧客本位の行動を重んじる企業文化が問われるのである。企業文化は一朝一夕にできあがるものではなく、その確立には長い時間が必要となる。まさに、その金融機関にとっての企業文化、さらにはリスク活動に係る「リスク文化」をつくりあげる不断の努力が求められる[11]。

　また、バンカーズ・トラスト銀行の事例では、不適切な販売活動や企業不正等は企業のイメージを著しく損ない、業績、さらに最悪の場合、企業の存続にも影響するという、いわゆる「レピュテーショナルリスク[12]」の重要性を再認識させた。バンカーズ・トラスト銀行でいえば、業界のイノベーターという企業イメージ、あるいは高度なリスクマネジメントサービスの

11　第13章「LIBOR不正とコンダクトリスク」参照。
12　「評判リスク」とも呼ばれる。

提供者という評判が、取引先から不当な収益をむさぼる金融業者というイメージに一変、最終的には買収によって企業消滅にまで至ってしまった。金融業において評判の悪化は、顧客の離反や有能な社員の外部流出、さらには預金の流出等、まさに企業の存続にかかわる問題に発展する可能性があるのである。バンカーズ・トラスト銀行事件の後、各金融機関はレピュテーショナルリスクの管理に細心の注意を払うようになる。

　一方で、1994年の事件の発端となったのが、FRBによる予想外の利上げであったことは事実である。金融機関の主要業務である貸出や債券投資に対する金利変動の影響はきわめて大きい。特に金利が長期的なトレンドをもって動いた場合には、それが反転したときに金融機関の財務が大きな影響を受ける可能性があり、最悪の場合金融機関の経営の根幹にかかわるケースも想定される[13]。金融機関においては、金利リスク管理は最重要課題としてとらえるべきである。

　収益偏重主義のリスクに対して、罰金や賠償金、さらに買収という事例をもって警鐘を鳴らしたデリバティブ損失と、その引き金となったFRBショックは、デリバティブによるイノベーションに突き進んだ金融機関に冷水をあびせた、大きな「事件」であった。

13　第19章「暗号資産とデジタルリスク」参照。

　市場の転換点では、それまでうまくいっていたこと（ないし、うまくいっていたようにみえていたこと）から、さまざまな問題が噴出する。1994年2月のFRBショックはまさにその典型的な例であった。長期にわたる金利低下に慣れきった市場関係者は、FRBの利上げをまったく予想せず、市場はパニックに陥った。当時ロンドンで担当していた業務も少なからず痛手を被った。市場が暴れだした時のポジションの動きは抑えることができず、価格さえもみえないなかでは、市場に打って出る参加者もいなくなり、ヘッジやカバー取引さえも容易ではないものなのだということを心底痛感したのが、この時であった。

　第1章でも触れたとおり、市場のトレンドに参加者が疑問を抱かなくなればなるほど、市場が反転したときのショックは大きくなる。リスクマネジャーは、市場がトレンドを示している時こそ、ストレス状況に備えるべきなのである。その際、市場の動きがマヒして市場流動性が消滅し、市場の価格もみえなくなる可能性を常に念頭に置くべきであり、そうしたケースを想定したストレステストを行うべきである。

　その後相次いで公表されたデリバティブ損失と、金融機関を相手どって行われた損害賠償訴訟の経緯も驚きであった。1980年代後半から新商品のストラクチャリング業務を担当していた経験からすると、取引相手でもあったバンカーズ・トラスト銀行は、その金融技術やリスク管理技術において、「雲の上の存在」であった。そのバンカーズ・トラスト銀行が、レピュテーショナルリスクから弱体化し、買収によって消滅するのを目撃したことで、後述するオペレーショナルリスクやコンダクトリスクのこわさを痛感することになり、金融リスク管理はさまざまなリスクに目配りしてはじめて成立するものなのだ、ということが実感として感じられた。

デリバティブ販売でみられた販売適合性の問題は、その後、監督当局による法規制や自主規制団体による行動規範のなかで詳細に検討が進み、実務に導入されていった。どのような対象（投資家等）にどこまでの説明がなされればいいのかについて、これさえやっていれば問題は起きないというような明快な答えがあるわけではなく、対応がむずかしい分野である。今日ではある程度の道筋はできてきたと考えられるが、金融機関として地道かつ不断に努力を続けなければならないテーマである。販売適合性の問題は、主にコンプライアンスの観点からチェックされることも多いが、オペレーショナルリスク管理やコンダクトリスク管理としてもその重要性はさらに高まっている[14]。

　バンカーズ・トラスト銀行のケースには後日談としての第2幕、第3幕がある。顧客との問題が発生した後、同行のデリバティブ業務を率いた精鋭チームは、スイスの大手銀行であるクレディ・スイス銀行に移籍して、そこでも目覚ましい実績を残した。チームのヘッドだったアラン・ウィートは、クレディ・スイス銀行のCEOにまでのぼり詰めた。同行はデリバティブ業務を拡大し、クレディ・スイス・フィナンシャル・プロダクツ銀行という、デリバティブ業務を専門とする専業銀行まで設立、主要な金融センターでデリバティブ業務を拡大した。

　そのクレディ・スイス・フィナンシャル・プロダクツ銀行の東京支店は、1990年代後半に日本で発生した金融危機の際に、複数の金融機関に対してアレンジした仕組取引に関連して、金融監督庁（当時）の金融検査を受検した。検査結果では、業務運営が銀行法に抵触すると判断されたほか、検査の過程で検査を妨害する検査忌避行為があったとして、金融監督庁は同行東京支店に対して免許取消しの決定を行い、最終的に同支店は閉鎖された。バンカーズ・トラスト銀行の「リスク文化」は、人

14　第13章「LIBOR不正とコンダクトリスク」参照。

の移動とともに、DNAとしてクレディ・スイス銀行に移植されたのかもしれない。かつては保守的とされた同行が、アグレッシブにリスクをとる銀行に変貌したのも、バンカーズ・トラスト銀行のDNAによるもの、とするのは考えすぎだろうか。さらにそれから四半世紀後の2021年、クレディ・スイス銀行は相次いで巨額損失事象に見舞われた。これらに対して提出された第三者調査報告書は、クレディ・スイス銀行の企業文化を「目先の収益極大化に腐心するフロントの意向が常に優位に立つ企業文化」と表現した[15]。クレディ・スイス銀行は、2023年に経営危機に陥って同じスイスのUBS銀行に買収された。バンカーズ・トラスト銀行からクレディ・スイス銀行に引き継がれたリスク経営の歴史をみるにつけ、金融機関のリスク文化の重要性とそのハンドリングのむずかしさを痛感する。

〈参考資料〉

『波乱の時代』、アラン・グリーンスパン、日本経済新聞出版社、2007年（"The Age of Turbulence", Greenspan A, 2007）

『金融庁戦記』、大鹿靖明、講談社、2021年

"Scenes from a Tragedy—Bankers Trust and Proctor & Gamble, Modern Risk Management—A History", Falloon W and Irving R, 2004

"Analysis of the Orange County Disaster, Modern Risk Management—A History", Shapiro A, 2004

"Lessons from Orange County: The SEC's Requirements for Issues and Public Officials", Boltz G and Boydston M, SEC

『スワップ取引のすべて（第6版）』、杉本浩一、福島良治、松村陽一郎、若林公子、金融財政事情研究会、2023年

15　第18章「金融エコシステムとノンバンク金融（NBFI）」参照。

第 6 章

ベアリングズ銀行と
不正トレーダー
【1995年】

┌─本章のポイント─┐

　1995年2月、英国の老舗投資銀行ベアリングズ銀行は、シンガポールの先物子会社の1トレーダーが行った不正トレーディングから生じた巨額損失をきっかけとして経営破綻した。その後、他の金融機関においても、不正トレーディングから発生した巨額損失事件が次々と明るみに出た。トレーディング業務を拡大しつつあった金融機関において、独立したリスク管理部門により、後にオペレーショナルリスク管理と呼ばれる、新たなリスク管理の課題への取組みが急務となった。

1　1995年2月最後の日曜日

　1995年2月26日、日曜日。週末の英国は、大手投資銀行であるベアリングズ銀行[1]の破綻のニュースで持切りとなった。ベアリングズ銀行は、1762年の設立以来200年を超える歴史を誇る名門投資銀行であり、英国国王家とのつながりが深かったことから「女王陛下の投資銀行[2]」とも呼ばれていた。そのベアリングズ銀行が破綻する、というだけで十分すぎるニュースである。さらに世の中を驚かせたのは、その破綻のきっかけと

1　ベアリングズは、正式には「銀行」ではなく、また、正式名称は、「ベアリング社（Baring plc）」であるが、本書では、一般的に用いられる「ベアリングズ銀行」という呼称を採用する。
2　"The Queen's Bank".

なったのが、英国本社から遠く離れたシンガポール現法の１ト
レーダーが行った権限外の不正トレーディングが抱えた巨額損
失であった、ということであった。

2 シンガポール子会社の「裁定取引」

1992年、ベアリングズ事件の「主人公」ニック・リーソン
は、英国本社からシンガポールの先物子会社であるベアリン
グ・フューチャーズ・シンガポール社[3]に配属になった。リー
ソンは着任早々、先物の日計り取引（オーバーナイトのポジショ
ンをとらない、日中に手じまう取引）を始めた。

その後の調査でリーソンの取引は利益を計上したことがな
かった、と明らかになっているが、ほどなくしてリーソンは、
自らが大阪証券取引所の日経225先物取引とシンガポール国際
金融取引所（SIMEX）の日経225先物取引との間で裁定取引を
実施し、無リスクの収益をあげている、と同子会社のスタッフ
に信じ込ませることに成功した。小規模なシンガポール現法の
なかで、フロント部門としてのトレーダー権限と同時に、取引
決済部門の権限も有していたリーソンは、実在しない架空口座
「88888」を開設、発生した損失は同口座に隠し、架空の収益だ
けを会社勘定に計上した。ベアリングズ銀行は、1994年にグ
ループ全体の収益5,300万ポンド（約81億円）のうち、リーソ
ンが所属するストラクチャードプロダクツ・グループが約2,900

3　Baring Futures Singapore PTE Ltd.

万ポンド（約44億円）をあげて収益に大きく貢献した、と公表していたが、そのほとんどがリーソンの架空収益に依存していたことになる。実際のところ、1994年末時点で架空口座「88888」に隠された損失は2億ポンド（約304億円）にのぼっていた。

　リーソンも損失の拡大に手をこまねいていたわけではなかった。ふくれあがった損失を挽回すべく、リーソンは日経225オプションの売りポジションを急拡大した。オプションの売りポジションをとることによって、オプションの当初手数料を受け取り、発生した損失に伴って支払が求められた追加証拠金、い

図表6－1　1994年1月～1995年3月の日経平均株価の動き

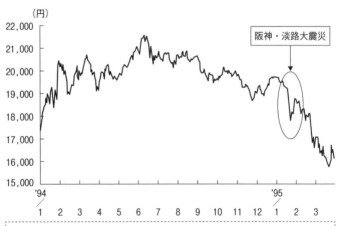

SIMEXにおける不正取引で雪だるま的に損失を積み上げたニック・リーソンの最後の望みを打ち砕いたのは阪神・淡路大震災だった

（出典）　ブルームバーグ

わゆる「追い証」に充てるという自転車操業を行うと同時に、日経平均株価のボラティリティ（変動率）が一定範囲内に収まってオプションの売りが満期消滅することを期待したポジションだった。

こうしたリーソンの望みを打ち砕いたのは、1995年1月に関西地方を襲った阪神・淡路大震災だった（図表6-1参照）。震災勃発により、日経平均株価は急落、同時に市場のボラティリティは急上昇し、リーソンのオプション売りポジションは壊滅的な打撃を受けた。ここでリーソンは、日経平均先物をさらに1万1,000枚買い増して、マーケットを上昇操作しようとしたとされている。しかしながら、こうした試みは、終焉を迎えつつあった。

3 事件の発覚と「女王陛下の投資銀行」の破綻

SIMEXは1995年1月11日、ベアリング・フューチャーズ・シンガポール社に対して、口座88888を通じた取引は市場のルール違反ではないかと問い合わせた。この照会は、リーソン自身が回答書を書くことでしのいだが、SIMEXはさらに1月27日、損失の結果としてふくれあがった証拠金の支払能力についての保証を求める書簡をシンガポールのベアリング・フューチャーズ・シンガポール社に加えて、ロンドンのベアリングズ銀行本社にも発信した。しかしながら、シンガポールのみならず、ロンドン本社もこのレターに対して何のアクションも起こさなかった。

ロンドンのベアリングズ銀行本社が重い腰をあげたのは、1月末にバーゼルの国際決済銀行（BIS）がベアリング・フューチャーズ・シンガポール社の巨額ポジションを疑問視し、ベアリングズ銀行宛てに照会文書を送付してからだった。2月中旬、ベアリングズ銀行はロンドンの決済部門責任者を調査のためにシンガポールに派遣、ついにリーソンのポジションが白日のもとにさらされることとなった。

　ここからの展開は、往年の西部劇を思わせる[4]。不正取引の露見を覚悟したリーソンは、2月23日の木曜日に、すでに手配が及んでいたシンガポール空港を避けて、陸路でマレーシアに逃れ、そこから空路でヨーロッパに逃亡した。しかしながら、必死の逃避行も、故国にたどりつくことなく、フランクフルト空港で身柄を拘束され、シンガポールに送還された。その間ベアリングズ銀行は損失の状況を精査、週明けの2月27日時点で、損失が8億2,700万ポンド（約1,260億円）にのぼっていたことを確認した。

　巨額損失の存在が明らかになるなか、市場全体への影響を懸念して、ベアリングズ銀行の破綻を回避しようとする救済策も模索された。2月25日〜26日の週末にかけて、イングランド銀行は主要な金融機関を招集して救済策について協議を重ねた。しかしながらリーソンがシンガポールで積み上げたデリバティブ取引の大半がその時点で未決済であり、その手じまい取引から

4　本事件は、1999年に「マネートレーダー　銀行崩壊」として映画化されている。

どれだけの追加損失が発生するかも不明ななか、救済策に踏み切ることはできなかった。結局26日のロンドン時間午後10時にベアリングズ銀行は財産管理手続に入ることを発表した[5]。

　その後、ベアリングズ銀行の処理方針に注目が集まったが、3月5日に、オランダの総合金融グループであるING銀行がわずか1ポンド（約150円）で、ベアリングズ銀行のすべての資産と負債を買収することを公表、ベアリングズ銀行は、INGベアリングズとして業務を開始した[6]。ベアリングズ銀行は200年を超える歴史を、1トレーダーの不正トレーディングで幕を閉じることになったのである。

4 　事件の影響とイングランド銀行

　1トレーダーの不正トレーディング取引による大手金融機関の破綻というニュースは、金融界に大きな衝撃を与えた。特に、ベアリングズ銀行の監督当局であったイングランド銀行は、監督不行き届きとの厳しい批判にさらされた。

　イングランド銀行は、ベアリングズ事件調査を目的として銀行監督委員会を招集、1995年7月に調査報告書「ベアリングズ破綻に係る諸状況についての銀行監督委員会報告書[7]」を公表

5　本邦では、翌月曜日の2月27日に、東京証券取引所と大阪証券取引所が、それぞれ日本におけるベアリング証券会社の東京支店と大阪支店の売買取引を停止している。

6　本邦においても、3月15日より、東証・大証の会員権が復活している。

7　"Report of the Board of Banking Supervision Inquiry into the Circumstances of the Collapse of Barings", Board of Banking Supervision, HMSO, 1995.

した。そこでは、①連結ベースの金融監督を進めるべき、②銀行業以外の業務内容を含む銀行グループの経営やリスク、さらにその内部管理状況を把握すべき、③銀行グループから受けている報告の内容や範囲の精査、④金融機関の内部監査部門との連携が必要、といった金融監督当局としての改善指摘が広範に示された。さらにイングランド銀行は、アーサー・アンダーセン（当時）のコンサルティングを受け、その提言を「金融監督の見直し[8]」として公表、金融機関のリスク評価方法の変更や自らの組織改編などに着手した。

しかしながら、同報告書では、イングランド銀行が金融監督を行う枠組み自体は維持することが妥当としており、こうした姿勢はさらなる批判にさらされた。1996年暮れには、英国財務省委員会報告書「ベアリングズ銀行と国際規制[9]」が公表されたが、そこでは、イングランド銀行の銀行に対する内部管理状況の評価やイングランド銀行内部の連携、あるいは既存のルールの適用状況等、イングランド銀行の金融監督体制が有効に機能していないとの主張がなされ、銀行監督機能をイングランド銀行から分離すべきであるという一歩踏み込んだ厳しい内容が示された。

翌1997年4月、英国では総選挙が行われ、トニー・ブレア党首が率いる労働党が勝利、新政権が誕生した。同年7月、新労

8　"Review of Supervision", Arthur Andersen, 1996.

9　"Barings Bank and International Regulation", Treasury Committee, 1996.

働党政府は、新たに金融サービス庁[10]を設置し、銀行監督権限を中央銀行であるイングランド銀行から分離させることを発表した。ベアリングズ銀行事件は、その大きなきっかけとなったということができるであろう[11]。

5 民間金融機関の対応とさらなる不正トレーダー

イングランド銀行の銀行監督委員会の調査報告書では、金融機関に対しても改善すべき点が示された。すなわち、金融機関の経営陣は、①自らが経営する事業を完全に理解する義務がある、②経営管理の基盤として、明確な職責の分離[12]を確立すべきである、③独立したリスク管理部門の設置を含む適切な内部管理を確立しなければならない、④監督当局宛ての報告の正確性について責任をもち、年に一度は監督当局と協議しなければならないといった内容である。

ベアリングズ事件を目の当たりにした民間金融機関もそれぞれに内部管理体制の強化を急いだが、そうしたなか、さらなる不正トレーダーによる巨額損失事件が次々と明らかになった。

ベアリングズ事件と同年の1995年9月には、大和銀行（当

10　Financial Services Authority. 通常、「FSA」、あるいは「UKFSA」と呼ばれ、証券投資委員会（SIB, Securities and Investment Board）を10月に改組することで設立された。

11　UKFSAのその後については、第11章「リーマンショックとグローバル金融危機の勃発」参照。

12　取引執行を行うフロント部門と、取引決済を行うバック部門、さらには、取引を牽制するミドル部門の役割・担当を分離し、相互チェックを可能とすること。

時、現りそな銀行）ニューヨーク支店の現地行員井口俊英が、米国国債取引に係る不正トレーディングで約11億ドル（約1,100億円）にのぼる損失を被ったことが明らかになった。井口は、1982年から同支店で証券取引を始めていたが、1983年に発生した7万ドル（約700万円）の損失発生の報告を怠って以来、12年間の長期にわたって権限外のトレーディングを繰り返すとともに、発生した損失を隠蔽していた。ベアリングズ事件のニック・リーソンと同様に、井口も権限外の取引を行う一方、同支店内での証券カストディ係と事務管理担当を兼務していたことから内部牽制が機能せず、不正取引をチェックすることさえままならなかった。さらに、事件の発覚も大和銀行の内部調査によるものではなく、1995年7月に、井口自身が東京の経営陣に不正トレーディングと損失発生の告白状を送付して、はじめて明らかになったものであった。

　大和銀行のケースは、対当局対応においても問題があった。7月に本人からの告白状を受け取った時点で、大和銀行は犯罪の疑いのある行為の存在を認識したと考えられるが、日米の金融当局に報告を行ったのは、それから1カ月以上後の9月18日であった[13]。米国当局は、これを、早急な通報を怠った法令違反であるとし、1995年11月2日に大和銀行に対して、90日以内に米国内の全銀行業務を停止することを求める処分を発表した。大和銀行は米国業務を住友銀行（当時、現三井住友銀行）

13　大和銀行は、当局への報告が遅れたのは「全容の解明に時間を要したため」であるとした。

に譲渡、米国業務からの撤退を余儀なくされた。

1996年には、住友商事非鉄金属部長の浜中泰男がロンドン金属取引所（LME）[14]における銅取引で権限外取引を行っていたことが発覚した。1987年に前任者から取引を引き継いだ時点で、すでに5,000万ドル（約55億円）を超える含み損失を抱えていたとされるが、その後約10年間にわたって取引を継続し損失が拡大した。

その間、銅市場価格は、時に不自然な動きを示したため、1991年には、LMEとその監督機関である英証券投資委員会（SIB）による調査が行われた。また1993年には、市場関係者から、相場操縦の疑いにつきLMEに対して告発もなされたが、摘発には至らなかった。1995年暮れには、銅地金の異常な値動きに関して、米国商品先物取引委員会（CFTC）[15]とSIBから住友商事に対して調査依頼がなされた。住友商事は翌1996年6月に、社内調査によって多額の含み損を確認、6月13日に、銅取引で18億ドル（約1,960億円）の損失があったことを公表した。住友商事はその後、ポジションクローズ時のコストがふくらんだことから、損失が28億5,000万ドル（約3,180億円）に拡大したと公表している。その後のCFTCとの和解金や内部調査費、米国における賠償訴訟との和解金等を含めると、住友商事が被った最終費用は、3,820億円にのぼるとされる。

不正トレーディングによる巨額損失は、日系企業に限られた

14　London Metal Exchange.
15　Commodities Futures Trade Commission.

ものではなかった。ベアリングズ事件の前年である1994年4月には、米国のキダー・ピーボディ証券が、同社の米国国債トレーダーであるジョセフ・ジェットの不正取引によって、3億5,000万ドル（約360億円）の損失を被ったと公表した。ジェットは、社内の会計制度の不備に付けこんで、多数の決済延期やキャンセル取引を含む米国国債の不正トレーディングを繰り返し、架空の利益計上を行った。外部との決済がまったく行われない取引総額は、1兆7,000億ドル（約175兆円）にのぼったとされている。米国証券取引委員会（SEC）は、本件は証券の現物売買決済が行われていないことから、「証券の不正取引」には該当しないとしたものの、不正スキームによる会計操作に該当するとして、取引所法の違反を適用した。

　キダー・ピーボディ証券のケースは、社内の取引記帳方法の不備から発生した架空利益計上であり、対外的な損失が発生したわけではなかった。時間はかかったものの、社内ポジションは追加損失を発生させることなく処理されたとされている。しかしながら、内部管理上の欠陥は明らかであり、経営陣は広く更迭を余儀なくされた。キダー・ピーボディ証券は1994年当時、米ゼネラル・エレクトリック（GE）の子会社であった[16]が、本件後、米証券大手であるペイン・ウェバー社（当時）に売却された。

16　GEは、1986年にキダー・ピーボディ社を買収していた。

6 「不正トレーダー」が金融リスク管理に与えた影響

　ベアリングズ事件が金融リスク管理に与えた影響は計り知れない。いまでは常識となっている「独立したリスク管理部門」の設置とフロント部門とミドル・バック部門の「職責分離」は、ベアリングズ事件によって業界標準になったといっても過言ではない[17]。ベアリングズ事件以前には、要員の配置や市場業務知識をもったスタッフの不足といった事情から、フロント部門から独立したリスク管理部門を設置することをためらっていた多くの金融機関も、相次ぐ不正トレーディング事件を目の当たりにして、独立したリスク管理部門の設置を必要不可欠なものとして受け入れるようになった。

　こうした損失事象に共通するのは、損益パフォーマンスが直接、報酬や昇格、さらには雇用の継続や解雇に直結する市場業務やトレーディング業務では、発生した損失を隠したいというインセンティブが発生する可能性があるという事実である。そこでは、トレーダーが善人であるか、悪人であるか、という判断基準ではなく、誰でもこうしたことにとらわれる可能性があるという見方からのアプローチが必要とされる。また、一度損失を隠してしまうと、後でそれを自ら明らかにすることもできなくなり、損失が雪だるま式に拡大して、隠しきれなくなった

17　本章「目撃者のコラム」参照。

ときには、組織を揺るがすほどの巨額損失になっている可能性があるのである。こうしたことから、1980年代以降拡大を続けていた市場業務・トレーディング業務に対して、監視を強める姿勢が強化されたとしても、無理はない。トレーダーが取引ブローカーや取引相手と交わす電話の録音と定期的なサンプルチェック、こうしたチェックが行き届かない、自宅や社外からの取引の禁止や制限といったリスク管理実務が導入された。

当初は、こうした管理実務が行き過ぎた側面もみられた。リスク管理部門は「警察官」であるべきであり、情実につながりかねないので、フロント部門とは極力コミュニケーションは行うべきではないとか、フロント部門の人間は（システムやデータを改ざんする可能性があることから）リスク管理部門の執務室に入ってはならないといったような社内ルールは、本来リスク管理部門が養うべき、フロント業務や市場取引についての理解を損ない、フロント業務からかけ離れたルールを押しつけるといったような弊害も生んだ。またなかには、市場業務を行う人間は何をやらかすかわからないといったような市場業務アレルギーを示す経営者まで生んだ例もあるようである。

現在では、リスク管理部門は、フロント部門に対して適切な牽制機能を果たしつつも、同時にいわば「コンサルタント」として、フロント部門にリスク管理に関するノウハウを提供し、フロント部門の業務遂行にも貢献するといった考え方が主流となっている。行き過ぎた「牽制機能」に対する修正がなされているといえる。

こうしたリスク管理の実務は、当初は「市場リスク管理」であるととらえられたが、この点でも変化があった。ベアリングズ事件などによる損失が、「市場業務」や「トレーディング業務」から発生したことは事実であるが、これらは市場の動きそのもの（＝「市場リスク」）から発生したものではなく、市場取引に関連した内部管理体制の不備と、そうした環境のもとでの内部不正から生じた損失である。その後そうした損失はオペレーショナルリスク[18]管理の対象とされ、職責の分離を中心とする内部管理体制整備による対応がとられている。

7　その後の「不正トレーダー」たち

　このように、ベアリングズ事件と不正トレーダー問題は、金融リスク管理の実務を大きく変えた。その結果として「不正トレーダー」は姿を消したかと考えると、現実はそう簡単ではないことが示される（図表6－2参照）。

　2002年、アイルランドの大手銀行であるアライド・アイリッシュ銀行は、為替オプション関連の不正取引で、6億9,000万ドル（約910億円）にのぼる損失を計上したことを公表した。同行の米国子会社であるオールファースト・フィナンシャル社の為替トレーダーだったジョン・ラズニックは、1997年から架空

18　オペレーショナルリスクは、「内部プロセス、人的要因、システムが不適切であること、もしくは機能しないこと、あるいは外生的事象から損失が生じるリスク」として定義される。後述第8章「バーゼルⅡとオペレーショナルリスク」参照。

図表6−2　不正トレーディングによる大規模損失事例

発覚時期	社名	所在国	損失金額 （円換算額）	対象商品
1994年	キダー・ピーボディ証券	米国	3億5,000万ドル （約360億円）	米国国債
1995年	ベアリングズ銀行	英国	8億2,700万ポンド （約1,260億円）	SIMEX日経平均先物
1995年	大和銀行ニューヨーク支店	日本	11億ドル （約1,100億円）	米国国債
1996年	住友商事	日本	28億5,200万ドル （3,180億円）	LME銅取引
1998年	UBS銀行	スイス	4億2,000万ドル （約530億円）	エクイティ・デリバティブ
2002年	アライド・アイリッシュ銀行	アイルランド	6億9,000万ドル （約910億円）	為替取引
2003年	ナショナル・オーストラリア銀行	豪州	2億6,800万ドル （約320億円）	為替取引
2008年	ソシエテ・ジェネラル銀行	フランス	50億ユーロ （約7,950億円）	株式先物取引
2011年	UBS銀行	スイス	23億ドル （約1,770億円）	株式取引

> ニック・リーソンの後も不正トレーダー事件は後を絶たない。むしろその損失は巨大化の傾向すらみてとれる

（出典）　新聞報道等より筆者作成

の為替オプション取引による不正取引を始めた。ラズニック
は、リスク管理部門がリミット管理に使用しているVaRの算出
スプレッドシートに架空の夜間取引を「繰越し分」として不正

計上させることでポジションを過小にみせかけ、さらに評価レートをラズニックのコンピュータ経由でフィードさせる[19]ことで、評価レートを改ざんすることにも成功した。ベアリングズ事件後に常識となった独立したリスク管理の体制をもかいくぐったことになる。ラズニックの不正取引と損失は、2002年1月の内部調査によって明らかになった。

2008年1月、フランスのソシエテ・ジェネラル銀行は、株式先物の自己取引トレーダー、ジェローム・ケルビエールの不正取引により、50億ユーロ（約7,950億円）の損失を被ったと公表した。株式市場の上昇を期待して、自身の権限を大きく超える取引を行ったケルビエールは、その後の市場下落で大きく損失を計上、2年間にわたって架空の反対取引やキャンセル取引を実際の取引に紛れ込ませることで、巨額のロングポジションを隠したとされる。社内の内部監査の入検時期を事前につかんで、その直前に一時的に架空取引を取り消し、直後に架空取引を復活させるといったような細かな作業も行ったとされている。ソシエテ・ジェネラル銀行は、架空取引の取引相手に対するカウンターパーティ・リスクが異常に積み上がっていることに気づいたことから内部調査を実施、総額8兆円とされるポジション解消を完了したうえで、不正取引と損失計上の対外公表に踏み切った。

19　バック部門が直接評価レートを取り込むためには、年間1万ドルのコストが発生することから、「経費節減のため」ラズニックのコンピュータ経由で評価レートを取り込むことを認めさせたとされる。

2011年9月には、スイスの大手銀行UBS銀行が、エクイティ部門のトレーダー、クウェク・アドボリの不正取引により、約23億ドル（約1,770億円）の損失を被ったと公表した。アドボリは2008年以降、架空の不正株式先渡取引を繰り返すことにより、発生した損失を隠蔽したとされている。

最近の事例では、本人の告白や外部機関の指摘によることなく、内部監査等の内部調査を通じて不正取引が発覚するケースが大半を占めており、その点では、内部管理の網の目は詰まってきているとも考えられる。しかしながら、不正取引が損失を隠したいという人間の心理や弱さから生じていることからすると、リスク管理の枠組みをいかに強化しても、また、いずれ発覚することが明らかであっても、不正トレーダー事件は今後も発生し続けるのではないかと思われる。

目撃者のコラム

ベアリングズ事件当時、在英の邦銀証券現地法人で、フロント部門のポジション管理をしながら、企画業務をしていた筆者にとり、ベアリングズ事件の衝撃は大きかった。2月26、27日の週末の新聞に躍った「ベアリングズ銀行破綻！」の見出しは、明らかに何かの終わりを感じさせた。

その後、各金融機関におけるリスク管理体制強化のどたばたもさることながら、監督当局であったイングランド銀行からの通達や情報要請の動きも激しく、当局の戸惑いも明らかであった。

結果として、イングランド銀行は、この年1995年半ばまで

に、英国のシティでトレーディング業務を行っていた金融機関に対し、「独立したリスク管理部門」の設置を半ば義務づける指導を行った。筆者自身がリスクマネジャーとしてのキャリアを歩み始めたのは、その指示に基づき、現地法人内のリスク管理部門を一から立ち上げたことがきっかけとなっている。まさに人々の人生を変える事件であった。

2017年12月、アムステルダムで行われたリスク管理関連のコンファレンスに出席した。その日のプログラムの目玉は、「銀行を破綻させた男　ニック・リーソン氏による特別講演」だった。現在は経営コンサルタントとして活動しているリーソン氏は、ロンドンのパブによくいそうな体格のよい英国人だった。銀行における内部管理の重要性と、ベアリングズ銀行のシンガポール現法で何が欠けていたか、はじめは皮肉も交えて静かに話していたが、途中からおかしくなった。「あの時〇〇がこうなってればあんなことにはならなかったのに。そもそもあいつが……」最後は恨みつらみを激高しながら語り、会場を去った。なんとも後味の悪い「特別講演」だった。フロント部門のトレーダーと長く付き合っていると、優秀なトレーダーほど市場の逆境を冷静に見つめ、損切りも含めた判断を淡々と下し、いわゆる「１線によるリスク管理」が徹底していることがよくわかる。こうした経験に照らしても、リーソン氏は極力ポジションをもたせてはいけないタイプのフロントマンであった。

不正トレーディングに対するリスク管理については、当初は、トレーダーの電話チェックや長期休暇の取得を義務づけることで不正取引がないかどうかを調査するなどといった手法が有効であるとされた。もちろん、こうした手法に効果がないわけではないが、その後も不正トレーダー事例が絶えないことを考えれば、そうした手法が完全でないことは明らかである。不正トレーダー問題に対する解決策として、問題を未然に防ぐ近

道となるのは、行き過ぎたパフォーマンスベースの報酬方針を
見直すことや、損失が発生することは、トレーディングという
枠組みのなかでは十分にありうることだとして、むしろ損失を
被ったポジションの正確な報告や相談を上司やリスク管理部門
と行うことをより是とする「リスク文化」の醸成なのではない
だろうか。

〈参考資料〉

"Report of the Board of Banking Supervision Inquiry into the Cir-
cumstances of the Collapse of Barings", Board of Banking Super-
vision, HMSO, 1995

"Barings Bank and International Regulation", Treasury Committee,
1996

"Treasury Committee Report: Barings Bank and International
Regulation", British Bankers' Association, 1996

"Review of Supervision", Arthur Andersen, 1996

"Singapore Sting, Modern Risk Management—A History", Nicholls
M, 2004

『告白』、井口俊英、文藝春秋、1997年

"UBS trading losses in London: FINMA finds major control fail-
ures", FINMA, 2012

第 7 章

ヘッジファンド
LTCM破綻
【1998年】

┤本章のポイント├

　1994年に活動を開始したヘッジファンドLTCMは、発足直後から目覚ましい運用成績をあげたが、1997年のアジア通貨危機から1998年のロシア危機にかけての金融市場混乱に巻き込まれ、1998年に破綻した。その巨大なデリバティブ・ポジションの処理が金融システミック・リスクを引き起こす可能性が懸念され、金融機関団による出資とポジション処理が行われた。その過程では、市場流動性リスク、カウンターパーティ・リスク管理、ヘッジファンド等のレバレッジの高い機関の管理、システミック・リスク、ストレステストといったリスク管理上の課題が浮き彫りとなった。

1 1998年9月23日、ニューヨーク連銀

　1998年9月23日の水曜日、ニューヨーク連銀と米国連邦準備制度理事会（FRB）は、米銀・米投資銀行を中心とした主要金融機関の経営トップに緊急招集をかけた。ウォール街に近い、リバティ・ストリートにあるFRBのオフィスに次々と集まった金融界の重鎮にとって、当日議論されるであろうテーマはわかっていた。それが気乗りのしない話題であることも。

　議論のテーマは、苦境に陥っていた巨大ヘッジファンド、ロングターム・キャピタル・マネジメント（LTCM[1]）の処理についてであった。席上、ニューヨーク連銀総裁のビル・マクド

ノー（当時）は、LTCMの破綻が金融システム全体に悪影響をもたらす可能性、いわゆる「システミック・リスク」を回避するために、米国で活動する主要な金融機関に対して、LTCMに対する協調シンジケートを組成すること、そのシンジケート団が合計36億ドル（約4,200億円）を共同出資してLTCMを買収[2]すること、そのうえで、マネージ不能に陥りつつあった巨大なデリバティブ・ポジション解消にあたることを要請した。

そもそもヘッジファンドとは、絶対的な投資収益を求めることを唯一の目的として、それぞれが異なる運用戦略に基づいて、グローバルな規模で投資活動を行う投資ファンドの総称であると考えることができる。ヘッジファンドの運用主体は、各国の運用業者規制に従う資産運用業者と位置づけられるが、ファンドそのものは、私募形式により、限られた数の機関投資家や富裕層等から少数大口の資金を集めるものであった。そのため、公募によって広く一般投資家から小口の資金を集める通常の投資信託とは異なり、ファンド自体は直接規制の対象とはなっていなかった。仮にヘッジファンドが破綻したとしても、痛手を被るのは本来出資を行った限られた投資家だけであり、一般の投資家には無関係のはずだったのである。

そうした1ヘッジファンドにすぎないLTCMを救済するために、民間金融機関が巨額の出資を行うことについては相当の

---

1 Long-Term Capital Management.

2 この出資を行うと、金融機関団は、LTCMの株式の90％を支配することとなる。

議論があったが、週末にかけて最終的に15の金融機関[3]が出資に応諾、これにより、LTCMの協調管理と解体に向けた動きが始まることとなった。

2 ロケット・ヘッジファンド

LTCMの生い立ちは、1991年にさかのぼる。当時債券トレーディングで隆盛を極めた、米投資銀行ソロモン・ブラザーズ証券（以下「ソロモン社」）で、1991年に米国債入札における不正行為が発覚した。その後、ソロモン社は行政処分を受けるとともに、同社の債券トレーディングを支えた幹部社員がソロモン社を離れることとなった。なかでも債券トレーディング部門の中心とされた、ジョン・メリウェザーの動向に注目が集まった。メリウェザーは1994年にソロモン社を退社、ソロモン社で国債のアービトラージ取引チーム[4]を支えたラリー・ヒリブラント、エリック・ローゼンフェルドらと、ヘッジファンドLTCMを立ち上げた。LTCMには、ノーベル賞経済学者であるロバート・マートンとマイロン・ショールズがパートナーと

---

3 最終的には、ゴールドマン・サックス、メリルリンチ、モルガン・スタンレー、トラベラーズ、UBS銀行、クレディ・スイス銀行、バークレーズ銀行、ドイツ銀行、チェース銀行、JPモルガン銀行、BTアレックス（以上は3億ドル（約400億円）出資）、リーマン・ブラザーズ、ソシエテ・ジェネラル銀行（以上は1億2,500万ドル（約170億円）出資）、クレディ・アグリコール銀行、パリバ銀行（以上は1億ドル（約130億円）出資）（名称は当時）の15金融機関となった。なお、当初出資依頼を受けたベア・スターンズ証券は出資を断った。

4 市場間の動きのあやをとらえ、市場間の裁定取引を執行するトレーディング部門のこと。

して参加し、そうした意味でも注目されることとなった。

　LTCMの投資手法は、各国国債と、スワップや先物などのデリバティブの間の利回りや、価格変化の動きであるボラティリティの関係に着目して、市場のあやから生じる裁定機会を追い求める、いわゆるアービトラージ取引を中心としたものであった。

　たとえば、国債は、民間金融機関よりも信用力が高いとみなされることから、通常、民間金融機関の間で行われるスワップ金利よりも低い金利でやりとりされる。しかしながら、市場の需給関係から、時折金利が逆転し、スワップ金利のほうが、より信用力の高い国債金利よりも低い金利で取引されることがある。市場でこうしたことが発生した場合、アービトラージャーは、国債が「割安」、スワップ金利が「割高」になっていると判断して「安く買って高く売る」、すなわち、国債のロングポジション（「国債買い」）とスワップ金利のショートポジション（「スワップ金利売り」）を組み合わせて同時に実施することで、将来国債の割安が解消されて、国債金利が再びスワップ金利を下回った際に利益が発生するポジションをとることになる。アービトラージャーの思惑どおりに金利水準が修正されて、再び国債金利がスワップ金利を下回る水準まで下がった場合に、当該ポジションからは利益が発生する。こうした取引が、アービトラージ取引とされるのである。

　LTCMは、1994年２月に、当初出資者の資金10億ドル（約1,040億円）をもって、ヘッジファンドとしての活動を開始し

た。その投資リターンは目覚ましかった。1994年に約20％の運用収益をあげた後、続く1995年と1996年には約40％の高いリターンをあげた。この３年間における株価指数の上昇率が年平均24％弱であったことを考えると、LTCMのリターンは驚異的であった。しかも、金融界の伝説にもなっていたソロモン社における債券アービトラージチームとノーベル賞学者により、リスクも厳格にコントロールされた（とされた）ヘッジファンドとしてのリターンである。ファンドは、パートナーシップ形式で募集され、一般投資家には公開されなかったため、LTCMへの投資を行うこと自体が特権として扱われさえした。当初10億ドルでスタートした投資資本は、追加出資により、1994年末には20億ドル（約2,000億円）、1995年末には約35億ドル（約3,600億円）、1996年末には約50億ドル（約5,800億円）、1997年には約70億ドル（約9,100億円）に拡大した。LTCMは、畏敬の念をもって「ロケット・ヘッジファンド[5]」と呼ばれた。

3 アジア通貨危機とファンドの転落

　順風満帆だったLTCMのパフォーマンスに、一転暗雲が垂れこめ、さらに嵐にさらされる転機となったのは1997年だった。この年発生したアジア通貨危機は、タイやマレーシア、韓国を巻き込んだ。外国為替市場は混乱し、金利や株価等が大きく乱

5　ロケット・サイエンティストによって運用が行われるヘッジファンドの意味。ロケット・サイエンティストについては、第４章「G30レポートとVaR革命」脚注１参照。

高下して、金融市場のボラティリティが急速に高まるとともに、市場の流動性が下落した。

　LTCMのパフォーマンスもこの混乱の影響を受け、同年のLTCMの運用リターンは、17％に下落した。プラスのリターンは確保したものの、その年の米国株式のリターンが33％であったことからすると、市場がLTCMに期待する目覚ましいリターンとはいえなかった。

　運用リターンを高めるために、LTCMは運用規模は変えずに、レバレッジ[6]を高める選択に出た。投資家から受け入れた投資資本を一部返却し、資本の割合を減らしてレバレッジを高めることで、運用ポジションからのリターンを小さくなった投資資本に集中的に還元し、利回りを高めようというのである。LTCMは、受け入れた投資資本70億ドルのうち約４割に当たる27億ドル（約3,500億円）を1997年末に返還、この時点でのレバレッジを28倍に高めた。しかしながら、高いレバレッジにはリスクが伴う。仮に多額の運用ポジションから損失が発生した場合、損失を吸収すべき投資資本が薄くなっていることから、破綻のリスクが高まるのである。

　陰りをみせたLTCMのパフォーマンスに追い打ちをかけるように、翌1998年にはロシア危機が発生した。経済混乱に見舞われたロシアは、８月にモラトリアム（支払猶予）を宣言し、ルーブルを切り下げるとともに国債の利払いを停止した。信用

6　「レバレッジ」については、第５章「FRBショックとデリバティブ損失」脚注１を参照。

図表7-1 1997～1998年の米国10年金利の推移

（%）

'97 1 3 5 7 9 11 '98 1 3 5 7 9 11

LTCM破綻

米国の長期金利は、1997年のアジア通貨危機後、低下基調にあったが、1998年9月のLTCM破綻後の金融緩和を経て下げ足を早めた

（出典） ブルームバーグより筆者作成

リスク市場、ソブリン市場を中心に金融市場は大混乱に陥った（図表7-1参照）。

　市場の動きのあやをとるヘッジファンドも、この市場の混乱に屈服した。同年5月～6月にかけてLTCMは、モーゲージ債券市場で7億ドル（約970億円）の損失を計上した。さらにロシア危機が勃発した8月には、月間損失が17億ドル（約2,370億円）にのぼった。LTCMにとって、前年末に一部資本を投資家に返還したことが、ここで裏目に出た。損失は減少した投資資本を直撃、投資資本は40億ドル（約5,580億円）から23億ドル（約3,210億円）に大きく減少することとなった。続く9月に

図表7－2　ヘッジファンドLTCMの興亡

時　　期	事　　象
1994年2月	LTCMトレーディング開始。当初の投資資本は10億ドル
1994〜1996年	94年約20％、95年、96年約40％のリターンを実現 投資資本（エクイティ）は、94/12末約20億ドル、95/12末約35億ドル、96/12末約50億ドル
1997年	年間リターンが17％に低下。この年株式指数は年間33％上昇となり、初めて株式指数に劣後
1997年12月	投資資本70億ドルのうち、27億ドルを償還し、レバレッジを高める
1998年5〜6月	米国モーゲージ債券市場の低迷から7億ドルの損失計上。ポジションを一部カット
1998年8月	ロシア危機。金融市場混乱へ 同月、LTCMは17億ドル損失計上
1998年9月	19億ドル損失計上。資本毀損からレバレッジは50倍以上に 債権者、追加証拠金の取りもれ、デフォルトを懸念
1998年9月23日	ニューヨーク連銀、主要金融機関団を招集、LTCMの解体と、36億ドルの出資を要請
1998年9月28日	金融機関団出資完了。LTCMの管理は第三者グループに委任。この時点でLTCMの資本は4億ドルにまで縮小
1998年9月29日	FRB、緊急利下げ決定
1998年10月15日	FRB、追加利下げ決定
1998年11月15日	FRB、第三次利下げ実施

| 1999年12月 | LTCMポジション、ほぼ解消（残存スワップポジション50件） |

運用当初、目覚ましい成績を残したLTCMは、1997年のアジア通貨危機、1998年のロシア危機がもたらした市場の混乱に屈した

（出典）　新聞報道等より筆者作成

は、さらなる追加損失19億ドル（約2,590億円）が発生した。損失計上による投資資本の縮小から、この時点では、レバレッジも50倍を超えた。

　LTCMの債権者である金融機関も動き始めた。LTCMと金融機関の取引は、LTCMが保有する国債などの有価証券を担保として提供することで行われていたが、市場の混乱からこれら担保資産の価格は乱高下しており、債権者たちは、LTCMが破綻した場合に証拠金の取りもれが生じて、LTCMに対する債権が焦げ付くことを懸念した。債権確保のため、担保として預かった有価証券を確保して処分してしまうことも考えられたが、これら債券を一斉に売却した場合、そのポジションの大きさから、金融市場が一気に崩壊する危険性、いわゆるシステミック・リスクが高まっていた。こうして9月23日、ニューヨーク連銀による金融機関招集が行われた。

　金融機関団による36億ドルの出資が決まった週明けの9月28日には、LTCMの残余ファンドは4億ドル（約550億円）だった。後述のとおり、1兆ドルを超えるポジションを抱えたファンドからすると、4億ドルの投資資本は、まさに「風前の灯

図表7－3　1998年時点のLTCMの主要トレーディング戦略

	取引内容	トレーディング戦略	実際の結果
①	スペイン、イタリア等欧州国債の買い	欧州通貨統合に向けて、クレジットスプレッドが縮小して収益計上	スペイン、イタリア国債はドイツ国債に対してスプレッドが約20ベーシスポイント拡大し、損失計上
②	ロシア国債ロング、日本国債ショート	ロシア金利低下、日本金利上昇を期待	ロシア国債はデフォルト、日本は金利低下により損失計上
③	ドイツ・スワップスプレッドロング、英国スワップスプレッドショート	英国のスワップスプレッドは広がりすぎと判断し、ドイツ対比縮小することを期待	英国のスワップスプレッドはさらに拡大
④	長期のスワップションストラドルロング、短期のスワップションストラドルショート	インプライドボラティリティとヒストリカルボラティリティの差が縮小することを期待	差は拡大したため損失計上
⑤	ドイツ10年債ショート、30年債ロング	イールドカーブのフラット化を期待	10年債の利回りが急低下したため損失計上
⑥	米国とデンマークのモーゲージ担保証券ロング、国債ショート	両者のスプレッド縮小を期待	国債利回り低下からモーゲージの期限前返済が急増し、スプレッドは拡大して損失

⑦	米国国債の中心銘柄ショート、周辺銘柄ロング	周辺銘柄のスプレッド縮小を期待	「質への逃避」から流動性の高い中心銘柄の利回りが低下し、スプレッドは拡大して損失
⑧	ブラジル、アルゼンチン国債ロング、米国国債ショート	新興国国債のスプレッド縮小に期待	ソブリン危機から、スプレッドは2,000ベーシスポイント程度まで急拡大して損失

LTCMが破綻した1998年時点のポジションは、信用スプレッド縮小に期待したポジションがほとんどだった

（出典） Risk誌より筆者作成

火」であり、1994年から栄華を極めたヘッジファンドはすでに破綻の際にあった（図表7－2参照）。

4 LTCMのデリバティブ・ポジション

先に記載のとおり、LTCMの投資手法は、各国国債と、スワップや先物などのデリバティブの利回りや価格変化の動きに着目した、いわゆるアービトラージ取引を中心としていた。

後に明らかになった、1998年時点のLTCMの主要なトレーディング戦略は、図表7－3のようにまとめられるが、これらを詳しくみていくと、そのほとんどが、信用スプレッドの縮小か、イールドカーブのフラット化[7]に期待したポジションになっていることがわかる。すなわちLTCMは、アジア通貨危機

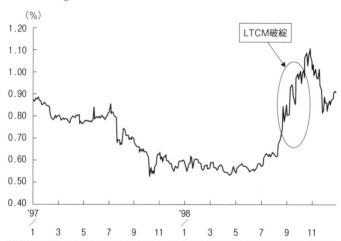

図表 7 － 4　1997～1998年における独30年債と10年債の利回り差推移

（出典）　ブルームバーグより筆者作成

でみられた市場の混乱は徐々に収束し、信用スプレッドは縮小へ、イールドカーブはフラット化に向かうと予想していたと考えることができる。

　しかしながら、1998年の市場はLTCMの期待した方向には動かなかった。前年のアジア通貨危機で経験した市場の乱高下はロシアに波及し、LTCMの思惑とは反対、すなわち信用スプ

7　長期金利と短期金利の差が縮小し、イールドカーブが平ら（＝フラット）になることを指す。

レッドはさらに拡大する方向に、債券市場は、相対的に流動性が高いいわゆる中心銘柄に取引が集中するかたちに動いたのである（図表7－4参照）。

5 「デリバティブの中央銀行」と市場流動性

　前項でみたLTCMのトレーディング戦略は、決して奇をてらったポジションではなく、ある意味でオーソドックスなトレーディング戦略である。その意味でLTCMのポジション戦略は、アービトラージ取引から期待される利鞘を、レバレッジを高めた大きなデリバティブ・ポジションをとることで、極大化しようとしたと考えることができる。しかしながら、このポジションの大きさが、LTCMの首を絞めることとなった。

　すなわちLTCMの問題は、市場の流動性にあった。1998年時点のLTCMのデリバティブ・ポジションは、想定額面で合計1兆2,500億ドル（約170兆円）という巨額にのぼっていた。内訳としては、スワップが6,970億ドル（約95兆1,100億円）、先物が4,710億ドル（約64兆2,700億円）、残りがオプションとその他のデリバティブであり、これらデリバティブ取引は合計で6万件にのぼっていた。これを市場全体の規模に照らしてみると、スワップ取引が市場全体の約2.4％のシェア、先物取引が約6％のシェアを占めていたとされている。投資資本に対するレバレッジという観点でみると、1997年末時点の投資資本43億ドル（約5,600億円）は、バランスシート上の総資産である、1,250億ドル（約17兆600億円）と比較して29倍のレバレッジ、あるい

はデリバティブの想定額面と比較すると、何と290倍のレバレッジになっていたのである。

この時点で、LTCMは「デリバティブの中央銀行」と呼ばれていた。あらゆるデリバティブ取引に対して、それが割安であると思えば、どんな取引に対しても価格を提示する、あたかも中央銀行が流動性を供給するような役割を演じていたというのである。

しかし結果的には、このことがLTCMにとって、自らの首を絞めることになる。LTCM自身がデリバティブ市場に流動性を供給していたことから、一度LTCMがその巨大なデリバティブ・ポジションを閉じよう[8]としても、LTCMの巨額のポジションの取引相手になれる金融機関は存在しなかったのである。LTCMのポジションは、そのアンワインドを受け入れるだけの流動性、いわゆる市場流動性を大きく超えたものになっていたことになる。

6 LTCM後の金融市場とポジション処理

金融機関団による出資によって、市場はシステミック・リスクをぎりぎりで回避したが、この時点では、まだきわめて危険な状況にあった。米国連邦準備制度理事会（FRB）は、9月29日に緊急のFOMC会議を開催、緊急利下げを実施することを決めた。FRBは翌10月および11月にも追加利下げを実施、積

---

8 ポジションを「アンワインドする（unwind）」と呼ばれる。

図表7－5　1997〜1999年における米ドル3カ月LIBOR金利の推移

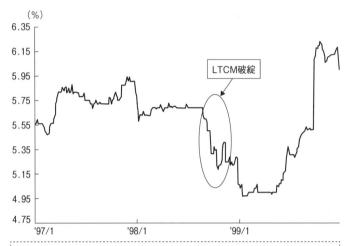

銀行間短期金利である3カ月物LIBOR金利の推移。1998年のLTCM破綻後の金融緩和を受けて一時的に急低下している

（出典）　ブルームバーグより筆者作成

極的な金融緩和を行うことで、縮み上がった金融市場を活性化することを図った（図表7－5参照）。

　民間金融機関による協調出資団が経営権を握ったLTCMのポジション処理も進められた。協調出資団から派遣された「LTCM監視委員会[9]」と名づけられたチームが、市場への影響を考慮しながら売却やポジション移管等によって、LTCMの巨額のポジションの処分を丹念に進めた。

9　ゴールドマン・サックス、メリルリンチ、モルガン・スタンレー、ソロモン・スミス・バーニー、UBS銀行、JPモルガン銀行の担当者から構成された。委員会は、約1年をかけてポジションを解消した。

数あるポジションのなかでも特に問題になったのは、英ポンドにおけるスワップ・スプレッドのポジションであった。巨額にのぼったポジションは市場での円滑な処理の範囲を超えており、LTCM監視委員会は、毎週木曜日に１回につき５億ポンド（約1,100億円）相当のスワップポジションを、オークション形式で他の金融機関に入札させることでポジション処分を進めた（図表７－６参照）。

図表７－６　1998〜1999年における英ポンド10年スワップ金利と10
　　　　　　年国債の利回り差推移

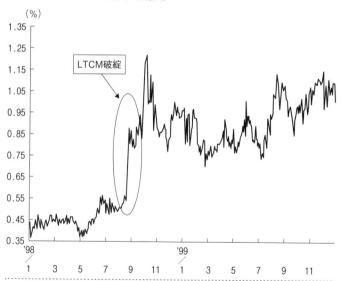

米国の10年スワップ金利と10年国債の利回り差。LTCMの思惑と反対に1998年の夏以降急拡大し、その後LTCMのポジション・クローズに時間を要したことから、高止まりしていることがわかる

（出典）　ブルームバーグより筆者作成

この過程で、LTCMが採用したリスクモデルの特徴も明らか
になっていった。「リスク・アグリゲーター」と名づけられた
LTCMのリスクモデルは、通常の金融機関のモデルに比べて、
直近のデータや相関係数により高いウェイトをかけていること
がわかった。これにより、市場が従来と異なる動き、それも大
きな動きを示した場合にはLTCMのモデルは大きく動くこと
となっていた。

　また前項で示したとおり、LTCMのトレーディング戦略は、
そのほとんどが各国における信用スプレッドの縮小かイールド
カーブのフラット化に偏っており、世界的な信用懸念や市場混
乱が発生した場合に対する備えがなされていなかった。

　最後に、LTCMのリスクモデルには、自らのポジション処分
が市場の価格に与える影響、後述する市場インパクトについて
の考慮がなされていなかった。

　このように、最強のヘッジファンドといわれたLTCMのリス
クモデルも完全ではなかった。モデルは、市場が正常に機能す
る前提のうえに成り立っており、アジア通貨危機やロシア危機
にみられたような、特殊な市場の動きや巨額のポジションを処
分する際の影響は織り込まれていなかったのである。その意味
では、雪だるま式に拡大するLTCMのデリバティブ・ポジショ
ンは、どこかのタイミングで制御不能となる宿命にあったと考
えることもできよう。

7 官民の対応

　1ヘッジファンドの破綻が、民間金融機関による協調出資や当局による緊急利下げをもたらしたという事態に対して関係者は市場改善に向けた対応を迫られることとなった。出資を行った民間金融機関のなかには、LTCMに投資していた銀行もあり、株主からは「投資家としての銀行」に対して批判が高まっていた[10]。また、公的資金注入には至らなかったものの、ニューヨーク連銀も民間金融機関の経営判断に介入したとの批判にさらされていた。

　バーゼル銀行監督委員会は、LTCM破綻の翌1999年1月に「銀行と、レバレッジの高い業務を行う機関（HLI[11]）との取引」「銀行と、レバレッジの高い業務を行う機関との取引に関する実務のあり方」という2つの実務指針文書を公表した。LTCMの破綻からわずか4カ月で取りまとめられたものであった。

　同文書では、LTCMなどのヘッジファンドに代表されるHLIに対する銀行のリスク管理実務に問題があったとし、①HLIとの取引に係る明確な方針と手順を定めること、②HLIに係る健全な情報収集、デュー・ディリジェンスおよび信用審査の実務

10　スイスのUBS銀行は1998年9月24日に、LTCM関連の投資を中心に約10億スイスフラン（約980億円）の損失を被る可能性があることを公表した。UBS銀行の株価は、その後の1週間で3割下落した。さらに、LTCMに対する貸出実行、およびその管理に問題があるとされたことから、同行のカビアラベッタ会長は辞任に追い込まれた。

11　Highly Leveraged Institution.

を適用すること、③トレーディングおよびデリバティブ取引から生じるエクスポージャーをより正確に計測する手法を開発すること、④HLIに対する総与信限度を設定すること、⑤HLIの特性に対応した担保や早期解約条項等の信用補完手段を開発すること、⑥HLIに対する信用エクスポージャーを緊密にモニターすること、といった実務上の指針を示した。ヘッジファンドのようなHLIは、各国において必ずしも金融監督当局の直接の監視下になかったことから、HLIの取引相手である金融機関側の実務を規制、監督するという、いわば間接的な監督手法を採用したことになる。

　民間金融機関の側も対応した。元ニューヨーク連銀総裁で、ゴールドマン・サックス証券の会長に転じていたジェラルド・コリガン[12]は、「カウンターパーティ・リスク・マネジメント・ポリシー・グループ（CRMPG）[13]」を指揮、1999年6月に、報告書「カウンターパーティ・リスク管理の改善に向けて」を公表した。報告書では、デリバティブの取引相手先（カウンターパーティ）に対する与信管理としてのカウンターパーティ・リスク管理の高度化は大きく、①取引相手同士の情報共有、②レバレッジを評価する分析フレームワーク、③信用リスク評価手法の高度化、④リミットや担保管理等の信用リスク管理実務の高度化、⑤社内における業務の透明性の確保、⑥ネッティング

12　第4章「G30レポートとVaR革命」参照。
13　Counterparty Risk Management Policy Group. 欧米の12金融機関の実務家が取りまとめた。

実務の浸透、の6つの要素に分類できるとした。そのうえで、①取引相手先のレバレッジや市場リスク・流動性の状況などについての情報開示とリスク評価、②ストレステストやポテンシャル・フューチャー・エクスポージャー計測（後述）、エクスポージャー計測等からなるリスク管理と報告の高度化、③ドキュメンテーションの手続やネッティングの実施等、取引実務における市場慣行の改善、④カウンターパーティに対するエクスポージャーについての当局報告の改善、の4つの分野について、20の提言を行った。

CRMPGの報告書は、バーゼル銀行監督委員会が示した、HLIに対するカウンターパーティ・リスク管理の高度化要請に対して、民間側の対応を具体的に示したものと考えることができる[14]。

8 LTCM破綻が金融リスク管理に与えた影響

LTCM事件が金融リスク管理に与えた影響は大きかった。

国際決済銀行（BIS）のグローバル金融システム委員会は、1999年10月にLTCM問題に端を発した1998年秋の金融市場について分析した報告書「1998年秋の国際金融危機[15]」を公表したが、そこでは、金融リスク管理上の問題点として以下の点が

---

14 第4章「G30レポートとVaR革命」参照。
15 "A Review of Financial Market Events in Autumn of 1998", Committee on the Global Financial System, Bank for International Settlements, 1999.

あげられている。

① カウンターパーティに対する不適切な信用力審査

② リスク管理における市場流動性の重要性の過小評価

③ レバレッジの大きさに関する市場全体での情報不足

④ 計量モデルに対する過度の依存

⑤ 国際金融市場における少数の巨大なグローバル金融機関の影響力の上昇

⑥ 時価評価された担保付ポジションへの過度の依存

⑦ 特定の投資戦略やリスク管理手法の広範囲な模倣

⑧ 市場間の伝播のスピードと価格変動の連関性の高まり

⑨ 報酬体系や会計慣行がショックへの反応を過敏にさせるとともに、資本力のある市場参加者が資金調達力の低下したアービトラージャーにとってかわることを遅れさせた可能性

以下ではこれらのうち、市場流動性リスク管理、カウンターパーティ・リスク管理、レバレッジ、システミック・リスク、ノンバンク金融機関問題、といった論点について考えてみることとしたい。

LTCMのケースは、トレーディング商品における市場流動性リスク管理の重要性とそのむずかしさを痛感させた。市場のあやをとる裁定機会はいつでも存在するわけではないことから、トレーダー側には、アービトラージのチャンスが生じたときに利益が見込めるポジションを大きく積み上げるインセンティブが発生する。一方で、ポジションが市場の規模に比して大きく積み上がった場合には、ポジションをアンワインドするのにコ

ストが生じる。市場の通常の規模を超えた取引が行われる場合には、その取引自体が市場の価格に影響を与えて、価格を動かしてしまうという、「市場インパクト」と呼ばれる影響が発生するためである[16]。さらに、LTCMのケースのように、ポジションが巨額にのぼった場合にはポジションのアンワインド自体が困難になる可能性もある。市場の参加者は、市場における流動性も考慮に入れたトレーディングを行う必要があるのである。

　次にLTCM問題は、デリバティブのカウンターパーティ・リスク管理の改善の必要性を広く示した。デリバティブ取引の場合、確定した金額を貸し出す貸出資産のケースと違って、カウンターパーティに対するエクスポージャー自体が、金利や市場のボラティリティといった市場のパラメーターの動きによって変化するという特徴がある。したがって、デリバティブから生じるカウンターパーティ・リスク管理では、現時点の市場パラメーターによって発生しているエクスポージャーだけでなく、将来の金利や為替の変化からエクスポージャーがどれくらい増減するかを考慮に入れたうえで管理する必要がある。こうした、いまは発生していないが、将来発生する可能性があるエクスポージャーは「ポテンシャル・フューチャー・エクスポージャー（PFE[17]）」と呼ばれるが、LTCMのケースは、その計

16　第15章「アルゴリズム取引・HFT取引と「フラッシュ・クラッシュ」」参照。
17　Potential Future Exposure.

測手法の改善も含めて金融機関に課題を突きつけたのであった。各金融機関は、それぞれにPFEを計測する手法を開発し、各カウンターパーティに対して将来どれだけのエクスポージャーが発生しうるかを管理することとなった。

こうしたことからデリバティブ取引においては、市場の変動によってカウンターパーティに対するエクスポージャーが増加した際に、現金や国債などの有価証券を担保としてやりとりすることで、発生したエクスポージャーに対する信用補完を行うことが一般的となった。これにより、仮に取引相手先がデフォルトした場合に、担保として徴求した現金や国債を現金化することでエクスポージャーの回収を図ることができる。デリバティブ取引開始にあたって、市場参加者は、デリバティブの業界団体であるISDA[18]が公表した契約雛型であるISDAマスター契約[19]を締結することが一般的だが、ISDAは、マスター契約に付随する信用補完契約[20]を公表し、デリバティブ取引に伴う担保のやりとりにおける基本的な条件を標準化することに貢献した。

LTCMのケースは、金融取引におけるレバレッジのこわさを痛感させた。スワップやオプションなどのデリバティブ取引をトレーディングに組み込むことで、デリバティブ取引の想定元本は容易に積み上げることができる。レバレッジを高めて想定

---

18 International Swaps and Derivatives Association.
19 ISDA Master Agreement.
20 Credit Support Annexと呼ばれる。

元本を積み上げれば、大きな想定元本からあがった収益は相対的に小さな資本に集中的に還元することができ、資本に対するリターンは高まることになる。したがって出資資本に対する高い絶対リターンを目指すヘッジファンドには、元来レバレッジを高める動機が存在すると考えることができる。しかしながら、高レバレッジは、損失が発生した際にはその損失を薄い資本で吸収しなければならず、破綻のリスクが高まるという裏表の関係がある。破綻のリスクが、資本を拠出した投資家とリスクを理解したうえで与信を行った債権者だけにとどまるのであれば、仮にファンドが破綻しても、納得ずくでリスクをとった株主や債権者に損失が限定され、問題は生じないはずである。しかしながらLTCMのケースは、高レバレッジでのトレーディング活動が、株主責任や債権者への損失を超えて、金融システム全体に及ぶ可能性が示されたのであり、バーゼル銀行監督委員会の実務指針文書やCRMPGの報告書によって、高レバレッジでの金融取引を行う場合のリスク管理強化が提唱されたのである。

　LTCMの破綻劇は、システミック・リスクについての議論も引き起こした。1兆ドルを超えるデリバティブ・ポジションを有するLTCMが破綻した場合、巨大なデリバティブ・ポジションは行方を失い、金融システム全体がリスクに直面する可能性があった。リスクを察知したニューヨーク連銀が、民間金融機関によるLTCMへの協調出資とポートフォリオの協働処理を働きかけることで、LTCMを引き金としたシステミック・リス

クの発生を防ぐことができたが、事態はきわめて危険な状況にあったといわざるをえない。

前述のBISグローバル金融システム委員会報告書では、市場がシステミック・リスクを回避し、通常の市場に戻ることを可能とした要因として、①FRBによる迅速な利下げの決定とそれに伴う金融緩和、②資本を再注入されたLTCMによる取引解消が円滑に行われたこと、③ほかに大手金融機関の経営破綻が発生しなかったこと、④多くの市場においてスプレッドが拡大したことでこれを好機ととらえた長期的な投資スタンスをもつ投資家が市場に回帰したこと、の4点をあげている。金融当局による迅速かつ適切な対応が、市場参加者に冷静な判断を取り戻す余裕を与えたさまがうかがえる。

最後に、LTCMのケースは、ヘッジファンドなどのノンバンク金融機関が、金融システムに与える影響が無視しえないほどに拡大していることを認識させた。金融監督の外にあって、金融仲介機能を担う機関はノンバンク金融機関と呼ばれるが[21]、こうした機関は、金融当局の監督を受けず、直接金融規制に服するものではなかった[22]。その一方で、介入がなければ、

---

21 「シャドウ・バンキング（影の銀行）」とも呼ばれるが、2020年以降、「ノンバンク金融仲介（NBFI）」という名称が一般的となった。1999年のバーゼル銀行監督委員会の報告書における「レバレッジの高い業務を行う機関（HLI）」はノンバンク金融仲介の一部と考えられる。第18章「金融エコシステムとノンバンク金融（NBFI）」参照。
22 前述の報告書において、バーゼル銀行監督委員会が、HLIそのものではなく、HLIと取引を行う金融機関に対する実務指針を示したのは、こうした背景がある。

LTCMの破綻がシステミック・リスクをもたらしていた可能性も高かった。このようなノンバンク金融機関をどのように管理するかは、その後の金融監督において、重要な課題として認識されることとなったのである。

　長年にわたってリスクマネジャーをしていると、市場の動きが不気味に思われることが何度かある。LTCMの破綻前後がまさにこれに当たっていた。ロシア危機後の混乱が続くなか、欧米を中心とした金融市場において、各種商品のボラティリティがはね上がり、市場が「壊れていく」ような、何とも気持ちの悪い日々が続いた。胃液があがってくるような相場といったら感じが伝わるだろうか。そうしたなかで、ニューヨーク連銀によるLTCM出資のための会合が行われ、金融機関団の出資が行われると聞いて、救われたような気持ちになった記憶がある。

　LTCMのポジション処分が始まってみると、そこで明らかになったLTCMのポジションの巨大さは、想像をはるかに超えていた。英ポンドのスワップポジションの処分だけで、週次のオークションを繰り返すという状況は、円滑な市場に慣れた身からすると、現実離れした世界に思えた。

　また、週次で確定したポジションが市場に出てくるという状況が市場関係者に共有されているということは、それに対抗したポジションを組むことで利益を得られる可能性が高まるということを意味する。欧米の金融機関は、LTCMのポジション処分に対する反対ポジションを積み上げることで、LTCMのポジション処理を確実な収益機会に結びつけていった。欧米金融機関の収益に対するどん欲さに目を見張るとともに、市場の混乱

を引き起こしながらも、それを自らの収益で取り返そうとする姿勢に対する多少の反発、さらにそうした感情をも通り越して、懲りない人たちだなぁという感想めいた感情が相まって事態をみていたことが思い出される。

　LTCM以後の金融リスク管理、特にデリバティブ取引におけるカウンターパーティ・リスク管理では世界が一変した。取引自体が銀行間金利で締結されるなかで、エクスポージャーを管理するために担保契約を締結して、担保となる現金や国債をやりとりすることが一般化し、さらにPFEの計測方法高度化への取組みも進んだ。しかし、およそすべての治療薬には副作用がある。エクスポージャーの発生に対して、担保をやりとりして与信管理を行うことは、信用リスクを軽減するためには効果的である一方、頻繁な担保のやりとりに伴う事務ミスのリスク、すなわち次章で触れるオペレーショナルリスク管理に振り替えているとも考えられ、両者のリンケージを強めることとなった[23]。この点は、後に新型コロナウイルスが発生した時に大きくクローズアップされることとなる。

　LTCMのケースは、また、ストレステストの重要性、特に市場流動性リスクや、カウンターパーティについての信用リスク等の複合的なリスク要因を考慮したストレステストの必要性を再認識させた。リスクマネジャーの描くべきストレスシナリオは、市場リスクや信用リスク等、単独のリスク要因に基づくシナリオだけでなく、それらが密接に関連した複合的、統合的なストレスシナリオであるべきという考え方は、LTCM問題を契機として浸透していったのではないか。その後もストレステストはさらに重要となっているが、常に思い出され、かつ忘れてはならないのは、LTCM破綻後の市場に垂れ込めたどんよりと重く暗い雲のような空気である。

23　第18章「金融エコシステムとノンバンク金融（NBFI）」参照。

金融システムまでも巻き添えにしかかったLTCMと、それを寸前で回避した関係者の努力、その後の金融リスク管理実務への影響。それほどに、LTCMの破綻劇は、金融リスク管理における「一大事件」であった。

〈参考資料〉

"The President's Working Group on Financial Markets", 1999

"Improving Counterparty Risk Management Practices", The Counterparty Risk Management Policy Group, 1999

「1998年秋の国際金融危機」、BISグローバル金融システム委員会、1999年（"A Review of Financial Market Events in Autumn of 1998", Committee on the Global Financial System, Bank for International Settlements, 1999)

"Boom in sterling bond issues as LTCM sells", Financial Times, Oct. 22, 1998

"Domestic demand underpins sterling surge", International Finance Review, Oct. 24, 1998

"Long-Term Capital sells equity volatility", International Finance Review, Oct. 31, 1998

『天才たちの誤算【ドキュメント】LTCM破綻』（『最強ヘッジファンドLTCMの興亡』（日経ビジネス文庫版))、ロジャー・ローウェンスタイン、日本経済新聞社、1999年

『LTCM伝説―怪物ヘッジファンドの栄光と挫折』、ニコラス・ダンバー、東洋経済新報社、1999年

『波乱の時代』、アラン・グリーンスパン、日本経済新聞出版社、2007年（"The Age of Turbulence", Greenspan A, 2007)

第 **2** 編

科学としての
金融リスク管理と蹉跌

第 8 章

バーゼルⅡと
オペレーショナルリスク
【2001〜2007年】

──本章のポイント├

　BIS規制の全面改訂であるバーゼルⅡでは、3つの柱、
信用リスクにおける内部格付手法、オペレーショナルリス
クに対する自己資本賦課、メニュー方式の全面導入等、新
たな考え方が導入された。その根底には、自己資本比率規
制をリスクベースでとらえようとする姿勢と民間金融機関
自身のリスク管理実務を重視することで、複雑化する金融
業のリスク管理に対応しようとする考え方があった。

1 バーゼルⅡへの道のり

　第4章でみたように、国際的に活動する銀行は、グローバル
な自己資本比率規制として1988年に国際合意がなされたBIS規
制に従っていた。信用リスク資産に対して、リスクウェイトに
基づく最低所要自己資本を賦課するその枠組みには、1997年末
からトレーディング勘定の市場リスクに対しても最低所要自己
資本を課す規制が加わっていた。

　しかし、BIS規制の信用リスクアセット計算手法に対して
は、規制導入当初からそのリスクウェイト分類が取引先の属性
のみに基づいていて、取引先個別の信用力を反映していないこ
とに対する批判が根強かった。たとえば、一般事業法人与信に
対するリスクウェイトは相手がトリプルAの優良会社であって
も、財務体質の弱い中小企業であっても、一律100％であっ
た。リスクアセットの観点だけからすれば、利鞘がとれるがリ

スクの大きい企業に融資が集中することが懸念された。

　また、リスクウェイトは債務者の属性に基づく分類になっていたことから、プロジェクト・ファイナンスや証券化商品等、債務者の属性とは切り離されたエクスポージャーに対する扱いが定められていなかった。

　さらに、不正トレーディングによる損失や、事務ミス・システム障害等から発生する損失のリスクに対しても、対応できていなかった。銀行業務が複雑さを増すなか、国際的に活動する銀行の健全性を確保するための自己資本比率規制の大幅な改訂

図表8－1　BIS規制からバーゼルⅡへの道のり

時　　　期	内　　　容
1988年7月	バーゼル自己資本比率規制（BIS規制）公表
1988年12月	大蔵省通達により、BIS規制国内行政指導開始
1993年4月	銀行法改正によるBIS自己資本比率規制国内開始
1996年1月	BIS市場リスク規制合意
1997年12月	BIS市場リスク規制実施（日本では1998年3月末）
1999年6月	BIS「新たな自己資本充実度の枠組み」（第一次市中協議文書）公表
2001年1月	バーゼルⅡ第二次市中協議文書公表
2003年4月	バーゼルⅡ第三次市中協議文書公表
2004年7月	バーゼルⅡ最終案公表

BIS規制およびBIS市場リスク規制の開始後、3回の市中協議を経てバーゼルⅡ規制が確定した

（出典）　金融庁より筆者作成

が急務となった。

バーゼル銀行監督委員会は、1999年6月に「新たな自己資本充実度の枠組み」を公表した。本文書は、BIS規制の全面改正である「バーゼルⅡ」の第一次市中協議文書となった。バーゼルⅡは、その後官民の協議を経たうえで、2004年7月に最終文書が確定した[1]（図表8－1参照）。

2 バーゼルⅡの枠組み

バーゼルⅡでは、リスクアセットに対する最低所要自己資本を求める、というBIS規制の考え方を維持しながら、いくつかの新たな枠組みが織り込まれた。

(1) 3つの柱

まず、「3つの柱」という考え方が導入された。銀行の保有するリスクアセットに対して最低所要自己資本を求める従来の枠組みは、「第一の柱」とした。これに対して、規制上の最低所要自己資本の維持だけでなく、銀行自身が自らのリスクプロファイルを評価し、それに対する自己資本の十分性や充実度を自ら確認するプロセスをもち、その評価に基づいて資本戦略を策定するという枠組みを運営することを求めた。監督当局は、こうした銀行の枠組みが十分機能しているかを確認、検証することを「監督上の検証」として、「第二の柱」と位置づけた。さらに、「第三の柱」では、銀行のもつリスクプロファイルを

1　その間、2001年1月に第二次市中協議文書、2003年4月に第三次市中協議文書が公表されている。

さまざまな切り口で開示することを求め、市場関係者からの監視機能を高めることで、自己資本比率規制を補完することを目指した。

最低所要自己資本に基づく自己資本比率規制、銀行自身による自己資本管理の枠組みと監督当局による検証、さらに、開示を通じた市場関係者からの監視からなる「3つの柱」は、互いに補完し合うことによって、金融システムの健全性を強固なものにすることが期待された。

⑵ オペレーショナルリスク

バーゼルⅡでは、新たにオペレーショナルリスクに対して自己資本を保有することを求めた。

銀行の業務が多様化する過程で、市場業務に関連した内部管理上の問題から生じる損失事象が発生した[2]。また、M&Aの仲介手数料等、銀行における手数料収入のウェイトが高まるにつれて、法的リスクやシステムリスク等からの損失の可能性が高まった。こうしたオペレーショナルリスクから発生する損失に対しても、最低所要自己資本を課すことで、銀行の健全性を確保しようとしたのである。

⑶ メニュー方式の全面採用

オペレーショナルリスクに対する所要資本の賦課により、「第一の柱」におけるリスクアセットは、信用リスク、市場リスク、オペレーショナルリスクの3つのリスクカテゴリーから

2　第6章「ベアリングズ銀行と不正トレーダー」参照。

図表8－2　バーゼルⅡ第一の柱の構成

リスクカテゴリー	手　　法	対象区分
信用リスク	標準的手法	
	内部格付手法 ・基礎的内部格付手法 ・先進的内部格付手法	事業法人向け債権 ソブリン向け債権 銀行向け債権 リテール向け債権 特定貸付債権 株式等
	証券化	
市場リスク	標準的方式	
	内部モデル方式	
オペレーショナル リスク	基礎的手法	
	粗利益配分手法	
	先進的計測手法	

バーゼルⅡでは、すべてのリスクカテゴリーにおいて「メニュー方式」が採用されたほか、信用リスクアセットについては対象区分が細分化された

（出典）　バーゼル銀行監督委員会

構成されることになったが、バーゼルⅡでは、これらそれぞれのリスクアセットを算出する際に、いわゆる「メニュー方式」を採用した[3]。これにより、各々の銀行は、自らのリスクプロファイルとリスク管理体制に応じて、単純な手法からよりリス

3　第4章「G30レポートとVaR革命」参照。

ク感応度の高い複雑な手法まで、複数の手法のなかから金融機関自らが適用する手法を選択できることとなった（図表8 - 2参照）。

3 バーゼルⅡの内容──第一の柱

最低所要自己資本を規定する第一の柱は、分子となる自己資本と、分母となるリスクアセットからなるが、自己資本についての定義は、従来のBIS規制と大きく変わらず、自己資本比率規制として最低8％を求める点にも変更はなかった。また、1997年末から始まった市場リスク規制についても変更はなかった。大きく変化したのは、信用リスクであった（図表8 - 3参照）[4]。

図表8 - 3　バーゼルⅡ第一の柱の算式

・標準的手法におけるバーゼルⅡ第一の柱

$$\frac{ティア1資本＋ティア2資本}{（信用リスク相当額＋市場リスク相当額＋オペレーショナルリスク相当額）} \geq 8\%$$

・内部格付手法によるバーゼルⅡ第一の柱

$$\frac{ティア1資本＋ティア2資本（除一般貸引）－（期待損失－貸倒引当）}{（信用リスク相当額×SC（注）＋市場リスク相当額＋オペレーショナルリスク相当額）} \geq 8\%$$

バーゼルⅡにおける自己資本比率規制は標準的方式・内部格付手法によって異なる算式に従ったが、最低水準はともに8％とされた

（注）　SCは、定期的に見直されるスケーリングファクター。
（出典）　バーゼル銀行監督委員会

4　オペレーショナルリスクについては後述。

信用リスクの取扱いの変更は、大きく、①内部格付手法の導入と②資産区分の詳細化に分けられる。

⑴　内部格付手法

　バーゼルⅡ信用リスクアセット計算では、標準的手法と内部格付手法の「メニュー」が用意された。さらに内部格付手法は、基礎的内部格付手法と先進的内部格付手法に分けられるため、合計3つの「メニュー」が用意されたことになる。標準的手法では、外部格付機関による格付に基づいたリスクウェイトを採用することで債務者の信用力の違いを反映することとした（図表8－4参照）。

　これに対して内部格付手法では、信用リスクエクスポー

図表8－4　標準的手法における格付ごとのリスクウェイト例（事業法人向け（1年以上））

格付	リスクウェイト
AAA～AA－	20%
A＋～A－	50%
BBB＋～BB－	100%
BB－未満	150%
無格付	150%

バーゼルⅡ信用リスクの標準的手法では外部格付機関の格付に基づいてリスクウェイトが決定された

（出典）　バーゼル銀行監督委員会

ジャー計測における主要なパラメーターである、企業の倒産確率（PD[5]）、デフォルト時損失率（LGD[6]）、デフォルト時エクスポージャー（EAD[7]）の3つについて、各銀行の内部格付制度における過去データに基づく推計値を使うことが認められた。内部格付手法のうち基礎的内部格付手法では、PDについて自行の推計値を使用することが認められる一方、LGDとEADについては当局が指定する数値を採用することが求められた。一方、先進的内部格付手法では、3つの指標すべてにおいて自行の内部格付制度における計測値を使うことができるとした[8]。

(2) 資産区分の詳細化

またバーゼルⅡでは、貸出債権の性格によってリスクアセットの計算方法を細かく規定することとした。具体的には、事業法人向け債権、ソブリン向け債権、銀行向け債権、リテール向け債権、特定貸付債権、株式等、証券化商品である[9]。このうち、特定貸付債権には、プロジェクト・ファイナンス、オブジェクト・ファイナンス、コモディティ・ファイナンス、事業用不動産向け貸付[10]が含まれたほか、株式等にはファンド商品等が含まれた。

---

5 Probability of Defaultの略。
6 Loss Given Defaultの略。
7 Exposure at Defaultの略。
8 内部格付手法を使用するには、当局の審査に基づく承認が必要となる。
9 図表8−2参照。
10 事業用不動産向け債権のなかでもボラティリティの高い案件については、さらに細分化された手法が提供された。

たとえば、リテール向けエクスポージャー[11]で標準的手法を採用する場合、リスクウェイトは75％となる。さらに、抵当権付住宅ローンのリスクウェイトは35％とされる。これに対して、内部格付手法を採用する場合、居住用不動産向けエクスポージャー、適格リボルビング型リテール向けエクスポージャー、その他リテール向けエクスポージャーの3種類に分けたうえで、それぞれのなかの均質な貸出ポートフォリオごとに、PD、LGD、EADを推計してリスクアセットを計算することになる。

　証券化商品について標準的手法を採用した場合には、格付機関が付与する外部格付に基づくリスクウェイトが付される。一方、内部格付手法を選択した場合には、外部格付が付されている商品については外部格付準拠方式、それ以外については、指定関数方式または内部評価方式[12]によって信用リスクアセットを計算することとされた。さらに、これらの手法が適用できない商品については、自己資本から控除する扱いとした[13]。

　また、株式等エクスポージャーについて、標準的手法を採用する場合には、リスクウェイトは一律100％とされた。一方、内部格付手法を採用する場合、事業法人向けエクスポージャー

11　リテール向けエクスポージャーとは、与信額1億円以下かつ1債務者に対する与信が当該エクスポージャー全体の0.2％以下であることが条件となっている。
12　内部評価方式は、資産担保CP（ABCP）プログラムに対する流動性補完等のケースに限って適用される。
13　証券化商品は、バーゼルⅡの議論において、多くの時間が費やされた部分であった。

図表 8 − 5　バーゼルⅡ内部格付手法における信用リスク所要自己
　　　　　　資本額の計算

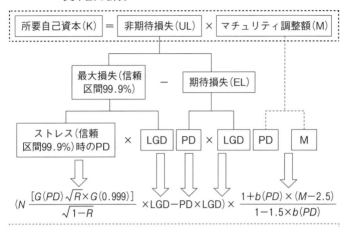

バーゼルⅡ信用リスク内部格付手法におけるリスクアセットは、PD、
LGD等のパラメーターに満期調整・資産相関等を考慮して決定された

(注)　R＝資産相関関数、$N(\cdot)$＝標準正規分布の累積分布関数、$G(\cdot)$
　　　＝$N(\cdot)$の逆関数、$b(PD)$はマチュリティ調整関数 $[b(PD)=$
　　　$(0.11852-0.05478\times\log(PD))^2]$。Kは、エクスポージャー 1 単位当
　　　りの所要自己資本。これにEADを乗じた額が当該資産に係る所要自
　　　己資本額。
(出典)　『詳解バーゼルⅢによる新国際金融規制（改訂版）』

　と同様の方法でリスクウェイトを計算するPD/LGD方式と、株
価変動リスクの計測に基づく市場ベース方式のいずれかを選択
することとされた。

　内部格付手法ではこうして計算したエクスポージャーに対し
て、保有期間 1 年、信頼区間99.9％のVaRの考え方に基づいて
リスクアセットが計算され、これに与信の満期の違いによる調
整、経済状況との資産相関係数が加味されて、信用リスクに関

する所要自己資本が計算されることとなった（図表8－5参照）。

4 バーゼルⅡの内容——第二の柱

　第二の柱では、銀行自身が自らの経営の健全性を維持する過程で、適切な自己資本管理を行うことが期待されている。その中心となるのは、自行に特有なリスクプロファイルに見合った自己資本の充実度を内部的に評価するプロセスと、自己資本水準維持のための資本戦略の策定である。

　監督当局は、こうした銀行側の自己資本管理プロセスと自己資本戦略を検証し、その結果、銀行による自己資本管理状況に問題があると認めた場合には、当該銀行に対するモニタリング強化や内部管理プロセス・自己資本水準の改善の要求といった監督上の手段を実施することになる[14]。第二の柱では、その際に従うべき4つの原則を示している（図表8－6参照）。

　また、監督当局は第二の柱において、銀行が、①第一の柱で考慮されるものの第一の柱では十分にとらえられないリスク（たとえば信用集中リスク）、②第一の柱では考慮されないリスク（たとえば銀行勘定の金利リスク）、③銀行にとっての外的な要因（たとえば景気循環の影響）等も含めて、リスクの総体を適切に把握・管理しているかどうかを検証することとしている。このうち、銀行勘定における金利リスク[15]については、標準化

14　本邦では、監督指針において、前者に対応する早期警戒制度、後者に対応する早期是正措置が規定された。

15　"Interest Rate Risk on Banking Book"。略して「IRRBB」と呼ばれる。

図表 8 - 6　バーゼルⅡ第二の柱における 4 つの原則

原則 1	銀行は、自行のリスクプロファイルに照らした全体的な自己資本充実度を評価するプロセスと自己資本水準の維持のための戦略を有するべきである
原則 2	監督当局は、銀行が規制上の自己資本比率を満たしているかどうかを自らモニター・検証する能力があるかどうかを検証し評価することに加え、銀行の自己資本充実度についての内部的な評価や戦略を検証し評価すべきである。監督当局はこのプロセスの結果に満足できない場合、適切な監督上の措置を講ずるべきである
原則 3	監督当局は、銀行が最低自己資本比率以上の水準で活動することを期待すべきであり、最低水準を超える自己資本を保有することを要求する能力を有しているべきである
原則 4	監督当局は、銀行の自己資本がそのリスクプロファイルに見合って必要とされる最低水準以下に低下することを防止するために早期に介入することを目指すべきであり、自己資本が維持されないあるいは回復されない場合には早急な改善措置を求めるべきである

> バーゼルⅡの第二の柱では、銀行自身による自己資本水準維持の戦略を監督当局が検証するとして銀行の自発的な自己資本管理を重視する考え方を打ち出した

（出典）　バーゼル銀行監督委員会

された金利ショックに伴って、総資本（ティア 1 資本とティア 2 資本の合計）の20％を超える経済価値の低下が起こる場合を、アウトライヤー銀行（極端なリスクをもつ銀行）と定義し、こうした銀行の自己資本の適正度については、特に注意を払うとした。

5 バーゼルⅡの内容——第三の柱

　第三の柱は、銀行が保有する資産負債や、リスクエクスポージャー、さらには、そのもととなっている各種リスク管理方針や管理手法等についての開示を広範に求めることとした。これにより、市場参加者が、当該銀行が抱えるさまざまなリスクを把握することが可能となり、結果として市場からの監視が強まることが期待された。

6 オペレーショナルリスク

　前述のとおり、銀行業務の複雑化と手数料収入への傾斜から、オペレーショナルリスクの重要性が高まった。オペレーショナルリスクは、「内部プロセス、人的要因、システムが不適切であること、もしくは機能しないこと、あるいは外生的事象から損失が生じるリスク」と定義されたが、市場業務における不正取引から発生する損失や、M&A業務における訴訟から生じる損失、あるいは業務を支えるITシステムが障害を起こした場合の損失等に対する備えとして所要自己資本賦課を行うものである。

　バーゼルⅡ上のオペレーショナルリスクにおいては、基礎的手法（BIA[16]）、粗利益配分手法（TSA[17]）、先進的計測手法（AMA[18]）という３つの「メニュー」が示された（図表8‐7参

16　Basic Indicator Approach.
17　The Standardized Approach.

図表8－7　オペレーショナルリスクにおけるメニュー方式

手　　法	内　　容
基礎的手法	年間の粗利益に15％を乗じた額の直近3年間の平均値
粗利益配分手法	8つのビジネスライン（注）ごとの粗利益に、ビジネスラインに固有の係数（12％、15％、18％）を乗じたものの合計の直近3年間の平均値
先進的計測手法	銀行の内部管理で用いられる計測手法に基づき計算される最大損失額（信頼区間99.9％、保有期間1年）

バーゼルⅡで新たに導入されたオペレーショナルリスクにおいても、メニュー方式が採用された

(注)　①リテール・バンキング、②コマーシャル・バンキング、③決済業務、④リテール・ブローカレッジ、⑤トレーディング・セールス、⑥コーポレート・ファイナンス、⑦カストディ業務、⑧資産運用
(出典)　バーゼル銀行監督委員会

照）。このうち、基礎的手法と粗利益配分手法は、銀行の粗利益に対する一定比率をリスクアセットとするという比較的単純な方法である。

　これに対して先進的計測手法では、銀行自身の計量モデルから算出されるオペレーショナルリスク量を、バーゼルⅡ上の所要資本とすることが認められた。ここでいう「オペレーショナルリスク量」は、銀行が自らのオペレーショナルリスクに対して、保有期間1年、信頼区間99.9％で計測したオペレーショナ

18　Advanced Measurement Approach.

ルリスク上のVaR値に当たる。

　オペレーショナルリスクの計量化にあたっては、リスクの特性が障害となった。VaRを計測するためには、幅広い損失事象の分布を想定する必要があるが、損失額の小さい事務ミスやシステム障害等は頻繁に発生する一方で、ベアリングズ事件のような大規模損失事象は、社内データからは得られないことが多い。一方で、ベアリングズ事件のような不正取引が自社で起こる可能性が否定できないのであれば、こうした損失の可能性を自社の損失分布に含める必要があると考えられる。こうしたことから、たとえばベアリングズ事件のような他社の損失事象が仮に自社で起こった場合にどの程度の損失になるかといった影響をシナリオとして作成して、自社の損失分布に織り込むこと

図表8－8　オペレーショナルリスク先進的計測手法における4つの原則

・銀行内部で発生した内部損失データを用いること
・必要に応じて、銀行の外から入手した外部損失データをもって内部損失データを補完すること
・シナリオ分析を実施し、「低頻度・高インパクト」の損失も捕捉すること
・所要自己資本の算出に用いるリスク計測手法が、銀行内部におけるリスク管理全体のなかに統合されていること

オペレーショナルリスクの先進的計測手法では「4つの要素」が求められた

（出典）　バーゼル銀行監督委員会

が一般的となった。これらも含めてバーゼルⅡでは、先進的計測手法の要件として、各銀行の計量モデルが図表8‑8にあげる4つの要素を含むことを求めている。

7 金融リスク管理への影響

バーゼルⅡでは、多くの新たな考え方が導入された。また、バーゼルⅡの内容を確定させる作業においては、新たな自己資本規制の枠組みをよりリスク感応度の高い枠組みとするべく、民間銀行と監督当局の間でおびただしい量の意見交換が行われた。この意見交換自体が、それぞれの分野におけるリスク管理の理論と実務の展開に対して大きな影響を与えた。

信用リスクにおいては、内部格付手法を軸とした議論が進んだ。事業法人向けエクスポージャーは、内部格付の考え方との親和性は高かったが、リテール向けエクスポージャーや特定貸付債権においては、内部格付という実務は一般的ではなかった。事業法人に対する内部格付手法と整合的な考え方を導入するために、こうしたエクスポージャーに対してどのようなリスク計測手法をとるべきか、それらに対してどう自己資本賦課を行うべきかという点についての議論が重ねられた。

自己資本比率規制と金融リスク管理実務の連携についての議論は、オペレーショナルリスク管理に顕著であった。オペレーショナルリスクに対して自己資本を賦課することが打ち出されたことは、オペレーショナルリスク管理の高度化と、特にオペレーショナルリスクを市場リスクや信用リスクと同様に計量化

して管理することに対する機運を盛り上げた。オペレーショナルリスク管理に係る議論は活況を極め、リスクの計量化手法、損失データの捕捉、KRIやCSA[19]等の定性的手法の検討、シナリオ分析手法の検討方法、保険の考慮等、オペレーショナルリスク管理をめぐるさまざまなパーツについて活発な意見交換が行われた。

バーゼルIIは2007年以降、各国で順次導入[20]されていった。こうして銀行は従来よりもリスク感応度の高い自己資本比率規制に従うこととなったのである。

目撃者のコラム

BIS市場リスク規制における内部モデル方式の採用からバーゼルIIにおけるメニュー方式の全面採用は、1990年代から2000年代前半にかけてのリスク管理興隆の典型例であった。そこには、民間側のリスク管理体制強化とリスクに根差したリスクベースの考え方を追求することで、銀行規制の中核をなす自己資本比率規制を改善させるという官民共通の信念のようなものが感じられた。

一方でバーゼルIIの策定は、各国の金融業の競争地図を書き換える国際競争の側面も持ち合わせている。規制内容を議論するなかで、内外当局との議論を重ね、各銀行が行った分析結果を持ち寄って、さらなる交渉や夜中の電話会議に臨む[21]。時に

---

19 KRIは、主要リスク指標（Key Risk Indicator）、CSAは統制内部評価（Control Self-Assessment）を指し、それぞれオペレーショナルリスクの定性的な管理手法である。

20 本邦では、2007年3月末より導入が開始された。

厳しい時限性のなかで、夜半の作業を強いられることもしばしばだった。それでも、そうすることで、自らの業務を規定する自己資本比率規制をあるべき姿にしていくのだ、さらにそれがリスク管理の高度化につながるのだ、という信念に支えられた作業には、強い充実感が存在した。

そうした典型例が、オペレーショナルリスクをめぐる議論だった。官民の議論を突き詰めることで、オペレーショナルリスクという、いわば「未開の大陸」がVaRを中心とした金融リスク管理の手法で開拓され、リスク管理が可能になるのではないかという漠然とした期待感のようなものが、そこにはたしかに存在した。

オペレーショナルリスク管理をめぐるその後の展開は、当時期待したほどたやすい道のりではなかったといわざるをえない。しかしながら、世界中の実務家と連日のように繰り返した議論は、金融リスク管理にとって決して無駄ではなかったと断言できる。

こうした信念に基づいて策定されたバーゼルⅡも、結果的には、サブプライムローン問題をきっかけとして手痛いしっぺがえしを食うことになった[22]。

その後発生したグローバル金融危機後に全面改訂されたバーゼルⅢ[23]では、リスクベースアプローチに基づく計量化を前面に押し出したバーゼルⅡは大きな方向転換がなされ、オペレーショナルリスク所要資本計測における先進的計測手法は廃止された[24]。バーゼルⅡ後の経緯をみれば、オペレーショナルリス

---

21 グローバルな電話会議を開催する場合、時差の関係から、日本の深夜（欧州の午後、米国の早朝）に開催されることが一般的である。
22 第10章「サブプライムローン問題と証券化商品」参照。
23 第12章「バーゼルⅢと金融規制強化の潮流」参照。
24 信用リスクについても、2016年3月に大企業向けや金融機関向け貸出債権等について、内部格付手法の適用を廃止する提案がなされている。

クの計量化は、「未開の大陸」を切り開くには、無謀な試み
だったということかもしれない。しかし、そのさまざまな試み
がオペレーショナルリスク管理に対する理解を深め、リスク管
理高度化の議論に貢献したことは、決して否定しえない。

　それも含めて、バーゼルⅡの議論当時における内外のリスク
マネジャーたちとの、そして官民協議における腹を割った議論
は、規制する側と規制される側が「１つの目標」に向かうとい
うある種の連帯感を共有した、特別な時間であったという想い
がいまでも強い。

〈参考資料〉

「自己資本の測定と基準に関する国際的統一化」、バーゼル銀行監督
　委員会、1988年７月

「新たな自己資本充実度の枠組み（市中協議文書）」、バーゼル銀行
　監督委員会、1999年（"A new capital adequacy framework", Ba-
　sel Committee on Banking Supervision, 1999）

Basel II: International Convergence of Capital Measurement and
　Capital Standards: A Revised Approach, Basel Committee on
　Banking Supervision, 2006

Consultative Document: The New Basel Capital Accord, Basel
　Committee on Banking Supervision, 2001, 2003

"Building Scenarios—Operational Risk: Practical Approaches to
　Implementation", Fujii K, 2004

『詳解バーゼルⅢによる新国際金融規制（改訂版）』、みずほ証券バー
　ゼルⅢ研究会、中央経済社、2019年

第 9 章

ニューヨーク同時多発テロとBCP
【2001年】

─ 本章のポイント ├

　2001年 9 月11日、後に「セプテンバー・イレブン」ない
し「9.11」と呼ばれる同時多発テロが、米国東海岸で勃発
した。テロ行為は、ニューヨーク市のシンボルでもあった
ワールド・トレードセンターを壊滅させ、米国金融市場は
混乱に陥った。リスク管理における対応として、各金融機
関は業務継続計画の抜本的見直しを余儀なくされた。

1 　 9 月11日午前 8 時46分

　2001年 9 月11日午前 8 時46分、米国ニューヨーク市マンハッ
タン島の突端に位置する高層オフィスビルであり、ツインタ
ワーとして知られたワールド・トレードセンター[1]の第 1 棟北
館に、過激派テロリストに乗っ取られたアメリカン航空11便が
突入した。その直後の午前 9 時 3 分には、同じく過激派テロリ
ストに乗っ取られたユナイテッド航空175便がワールド・ト
レードセンター第 2 棟南館に突入した。いわゆるニューヨーク
同時多発テロの勃発である。

　ワールド・トレードセンター第 2 棟南館は、航空機突入によ
り発生した火災の熱に耐えきれなくなり、10時 9 分に崩落し

---

1 「ワールド・トレードセンター」は、ツインタワーの高層オフィス
　ビルを含む全 7 棟のビルからなる地域全体のことを指すが、同時多発テ
　ロにより、ツインタワーのほかに第 5 棟、第 7 棟が崩壊、第 4 棟と第 6
　棟は半壊した。また、隣接したマリオットホテルも崩壊した。

た。次いで、10時30分には第 1 棟北館が崩落した。テロ行為による犠牲者は2,000名を超えた。

ワールド・トレードセンターは、テロ発生時点で95%の入居率であり、平日平均 3 万5,000名が勤務していた。そのなかには、多くの金融機関が含まれており、金融機関関係者にも多数の犠牲者が出る惨事となった。

2 ライフラインへの影響

テロの影響は、人命とワールド・トレードセンターの損傷にとどまらなかった。巨大なビルの崩落により、付近をカバーする電話回線や電力・ガスなどの、いわゆるライフラインにも大きな被害が発生した。

まず電話については、世界の金融の中心であるウォール街をカバーする200万以上の電話回線が切断された。復旧には、行政施設、警察、消防を優先するなどして、 9 月17日には電話回線の 7 割が、翌18日には 9 割の180万回線が復旧した。

電力については、ワールド・トレードセンター近くにあった変電設備が被災したことから、マンハッタン島のダウンタウンで電力供給が停止、当面の復旧に 8 日間を要した。

3 金融市場への影響

ライフラインの断絶により、金融市場も休場に追い込まれた。ニューヨーク証券取引所は、ワールド・トレードセンターに近接していたことから取引自体が困難となり、テロ発生の 9

月11日から休場し、9月17日に取引を再開した。

　これに対して、米国国債市場は、電話での取引が中心であったことから取引再開は早く、13日には取引を再開した。しかしながら、資金決済が滞っていたことから、再開当初は、通常翌営業日に決済される手続を、取引の3営業日後、ないし5営業日後に延ばす対応とした。

　金融機関の資金決済面にも影響が出た。ニューヨーク市場における債券クリアリングの中心的な存在である、バンク・オブ・ニューヨーク（「BONY[2]」）のマンハッタン島データプロセシング・センターが被災したため、米国国債取引決済が停滞[3]、国債を担保としたニューヨーク連銀からの資金調達が滞った。各金融機関は、資金支払指図を他の手段[4]に振り替える等して緊急対応を図った。各国中銀は、市場機能や決済機能を維持するために、必要な流動性を供給することを早期に表明、市場に対する積極的な資金供給を行った。

　ライフラインは大きな影響を受けたが、関係者の懸命の努力により、被害の大きさに比べれば、金融市場の回復は速かったと考えることができよう。

2　Bank of New York の頭文字に基づく通称。
3　BONYは、JPモルガン銀行とともに、債券クリアリングの中核を担っていた。
4　SWIFTによる個別支払指図等。

4 金融機関の対応

　ニューヨーク同時多発テロの発生に際して、各金融機関の対応はまちまちであり、その違いは、被害状況や業務復旧の差となって現れた。

　ワールド・トレードセンターには、多くの金融機関が密集していたこともあり、なかには犠牲者が100名を超えた金融機関もあった。航空機が突入したのが、それぞれ第１棟北館で90階前後、第２棟南館で80階前後であったことから、80階以上の高層階に位置していた金融機関に犠牲者が集中した。

　そんななかで、第２棟南館の43階から74階にオフィスを構えた、モルガン・スタンレー証券（以下「モルガン・スタンレー」）は、緊急時における業務継続対応の成功例であるとされている。

　モルガン・スタンレーのオフィスはワールド・トレードセンター第２棟にあったが、第１棟にアメリカン航空が突入した９分後に自社の業務継続計画を発動、その直後に、その時点ではテロを受けていなかった第２棟のオフィスからの脱出を開始した。さらに、テロ勃発の45分後にはワールド・トレードセンターから北方約1.5kmにあるバックアップ施設が稼働、業務継続を図っている。

　モルガン・スタンレーも決して無傷ではなく、12名の死亡が確認され31名が負傷した。しかしながら、当日の勤務者が3,700名であったことを考えると、その緊急避難行動は、迅速かつ適

図表 9 - 1 モルガン・スタンレーにおけるニューヨーク同時多発テロ発生時の初期行動

時刻	発生事象ととられた行動
午前 8 時46分	ワールド・トレードセンター第 1 棟にアメリカン航空11便激突
午前 8 時55分	モルガン・スタンレー、BCP発動。ワールド・トレードセンター第 2 棟のオフィスより全職員脱出開始
午前 9 時 3 分	ワールド・トレードセンター第 2 棟にユナイテッド航空175便激突
午前 9 時30分	ワールド・トレードセンター北方約1.5kmのヴァリック地区にあるモルガン・スタンレーのバックアップ施設稼働
午前 9 時59分	ワールド・トレードセンター第 2 棟崩落開始
午前10時28分	ワールド・トレードセンター第 1 棟崩落開始
午前10時40分	ヴァリック地区も立入制限地域に指定されたため、バックアップ施設から脱出開始
午前10時55分	モルガン・スタンレーの危機管理チームヘッド、ブルックリンのオフィスに到着、BCP指揮開始

ニューヨーク同時多発テロの発生に対して、モルガン・スタンレーは迅速に対処、早急な避難と代替オフィスでの業務再開を実現した

（出典）「9.11生死を分けた102分」より筆者作成

切であったと考えることができよう。

　セプテンバー・イレブンの経験は、金融機関の実務に対しても大きな影響を与えた。すなわち、テロや自然災害等の事象が発生した際に、最低限の業務を続けるための対策を抜本的に見

直すことが求められたのである。

5 金融リスク管理への影響──業務継続と災害復旧

　金融リスク管理上、テロや自然災害等は「外部事象」と呼ばれ、「内部プロセス、人的要因、システムが不適切であること、もしくは機能しないこと、あるいは外生的事象から損失が生じるリスク」として定義されるオペレーショナルリスクのうち、「外生的事象」に基づくものであると整理される[5]。オペレーショナルリスク管理上は、こうした外部事象から生じる損失の可能性に見合った資本を事前に準備することが一般的である。

　しかし、ニューヨーク同時多発テロのような重大な外部事象により、業務の継続自体が困難となるようなケースでは、損失に対する予防的な資本手当といった枠組みとは別に、金融機関として最低限の業務を維持継続するための手だてを講じることが何よりも優先される。

　テロや自然災害等の外部事象が発生した場合に備えて、事前に重要な業務の継続を確保するための枠組みは、業務継続計画（以下「BCP[6]」）と呼ばれる[7]。社会インフラとしての金融機能を維持確保する観点から、金融機関は、災害等に直面して

5　第8章「バーゼルⅡとオペレーショナルリスク」参照。

6　Business Continuity Planの略。

7　これに対して、当面の業務継続を確保した後に通常業務に戻すための枠組みは災害復旧計画（「DRP（＝Disastor Recovery Plan)」）と呼ばれる。

も、最低限の業務の継続を確保することが期待されている。

バーゼル銀行監督委員会傘下のジョイント・フォーラムは、

図表9－2　業務継続における基本原則

1．責任の所在	金融機関と金融当局は、効果的・包括的な業務継続体制を整備するべきである 取締役会と経営陣は、業務継続に共同責任を有する
2．重大な業務中断の想定	重大な業務中断を想定して業務継続体制を整備する
3．復旧目標	金融機関は、自らが金融システムの運営に対し与えるリスクに応じて復旧目標を策定する（主要な市場参加者は当日中） 復旧目標は、金融当局と協議のうえで、または金融当局によって設定されることもありうる
4．連絡体制	業務継続計画には、重大な業務中断の際の組織内や外部関係者との連絡体制を含む
5．国際的な連絡体制	国境を越えて影響が波及しうる重大な業務中断の際には、他国の金融当局と連絡をとることも想定しておく
6．訓練と更新	業務継続計画に沿って訓練を行い、計画の実効性を検証し、業務継続体制を更新する
7．当局による検証	金融当局は、所管する金融機関を評価する枠組みのなかに、訓練プログラムの適切性など業務継続体制の検証を含める

金融機関における業務継続の重要性から、バーゼル銀行監督委員会は「業務継続における基本原則」を取りまとめた

（出典）　バーゼル銀行監督委員会ジョイント・フォーラム

「業務継続における基本原則[8]」として、図表9－2に示される7つの原則を示している。

6　BCPの策定

実際のBCP策定は、いくつかの手順を経て行われる。

(1)　重要業務の選定

被災時には、利用可能な人員、システム、オフィススペース等に制約が生じることが予想される。そうしたなかでは、すべての業務を行うことはできないため、まず継続すべき重要業務を明確化する必要がある。業務中断時の顧客への影響、決済機能等の金融システムへの影響、企業存続への影響等を勘案したうえで、業務継続の対象となる重要業務を特定する。

たとえば、資金や証券決済業務を中心業務とする銀行であれば、これら資金・証券決済が最低限継続すべき優先度の高い業務と認識されるであろう。市場トレーディングを業務の中心とする金融機関の場合には、災害があってもトレーディング業務を継続できるインフラが、BCPの中心に据えられるであろう。

(2)　復旧目標時間の設定

次に、やむをえず業務が一時的に中断する場合を想定して、重要業務を復旧させる目標時間を設定することも重要となる。たとえば、重要な金融決済機能については、当日中の復旧を目指す等である[9]。

8　"High-level principles for business continuity"、バーゼル銀行監督委員会、2006年。

(3) BCPの策定と定期的見直し

重要業務を特定し復旧目標時間を設定すると、それを実現するためのBCPを策定することになる。BCPは、「危機管理マニュアル」といったかたちで整備されることも多いが、名称のいかんにかかわらず、災害被災時等における重要業務についての記載と、それらの業務を限られた陣容で行うための手順を示すものになる。

(4) 経営資源の確保と連絡体制の整備

重要業務を目標時間内で復旧するためには、業務継続のために必要とされる経営資源を確保することが必要となる。そのなかには、バックアップのオフィスサイトやバックアップ・システムの設置、代替オフィスで業務に従事できる要員の確保や代替オフィスに移動するための交通手段についての検討も必要となる。

また、特に自然災害発生時には、職員やその家族の安否確認、さらに職員や関係者に対する連絡体制を確保することが必要となる。そのためには、事前の連絡網の整備やインターネット環境、さらにはインターネットすら使えない場合に備えた衛星電話等の通信手段の確保等も必要となる。

---

9 2005年、中央防災会議は、「首都圏直下地震対策大綱」において、重要な金融決済機能は当日中に復旧することを求めている。また、米国の金融当局（FRB、OCC、SEC）は、主要金融機関向け実務指針において、「重要市場の主要参加者は、被災当日の業務時間中という回復目標を達成するため、4時間で自らの決済・清算業務を回復できる能力を備えるべきである」としている。

⑸ 訓練の実施

BCPにおいて最も重要なのが、BCPの実効性を確保するための訓練の実施である。

BCP訓練は、まず、①組織全体における連絡・意思決定プロセスを確認する訓練と、②BCP上の各実務の担当部署が復旧手順の実施や確認を行う訓練の2つに大別される。さらに後者は、実際のオペレーションを伴う実地訓練とオペレーションは伴わず手順の確認にとどまる机上訓練の2種類に分けられる。また、訓練の日時や内容を事前に共有する方法や、事前に知らせずに行ういわゆる「抜打ち」の訓練など、さまざまなバリエーションがある。

BCP訓練は、特定のシナリオを設定して行うことが一般的である。たとえば、×月×日×時に、震度7の首都圏直下型地震が発生して本社と東京システムセンターが被災し、対応本部機能を千葉のバックアップサイトに移すとともに、大阪のバックアップ・システムセンターからのサポートを行う等といったかたちである。それにより、BCPが想定した手順が訓練のシナリオ上で機能するかどうか、手順や体制に修正すべき点がないか等を検証することができる。BCPが実施される場合に、陣頭指揮をとるのは経営トップを中心とした経営陣であり、その意味で、経営陣はBCP訓練に積極的に参加・指揮すべきである。

訓練は定期的に実施し、そのたびごとに異なるシナリオで行うことが望ましい。それにより、さまざまなパターンの事象に対して、臨機応変に対応する経験知を積み上げることが

できる。

(6)　計画の定期的見直し

BCP計画は、業務構成や重要業務の変更、あるいは、訓練の結果をふまえて定期的に見直す必要がある。これにより、業務継続体制を継続的に高度化させることができる。

7　その後の危機事象とBCP

ニューヨーク同時多発テロ以降も、図表9－3のとおり、BCPの対象となるような事象が多数発生している。

本邦において、2011年に発生した東日本大震災は、BCP上も大きな教訓を残した。職員やその家族の被災や、交通網の混乱に伴う帰宅困難者への対応、営業拠点被災による代替サービスの提供、システムベンダーを含む外国人職員の国内外退避への対応等、さまざまな事象に対する経験知が積み上げられた。米国においても、2012年に大型ハリケーン「サンディ」が米国東海岸を襲った際に、多くの金融機関がBCPを発動して、優先業務の確保にあたっている。これらの個別事象を通じて、金融機関のBCPは着実に進化したといえる。BCPはその後、2020年に発生した新型コロナウイルスによって、抜本的な見直しを求められることとなったが[10]、ニューヨーク同時多発テロはBCPに対する考え方の基盤を築く契機となった事件だったのである。

10　第17章「新型コロナ・パンデミックとオペレーショナル・レジリエンス」参照。

図表 9 − 3　BCP上重要な過去事象

発生年	発生事象	種類	概　　　要
2001年	ニューヨーク同時多発テロ	テロ	ニューヨーク市ワールド・トレードセンターで発生した同時多発テロ行為
2003年	香港SARS（注）	疫病	香港におけるSARS発生により、300名が死亡
2003年	北米大停電	停電	2日間にわたり北米北東部（米国・カナダ）の広い範囲で停電
2005年	ロンドン同時テロ	テロ	ロンドン市内における地下鉄・バスへの同時爆弾テロ
2010年	新型インフルエンザ	疫病	鳥インフルエンザから派生した新型インフルエンザの発生
2011年	東日本大震災	地震	東北地方で発生した巨大地震。地震・津波被害に加え、原発被災による放射能被害も発生
2012年	ハリケーン・サンディ	台風	米国東海岸を襲った大型台風。マンハッタン島では、広い範囲で停電や交通網の遮断が発生
2020年	新型コロナウイルス	感染症	新型コロナウイルスがパンデミック化し、全世界に伝播

> ニューヨーク同時多発テロ後も、さまざまな事象からBCPが発動され、BCPは継続的に改善された

（注）　重症急性呼吸器症候群（Severe Acute Respiratory Syndrome）。
（出典）　新聞報道等より筆者作成

　2001年9月11日、関東地方には台風が接近していた。夜半に帰宅し、翌日の天気予報をみるためにつけたTVから飛び込んできたのは信じられないような画面映像だった。見慣れた米国ニューヨークのワールド・トレードセンターからあがる煙と炎に、最初はこれは映画の番組ではないかと思った。しかしながら、回したどのチャンネルでも映し出された映像は同じであり、英語のアナウンスとそれに対する同時通訳が叫ばれているのを聞いて、はじめてこれが現実であるとわかった。そうしているうちに、現地時間の9時3分にユナイテッド航空175便が第2棟南館に突入した映像は、まさにリアルタイムで世界中に実況中継された。一瞬、頭が真っ白になったことが鮮明に思い出される。

　2001年当時は、現在ほどインターネットやEメールが発達していなかった。夜中すぎまで電話で連絡を取り合い、とりあえずは、ニューヨーク駐在職員の安全確保と当日の資金繰りには問題がない[11]というところまで確認して床についた。

　翌日以降は、ニューヨークにおけるBCP発動状況のフォローと、その後の各国金融市場で発生した市場の混乱への対応に追われた。日経平均株価は、前日の1万292.95から、9,610.10に6.6%急落、いくつかのデスクで、ロスリミットの超過が発生し、リミット超過報告とリスク資本上の対応に追われた。一方、ニューヨークの拠点では、家族や友人の安否を気遣い、テロ行為に対するぶつけようのない怒りを抑えながら、限られたインフラで日々の業務を回す懸命の努力を続ける同僚たちがいた。

11　後で聞いてみると、手対応の発生により、資金繰り対応はぎりぎりであったことが判明した。

自らも、ロンドン勤務時代のIRA[12]爆弾テロ被災やシステム障害等、さまざまなBCP体験をしたが、そのたびごとに思うのはBCPにおける訓練の重要性である。訓練を実地で行うと、さまざまな教訓が得られる。連絡網がつながらない、非常階段の入り口に鍵がかかっていて階段に出られない、バックアップサイトへの移動が円滑にできない、やっとたどりついてもバックアップ・システムが立ち上がらない、訓練シナリオがマニュアルと違うので混乱する等々、得られた教訓には、枚挙にいとまがない。マニュアルに書かれたものと異なるシナリオで訓練を行うと、必ず、マニュアルにも複数のあるいは多数のシナリオを準備したほうがいいという声があがる。しかしながら、いくらシナリオを用意しても、実際の事象にぴったり一致することはありえない。また、シナリオが多いと、いざというときに調べる箇所が多すぎて対応が追いつかないこともある。BCP上のシナリオは基本的なものだけにとどめ、実際の事象とBCP上のシナリオの違いについては、さまざまな訓練を行うことによって臨機応変な応用力を養うべきである。

　2020年に発生した新型コロナウイルスは、金融機関のみならずすべての企業におけるBCPの抜本的な変革を求めることになった。それは、一時的な業務継続を確保するためのBCPという考え方から、仮に対応が長期にわたっても中核業務の継続を維持できる「オペレーショナル・レジリエンス」[13]という考え方への転換であったが、オペレーショナル・レジリエンスの考え方が混乱することなく受け入れられたのは、2001年のニューヨーク同時多発テロの経験があったからだと思う。

12　アイルランド共和軍（Irish Republican Army）。北アイルランドを英国から独立させようとするアイルランド独立闘争を指揮する武装組織。

13　オペレーショナル・レジリエンスについては、第17章「新型コロナ・パンデミックとオペレーショナル・レジリエンス」参照。

〈参考資料〉

"High-level principles for business continuity", The Joint Forum, Basel Committee on Banking Supervision, Bank for International Settlements, 2006

『9.11生死を分けた102分』、ジム・ドワイヤー、ケヴィン・フリン、文藝春秋、2005年（"102 Minutes", Dwyer J, Flynn K, 2005）

「金融機関における業務継続体制の整備について」、日本銀行、2003年

「業務継続体制整備の具体的な手法」、日本銀行、2008年

「東日本大震災において有効に機能した事例と同震災を踏まえた見直し事例」、日本銀行、2012年

第 10 章

サブプライムローン問題と
証券化商品
【2007年】

┌─ 本章のポイント ─

　2007年8月の「パリバ・ショック」を引き金として、米
国を中心に活況を呈していた証券化商品の価格が暴落し
た。信用力の低いサブプライム住宅ローンを原資産とし、
複雑な証券化を繰り返したそれら証券化商品の価格下落は
止まらず、金融機関に巨額の損失をもたらすとともに、流
動性管理やオフバランス取引、デリバティブ取引等、金融
機関のリスク管理上の問題点を浮き彫りにした。サブプラ
イムローン問題は、その後も収束することなく、翌年のグ
ローバルな金融危機につながった。

1　パリバ・ショック

　2007年8月9日、フランスのBNPパリバ銀行傘下のヘッジ
ファンドが、米国サブプライムローン関連証券化商品を運用対
象とした3ファンドについて、ファンドを凍結、解約請求に応
じないと表明した。理由は、市場混乱から適正な価格が評価で
きなくなったというものだった。俗にいう「パリバ・ショッ
ク」の発生である。これらファンドの投資家、さらにはサブプ
ライムローン関連証券化商品に投資していた投資家全体が気が
ついた。年初から不穏な動きを示していた証券化商品、自分た
ちが保有するこれら証券化商品は、売れないのだと。

　この時点から、サブプライムローン関連証券化商品の価格は
坂道を転げ落ちるように下落を続け、決して浮上することはな

かった。いわゆるサブプライムローン問題の発生であり、翌年に続く金融危機の幕開けであった。

2 米国サブプライムローン

サブプライムローンとは、米国の住宅ローン専門会社が主に扱っていた相対的に信用度が低い借り手を対象とした住宅ローンのことをいう[1]。その定義は、おおむね図表10-1のようになっている。

たとえば、「所要債務返済総額を差し引いた月間所得では生活費をまかなう能力が限定される」といった定義は、サブプラ

図表10-1　サブプライムローンの定義

過去12カ月以内に30日滞納が2回以上、24カ月以内に60日滞納が1回以上あること
過去5年間に破産していること
債務返済負担÷所得比率が50%以上、もしくは所要債務返済総額を差し引いた月間所得では生活費をまかなう能力が限定されると認められること
FICOリスクスコア（注）が620〜660以下であること

サブプライムローンの定義からすると、収入だけからローンの返済を行うことはきわめてむずかしいローンであるといわざるをえない

（注）　FICOリスクスコアとは、米アイザック社が公表する個人信用情報についてのスコアのこと（満点は850点）。FICOにおけるサブプライムの基準は明確ではないが、620〜660前後が分かれ目とされる。

1　これに対して、相対的に信用力の高い借り手向けの住宅ローンは、「プライムローン」と呼ばれる。

図表10-2　米国住宅ローンのデフォルト実績（2006年第2四半期
　　　　　～2007年第2四半期）

	2006年			2007年	
	第2四半期	第3四半期	第4四半期	第1四半期	第2四半期
全体	4.4%	4.7%	5.0%	4.8%	5.1%
うちプライムローン	2.3%	2.4%	2.6%	2.6%	2.7%
うちサブプライムローン	11.7%	12.6%	13.3%	13.8%	13.8%

> サブプライムローンのデフォルト率は、プライムローンに比べてはるかに高い。加えて、サブプライムローン市場拡大直後の2006年から、すでにデフォルト率は上昇していた

（出典）　FRBより筆者作成

イムローンの借入人は、自らの所得のみからローンの返済を行うことはむずかしいということを示している。ローンの返済は、住宅価格の上昇とローンの借換えを前提とした、いわば「自転車操業」であり、一度住宅価格が反転下落した瞬間に、急速に不良債権化することが避けられない商品であったといえる。

　すなわちサブプライムローンとは、そもそも相当数のデフォルトが予想されるリスクの高い住宅ローンであるといわざるをえない[2]。実際、サブプライムローン問題が顕在化する直前の1年間のデフォルト率推移をみても、すでにサブプライムロー

2　日本における一般的な住宅ローンの審査基準が適用された場合、サブプライムローンの基準に合致する借入人に住宅ローンが実行されるとは考えにくい。

図表10-3　日米住宅ローン残高比較

住宅ローン残高（2006年末）		
	住宅ローン残高	名目GDP比
米国	1,192.3兆円	78%
日本	187.1兆円	37%

2000年代に入って拡大したサブプライムローンは、2006年末には日本の住宅ローンの総残高に匹敵するほどに拡大した

（注）　米国のサブプライムローン残高は住宅ローン全体の1割強。
（出典）　金融庁、FRBより筆者作成

ンのデフォルト率は際立っている（図表10-2参照）。

　サブプライムローンは、2000年代に入ってからの米住宅価格の上昇を追い風にして、特に2003年頃から残高が急増した（図表10-3参照）。その背景には、米国における住宅市場の活況だけでなく、サブプライムローンが証券化の仕組みを通じて、広範な投資家に吸収されていった事実があった。

　まず住宅市況であるが、米国における代表的な住宅価格指標であるケース・シラー住宅価格指数は、図表10-4のとおり、2000年以降、2006年末まで右肩上がりの上昇を記録した。このトレンドが続く限り、住宅購入者は、仮に全額借入れで住宅を購入したとしても、将来住宅を売却した時点で住宅は値上りしており、売却代金でローンは返済することができる。こうした状況から、銀行や住宅ローン会社は争うように住宅ローンの貸

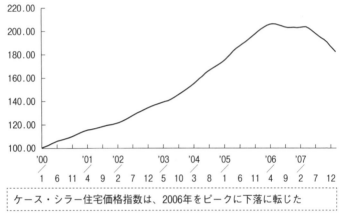

図表10-4　2000〜2007年におけるケース・シラー住宅価格指数の推移（2000年1月を100とする）

ケース・シラー住宅価格指数は、2006年をピークに下落に転じた

（出典）　ケース・シラーComposite 20住宅価格指数

出や借換えの勧奨を行った。

3　サブプライムローンと証券化商品

　こうしたサブプライムローンの実行や借換えを可能としたのが証券化である。図表10-5に基づいて、サブプライムローンを原資産とした証券化商品の組成メカニズムをみてみることとしたい。

　住宅ローン専門業者や銀行が実行したサブプライムローンは、実行と同時に証券化用の特別目的会社（SPV[3]）に移転さ

3　Special Purpose Vehicle.

図表10-5　サブプライムローン証券化のメカニズム（1回）

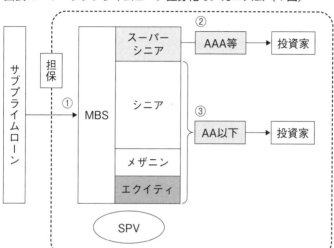

実行された住宅ローンは、証券化のプロセスのなかでキャッシュフロー
に優先権をつけられたいくつかのトランシェに分割して販売された

れ（図表10-5中①）、SPVが住宅ローン担保証券（MBS[4]）を
発行するかたちで証券化される。SPVは、資産がサブプライム
ローンのみ、負債はMBSのみという、いわば「証券化のハコ」
として証券化だけのために設立された会社である。

　MBSは、SPVが保有する住宅ローンを原資産（担保）とした
うえで、いくつかのトランシェに分けて発行されるのが一般的
である。各トランシェは、原資産である住宅ローンから発生す

4　Mortgage-Backed Securities.

る元利払いのキャッシュフローに優先・劣後の順位をつけて、投資家に各トランシェとしての元利払いを行う。

　たとえば、最上位の、スーパーシニア・トランシェ（同②）には、最優先で元利払いを行い、次にシニア・トランシェが元利払いを行う。その下の劣後トランシェ（同③）[5]は、上位のトランシェが元利払いを行った後で、キャッシュフローが残っていれば元利払いを行い、さらに残余キャッシュフローがあった場合には、エクイティ投資家にそれを分配するといったかたちである。

　仮に原資産である住宅ローンにデフォルトが発生しても、キャッシュフローの不足分は、エクイティ投資家や劣後トランシェの投資家が最初に負担することになるので、最上位のスーパーシニア・トランシェは、予定どおりの元利払いがなされる可能性が高いことになる。こうした優先・劣後の構造をとることで、最上位のスーパーシニア・トランシェは、外部格付機関からAAA等のきわめて高い格付を取得することができ、投資資産の安全性を重視する年金基金などの機関投資家も安心して購入することができたのである。これに対してキャッシュフローがより劣後した下位のトランシェは、キャッシュフローの不確実性に見合った低い格付が付される一方で高い利率が設定されることから、格付が低くても、その分利回りが高ければいいという、いわゆるハイリスク・ハイリターンを追求する投資

5　「メザニン・トランシェ」とも呼ばれる。

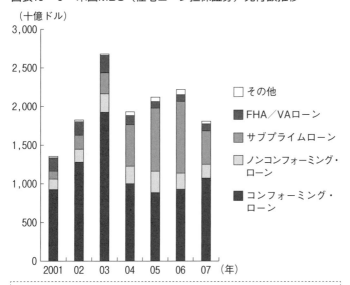

図表10－6　米国MBS（住宅ローン担保証券）発行額推移

（十億ドル）

凡例:
- その他
- FHA／VAローン
- サブプライムローン
- ノンコンフォーミング・ローン
- コンフォーミング・ローン

2003年以降、プライムローンの発行額はほぼ安定しているのに対して、サブプライムローンを担保としたMBS発行が急増している

（注）　コンフォーミング・ローン、ノン・コンフォーミング・ローン、FHA/VAローンは、それぞれプライムローンを担保債権とするもの。
（出典）　IMF "Global Financial Stability Report" Oct. 2008

家が購入することとなった。結果として、発行された米国MBSの発行額推移は図表10－6のとおりであるが、2003〜2006年にかけて、サブプライムローンを原資産としたMBSの発行額が急増していることがみてとれる。

4　CDOからSIVへ──証券化仕組商品

こうした証券化のメカニズムは、1980年代から存在している

もので、それ自体が問題であったわけではない。2000年代に入ってからの証券化が問題だったのは、こうした証券化のプロセスを一度だけではなく二度三度と繰り返して、もともとの原資産やそこに含まれたリスクがわからないまでにしてしまったところにある。さらに、そこでは住宅ローンの証券化に加えて、CDO[6]やSIV[7]といった追加的な証券化の仕組みが加えられ、サブプライムローンを起点とした証券化仕組商品のメカニズムは、非常に複雑な一大ファイナンス・スキームに仕立てあげられたのである。以下では、図表10−7に基づいて複合プロセスの例をみてみることとしたい。

前述のサブプライムローン証券化プロセス（図表10−7中①）で、そのまま投資家に販売されたトランシェ以外のうち、相対的にキャッシュフロー優先度の高いトランシェは、次なる証券化のためのSPVに移される。そこでは、他のMBSや、さらには他の貸出債権の証券化証券（のうち信用力の高いトランシェ）と混ぜ合わされ、新たな原資産を形成する（同②）。新しいSPVは、こうしたさまざまな債権を原資産として、新たな資産担保証券（ABS[8]）を発行することになる。こうして組成された証券化商品は、CDOあるいはABSを担保としたCDOという意味で、ABS−CDOと呼ばれた。CDOにおいても、原資産か

---

6 Collateralized Debt Obligation.担保付支払債務証書とも呼ばれ、住宅ローン以外の貸出債権等を原資産とし、優先劣後構造で組成された証券化商品を指す。
7 Structured Investment Vehicle.
8 Asset-Backed Securitiesの略。

図表10-7　サブプライムローン証券化のメカニズム（複数回）

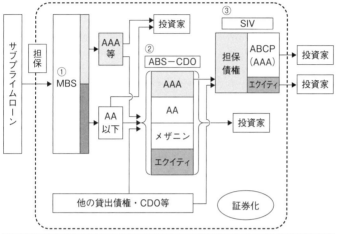

サブプライムローンを起点とした証券化プロセスはMBSからCDO、さらにSIVへと流れる複雑な再証券化を経て高格付の債券に姿を変えた

らのキャッシュフローには優先・劣後の順位がつけられ、スーパーシニアからメザニン、さらにはエクイティに至るトランシェ分けがなされることになる。

　サブプライムローンをめぐる証券化メカニズムは、SIVと呼ばれる次なる仕組みを通じて完結する（同③）。CDOを通じてつくられたAAA格のスーパーシニア・トランシェは、SIVが購入する。SIVは、厳しい投資基準のもと、AAAの商品のみ購入することを認められたSPVであり、米国のコマーシャル・ペーパー（CP）市場で資産担保CP（ABCP[9]）を発行して資金調達を行い、AAA格のCDOを購入するのである[10]。AAA格の

資産しか保有しないことから、SIVが発行するABCPもAAAの高格付が付され、米国のMMF[11]や年金基金といった厳しい投資基準をもつ機関投資家が高格付の短期運用商品として購入することとなった。もともとの長期のサブプライムローンが、短期・高格付のSIVのABCPにかたちを変えることにより、MMFや年金基金といった巨大な市場にたどりついたわけである。

CDOやSIVの高格付トランシェにおいては、信用力をさらに強化するために、高格付の保険会社が保証を行うこともしばしばみられた。こうして投資家は、格付け機関が付与する高格付に加えて、高格付の保険会社の保証もついたCDOやABCPに安心して投資することができたのである。

さらにSIVのABCPに対しては、銀行が流動性供給を保証する、流動性バックアップラインを供与することも一般的であった。流動性バックアップラインとは、市場の混乱等によって、SIVがABCPを発行できないような事態が発生した場合に、銀行がSIV宛てに貸出を行って流動性を供給することを確約するものである。銀行による流動性バックアップラインによって、投資家は、SIVの資金繰りについても心配する必要がなくなったのである。

このような証券化スキームを繰り返すことで、本来信用力の

9　Asset-Backed Commercial Paperの略。
10　SIVはABCPを発行することを目的としたSPVであったことから「ABCPコンデュイット（発行導管体）」と呼ばれることもあった。
11　マネー・マーケット・ファンド（Money Market Fund）。

低いサブプライムローンは、高格付の証券化仕組商品に姿を変えた。サブプライムローンという新しい素材を得た金融界は、証券化やスワップといった、1980年代以降積み上げたファイナンス技術の粋を尽くして、巨大な証券化仕組商品市場をつくりあげたわけである。

5 「オリジネート・トゥ・ディストリビュート」ビジネスモデル

こうした証券化仕組商品市場がきわめて短期間で急速に拡大した背景としてあげられるのが、金融機関における「オリジネート・トゥ・ディストリビュート[12]」と呼ばれるビジネスモデルである。

初期の証券化は、事業法人や金融機関が、自らがすでに保有する資産について、資金や資本を流動化する目的で行ったものであった。住宅ローン会社[13]や、リース会社、クレジットカード会社等が、自らの事業を行う過程で積み上がった住宅ローン資産や自動車のリース債権、クレジットカード債権等を定期的に証券化することで、自らの流動性を確保するとともに、市場に証券化商品を供給してきたのが本来の証券化だったのである。

しかし、サブプライムローンに係る証券化仕組商品は、そう

---

12 Originate to Distribute. 直訳すると、「販売するために組成する」。
13 米国における、FNMAやFHLMC等の公的機関も含む（第11章「リーマンショックとグローバル金融危機の勃発」参照）。

した「地道な」証券化スキームを超えていた。サブプライム
ローンの組成は、CDOやSIVといった証券化仕組商品の組成・
販売を前提としており、それらすべてが、オートメーションの
ベルトコンベアのように一体として流れることでビジネスモデ
ルが完結していたのである。すなわち、サブプライムローン証
券化においては、証券化商品をアレンジして販売するために、
その材料となるサブプライムローンが組成されたとも考えるこ
とができる。まさに、販売するために組成する、「オリジネー
ト・トゥ・ディストリビュート」のビジネスモデルが成立して
いたのである。

　金融機関は、このベルトコンベアの随所から収益を得る。サ
ブプライムローンそのものに対するアレンジメント手数料や
ローン利鞘、CDO・SIV等の証券化の過程でのアレンジメント
手数料、ABCPには流動性のバックアップラインの保証料等、
金融機関は、サブプライムローンの証券化をめぐるさまざまな
プロセスに絡み、そのプロセスごとに収益を得ていたのであ
る。

6 市場の反転と証券化仕組商品の崩落

　2007年に入り、住宅価格が下落を始めると、サブプライム
ローンのデフォルト率が上昇し始めた。図表10－4で示した
ケース・シラー住宅価格指数も2007年に入り下げに転じたこと
がみてとれる。こうした動きから、ベルトコンベアのように
回っていたサブプライムローン関連証券化商品の回転が目詰ま

りを起こし、すべての取引が逆回転をし始めた。それは相当に荒い道のりとなった。

　2007年3月には、米国の大手住宅ローン会社であるニュー・センチュリー・フィナンシャルが破綻する。その後、堅調な株価に支えられて、証券化商品市場も一時盛り返すが[14]、8月には、前述のパリバ・ショックに加えて、ドイツの中堅銀行であるIKB銀行がサブプライムローン関連の損失から経営危機に陥ったことが判明、動揺は市場全体に広がった。米国の格付機関は一斉に住宅ローン担保証券やCDO等の再証券化商品の格付を引き下げ、7月以降、サブプライムローンを原資産とした証券化商品の価格が暴落し始めた。

　投資家も動揺した。7月以降、証券化商品の価格が下落して、はじめて自らが保有するCDOに含まれている原資産が何なのかを調べるという投資家が相次いだ。自らが投資した商品の原資産が、米国オハイオ州やカリフォルニア州の低所得者の一軒家であることを、そこではじめて知ることも少なくなかった。多くの投資家は、原債務者の信用力ではなく、できあがった証券化商品に付された高格付だけをみて投資していたのである。

　証券化商品をアレンジした投資銀行は、2006年に実行された

14　7月19日には、バーナンキ米FRB議長（当時）が、「サブプライムローン関連の損失が500億ドル（約5兆9,000億円）から、1,000億ドル（約11兆8,000億円）になるとの試算がある」との上院議会証言を行っている。

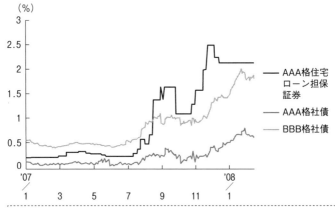

図表10−8　各種債券の信用スプレッド推移

（凡例）
■■■ AAA格住宅ローン担保証券
・・・ AAA格社債
─── BBB格社債

各債券とも信用スプレッドが拡大しているが、AAA格社債に比べて、AAA格住宅ローン担保証券のスプレッド拡大が大きく、BBB格社債に匹敵していることがみてとれる

（出典）　IMF "Global Financial Stability Report" Apr. 2008

サブプライムローンはまだ返済実績がないのでリスクが大きいが、2005年以前にアレンジされたローンはすでに返済が始まっているので、これらを原資産としたCDOは安全だといったような説明を繰り広げたが、こうした説明に耳を貸す向きはもはやなかった。市場では、どちらの価格も同じように下落したのである（図表10−8参照）。さらに、一度価格が下落し始めると、その複雑なストラクチャーにより、こうした証券化商品の正しい価格はいったいいくらなのか、皆目見当がつかなくなった。市場はパニックに陥った。

7　資金調達市場への影響と金融危機への懸念

　CDOを中心とした証券化商品の価格下落は、これらの商品に投資していた投資家に直接的な損失をもたらしたが、問題はそれだけにとどまらなかった。まず、証券化のメカニズムが目詰まりを起こしたことによって、最後の出口として使われていたABCP市場がマヒし、通常のコマーシャル・ペーパー（CP）を資金調達源としていた金融機関や事業法人の資金調達にも影響が生じた。

　さらに、証券化商品の価格下落は、金融機関の損失発生と経営危機を類推させた。特に資金調達を短期資金市場に大きく依存する金融機関との取引を手控える動きが広がり、銀行間取引であるインターバンク資金市場は急速に縮みあがった。どの銀行が、損失を大きく被っているのか、資金繰りに窮していないのか等、金融機関を取り巻く状況は疑心暗鬼に陥った。

　金融機関への懸念は、SIVの発行するABCPプログラムに対して、銀行が流動性バックアップラインを供与していたことにもよっていた。前述のとおり[15]、SIVがなんらかの理由でABCPを発行できなくなった場合、バックアップラインを供与している銀行は、SIVに流動性を供与する、すなわち一時的な貸出を行う必要が生じる。その事態が実際に発生したのである。SIVが保有するCDO等の証券化商品の信用力に懸念が生

15　本章第4項「CDOからSIVへ──証券化仕組商品」参照。

じ、ABCPによる資金調達ができなくなったことから、流動性バックアップラインが実行され、銀行によるSIVへの貸出が始まっていた。そして、それが最終的に返済される貸出なのかどうかについて、市場は疑問視し始めた。

　SIVについては、流動性のバックアップラインを供給している銀行自身が、その設立をアレンジし、スポンサーとなっていたケースも多かった。契約上SIVは別会社であるとしても、投資家の側からすると、スポンサーである銀行がアレンジした一連の商品であるという想いは強かった。契約上避けられない流動性バックアップラインの実行による貸出の実施という契約上の責任だけでなく、商品をアレンジして販売した道義的責任から、8月以降、本来SPVであるSIVを連結化して、スポンサーとしての責任の所在を明確にした大手銀行も多くみられた。これにより、ABCP市場から行っていたSIVの資金調達は、いまやスポンサー銀行自身の資金調達になったのである。また、連結化により、スポンサー銀行のバランスシートも悪化し、SIVが保有していた資産からの損失も負うことになった。金融機関の経営危機が、さらに印象づけられることになった。

8　ノーザンロック銀行──140年ぶりの「銀行取付け」

　英国北東部のニューカッスルに本店を置くノーザンロック銀行は、2006年の時価総額で英国第8位の銀行であった。もともと住宅ローンを専業とするビルディング・ソサエティ（住宅金融組合）であったが、1997年に普通銀行に転換し、折からの英

国の住宅ブームを追い風として新規住宅ローンの残高を伸ばしていた。ノーザンロック銀行は、いたずらに業務を拡大することはせず、サブプライムローン関連商品への投資とも無縁であった。その意味では、堅実な資産運営を行っていたといえる。ノーザンロック銀行の弱みは、住宅ローン資産の伸びに、個人預金による資金調達が追いつかず[16]、銀行間借入市場や住宅ローンの証券化に資金調達を依存していたことであった。この点がノーザンロック銀行の命運を決めることとなった。金融市場混乱に伴って銀行間市場が縮小したことに加えて、住宅ローン証券化市場が事実上ストップしたことから、ノーザンロック銀行の資金繰り危機が市場で噂されるようになった。

　2007年9月14日の金曜日、英中銀のイングランド銀行は、資金繰りに窮した同行に対する緊急融資を決定した。これに伴って同行の株価は、この日1日で31％下落した。同行の経営危機の報道に、個人の預金者は、週末のテレフォンバンキングやインターネットバンキングでノーザンロック銀行に預けた預金を他行に送金しようと試みたが、殺到する問合せに電話やインターネットがつながらないという事態が発生した。不安にかられた預金者は、週明けの17日月曜日にノーザンロック銀行の支店前に列をなした。英国で実に140年ぶりとされる「銀行取付け」の発生である。取付けは終日続き、英財務省が同日、同行の預金の全額保護を宣言してはじめて収束したが、この時期の

16　ノーザンロック銀行の資金調達に占める個人預金の比率は25％だった。

金融危機を表した典型的な事件となった[17]。

　その後もノーザンロック銀行の経営危機は続き、同行は2008年2月に一時国有化された。銀行は、仮に健全な資産を有していても、資金繰りに窮すると存続できない。ノーザンロック銀行の破綻は、銀行における流動性リスクの重要性を再認識させた事件となった[18]。

9　金融当局の対応

　金融当局も迅速に動いた。欧州中央銀行（ECB）は、パリバ・ショックと同日の8月9日に緊急資金供給を行い、市場の動揺を抑えようとした。翌8月10日には、米FRBが金利低め誘導を開始し、17日には公定歩合を引き下げる決定を行った。英イングランド銀行も利下げと短期金融市場への資金供給を継続的に実施した。

　金融緩和策を中心とした当局の施策も一応の効果をあげたことから、主要国の間には、市場の混乱が落ち着くのではないかという期待も生まれた。10月にワシントンで行われたG7首脳会合の後のプレスリリースでは、以下のコメントが織り込まれている。

　「世界の経済成長は、力強い成長が5年目に入っている。最

17　その後、イングランド銀行からノーザンロック銀行に対する融資は合計約250億ポンド（約5兆1,000億円）、預金の政府保証は約500億ポンド（約10兆3,000億円）にのぼった。

18　第19章「暗号資産とデジタルリスク」参照。

近の金融市場の混乱、原油価格の高騰、米国の住宅部門の弱さは、成長を減速させるだろうが、われわれの経済全体のファンダメンタルは引き続き強力であり、新興市場国も、世界経済の強さに重要な刺激を与える。（中略）世界的な金融市場の混乱の後、金融市場の機能は回復しつつある。世界経済の力強いファンダメンタルズと資本の充実した金融機関が、健全性と抵抗力の基盤となっているが、市場によりばらつきのある状況は今後しばらく続くとみられ、注視が必要である」

その後の金融市場が、G7の期待どおりにいかなかったことは、すでに周知のとおりである。サブプライムローン問題と証券化商品市場がもたらした金融混乱は、巨額の損失発生のかたちで金融機関の体力を根本から揺るがすことになるのである。

10 金融機関の損失とソブリン・ウェルス・ファンド（SWF[19]）

証券化商品価格の下落は、金融機関の決算を直撃した。2007年9月までの各社の四半期決算が公表された秋以降、関係者は損失の大きさに目を見張った。

この年に大手金融機関が公表した損失額は、シティバンクグループが459億ドル（約5兆3,000億円）、メリルリンチ証券が321億ドル（約3兆7,000億円）、UBS銀行が371億ドル（約4兆3,000億円）にのぼった（図表10−9参照）。損失は、自ら投資する証

---

19 Sovereign Wealth Fund.

図表10－9　主要金融機関の損失額（2008年4月末時点での見込額）

金融機関名	国名	損失額 （億ドル）	円換算額 （億円）
シティバンクグループ	米国	459	53,000
メリルリンチ証券	米国	321	37,000
バンク・オブ・アメリカ	米国	172	20,000
モルガン・スタンレー証券	米国	133	15,000
JPモルガンチェース銀行	米国	109	12,600
リーマン・ブラザーズ証券	米国	33	3,800
UBS銀行	スイス	371	43,000

証券化商品の価格下落から金融機関は軒並み巨額の損失を被った

（出典）　通商白書2008年版

券化商品の評価損、SIVの連結化に伴うさらなる証券化商品の保有と、そこから生じる含み損失の増加、資金調達市場の混乱からくる調達コストの上昇等、あらゆるかたちで発生していた。

　損失の発生から、これら金融機関の自己資本は大きく毀損した。自己資本比率が低下し、金融機関は格付機関からの格付見直しを受けていた。仮に格下げが行われると、資金調達コストはさらに上昇し、何よりも格下げによって、この金融機関が危ないらしいといった風評が広がると、ノーザンロック銀行の二の舞にもなりかねない。金融機関は、損失が積み上がるなか、自己資本の増強を模索した。株式市場の混乱からすると、時価発行増資はむずかしく[20]、第三者割当増資や優先株の割当発行

が唯一の道であった。そこでも、先進国の投資家は、総じてサブプライムローン問題から痛手を被っており、結果として、国外の大手投資家への期待が高まった。

　産油国や新興国の運用資金は、ソブリン・ウェルス・ファンド（SWF）と呼ばれる国家ファンドによって運営されていた。金融機関の首脳はSWFに群がった。SWFの側も、金融市場の混乱がいずれ収まるものと予想し、優先株投資によって有利な利回りを確保したうえで、これら金融機関の要請に応じた。

　シティバンクグループは、クウェート投資庁、アブダビ投資庁、シンガポール政府投資公社から、それぞれ76億ドル（約8,800億円）、75億ドル（約8,700億円）、69億ドル（約8,000億円）の資金を調達した。メリルリンチ証券は、クウェート投資庁とシンガポールのテマセクから、それぞれ65億ドル（約7,500億円）、50億ドル（5,800億円）を調達した。モルガン・スタンレー証券は中国投資有限責任公司から50億ドル（約5,800億円）の出資を得た。SWFからの出資を得ることで、2007年の損失による資本の毀損は、何とか埋めることができたことになる。しかしながら、市場の混乱が次第に落ち着くのではないかという関係者の期待は、翌年にかけて、もろくも崩れ去ることになる。サブプライムローン問題と証券化商品市場がもたらした金融混乱は、翌年、さらに大きな展開をみせ、欧米市場を中心とした金融危機に発展することになるのである。

20　公募増資には、株式希薄化を懸念する既存株主の抵抗も大きかった。

11 サブプライムローン問題——金融リスク管理への影響

　サブプライムローン問題と証券化商品がもたらした市場の混乱と巨額の損失は、金融機関のリスク管理に大きな疑問符を投じた。

　以下では、サブプライムローンと証券化問題を通じた金融機関のリスク管理の問題点の分析として、金融安定化フォーラム[21]の中間報告と最終報告書、さらに、証券化商品のアレンジャーであるとともに投資家でもあったUBS銀行が公表した株主宛報告書を取り上げることとする。

(1) 金融安定化フォーラムの中間報告

　G7の依頼を受けて市場混乱を調査した金融安定化フォーラムは、2008年2月に中間報告を公表、サブプライムローン問題が過剰な信用エクスポージャーに至った事前要因と、市場混乱を増幅させた事後要因について指摘した。

　まずサブプライムローン問題を発生させた事前要因としては、以下の6つをあげた。

① 米国サブプライムローン実行時における、不十分かつ、時に詐欺的な融資慣行

② 金融機関における、市場リスク、流動性リスク、集中リス

---

21 Financial Stability Forum. 1999年2月のG7・中央銀行総裁会議において、G7の要請を受けて提案し、主要国の金融当局をメンバーとして設置が決定されたフォーラム。金融市場の監督および監視に関する情報交換を通じて、国際金融システムの安定を図ることを目的とした。2009年に金融安定理事会（Financial Stability Board）に発展した。

ク、風評リスク、ストレス時のテールリスク等のリスク管理
実務の不備

③　投資家における、格付への過度な依存や理解不足等、不十
分なデュー・ディリジェンス

④　サブプライムローンを裏付資産とする証券化商品のリスク
評価における、格付機関の不十分な能力

⑤　自己資本規制や、オリジネート・トゥ・ディストリビュー
トのビジネスモデル、報酬体系等におけるインセンティブの
ゆがみ

⑥　金融機関の情報開示が、保有するエクスポージャーに対し
て必ずしも明示的でないこと

　このなかで、②の金融機関におけるリスク管理実務の不備に
関しては、監督当局は金融機関のリスク管理能力を評価するだ
けでなく、各金融機関が評価したリスクを自らの経営意思決定
にどのように生かしているかを検証すべきであるとしている。
特に、過度のリスクエクスポージャーや集中リスクが積み上が
ることを避けるために、ストレス時のテールリスクを重視した
ストレステストを強化することを求めている。

　さらに、市場混乱を増幅した事後の要因として、

①　銀行がスポンサーとなったSIV等のオフバランスSPVが十
分な資本と流動性を有していなかったこと

②　これらに対する流動性バックアップラインの実行のため、
金融機関がさらなる流動性の積上げを図ったこと

③　証券化商品を含む複雑な金融商品の価格評価と格付の問題

点が明らかになった際に、自らのエクスポージャーを迅速に
評価できなかったこと

をあげている。ここでは、金融機関が複雑な証券化商品市場を
急速に拡大させる過程で、資本と流動性の管理体制が十分でな
かったことを指摘、さらに証券化商品の組成や保有にあたっ
て、市場変動時におけるエクスポージャーの変化についての把
握や管理体制が不十分であったことを指摘している。

⑵ 金融安定化フォーラムの最終報告

さらに、金融安定化フォーラムは、2008年4月に「市場と制
度の強靭性の強化に関する金融安定化フォーラム報告書」を公
表、中間報告で確認された金融機関の問題点に対処するため
に、①金融機関の自己資本・流動性・リスク管理に対する規制
の強化、②市場の透明性・価格評価の強化、③信用格付の役
割・利用の変更、③監督当局のリスク対応力の強化、④金融シ
ステムにおけるストレスに対応するための堅固な体制の必要性
を示した。

このうち、金融機関の自己資本・流動性・リスク管理規制強
化に関する部分では、以下の方向性が示された。

① 自己資本比率規制

バーゼルⅡ市場リスク規制におけるクレジット商品や証券化
商品に対する自己資本賦課の強化、および所要資本水準の強化
の必要性の検討。

② 流動性リスク

流動性リスク管理について国際的に共通した健全な実務指針

の検討。そこには、包括的な流動性リスクの計測、ストレステスト、日々の流動性リスクの管理、情報開示を含むものとする。

③ **オフバランス機関を含むリスク管理に対する監督**

金融機関のリスク管理実務強化。特に、社内全体にわたる総合的リスク、ストレステスト、オフバランスシート・エクスポージャー、証券化ビジネス、レバレッジの高い機関に対するエクスポージャーといった点についてのリスク管理を強化するものとする。

④ **店頭デリバティブ取引に関するインフラ整備**

店頭デリバティブ市場の基盤となる決済・法律・事務運営等のインフラの早急な整備。

本報告で金融安定化フォーラムが示した金融機関のリスク管理改善に向けた方向性は、第12章で示すバーゼルⅢと関連規制において、次々と具体化されることとなる。

⑶ **UBS銀行の「株主報告」**

これに対して民間金融機関は、発生した損失への対処と自社のリスク管理上の問題点に対する対応に追われていた。巨額の損失を被ったスイスのUBS銀行は、2008年4月に損失発生について株主宛てに説明を行う報告書というかたちで、「UBS銀行における償却発生に関する株主報告[22]」を公表した。

そこでは、UBS銀行におけるサブプライムローン関連の損失

---

[22] "Shareholders Report on UBS's Write-downs", UBS, April 2008.

のうち、CDOの組成にあたった投資銀行部門と金利為替部門におけるCDOのアレンジ途中の在庫[23]から全体損失の約32%が発生する一方、自ら投資家として保有していたスーパーシニア債のポジションから損失の約50%が発生したと示されている。また、UBS銀行におけるスーパーシニア債のポジションは、同行の高格付を背景とした低利での資金調達に対する低リスク・低利鞘のさや抜き商品として保有されていたものであり[24]、同行の戦略分野と位置づけられていたわけではなかったことが示されている。また、他行との競争の激化から各部門に対する収益プレッシャーが強く、当時収益が拡大していたサブプライムローン分野や関連する証券化分野に、社内のさまざまな部門や子会社が競うようにかかわっていったようすも示されている。

　社内リスク管理上は、VaRのリミットに加えて、CDO等の発行体に対するリミット、集中リスクに対するリミット、証券化商品組成に係るオペレーショナルリスク上のリミット等のリミット体系があり、極端な市場の動きに対しては、ストレステ

23　特に、CDOを組成するまでに、原資産となるサブプライムローン等を一時的に在庫として保有する、いわゆる「ウェアハウス在庫」を抱えたまま、市場の混乱から最終的な組成販売に至らないうちに、価格が下落し損失を被った。

24　自身の格付の高いUBSでは、各部門に賦課される社内移転価格が低かった。またAAA格のスーパーシニア債保有は、社内リスク管理上、無リスクと位置づけられたため、トレジャリー部門から資金を調達してスーパーシニア債を保有することにより、部門損益上は低い利鞘ながら無リスク・無資本でのポジションという扱いとなっていた。この扱いにより、UBSにおけるスーパーシニア債保有は、子会社経由のものも含めると最大で1兆ドル（約115兆円）を超えていたとされる。

ストを実施して、そこから生じる損失をチェックする体制となっていた。また新しい商品組成や新規業務の開始にあたっては、そのプロセスを事前承認する新商品検討プロセスがあり、CDO関連商品の組成等は、このプロセスに基づいて事前検討が行われていた。しかしながら脚注24に示したとおり、AAA格付のスーパーシニア債保有は、リスク管理の枠組みの対象外となっているなどから、枠組みには根本的な欠陥があったと結論づけられている。

リスク管理の枠組みにおけるVaRやストレステストにおいても、その計測は過去の市場の動きに依存したものとなっており、過去の動きを大きく超えた市場の動きをとらえていなかった。その点で、UBS銀行の市場リスク管理部門は、「健全な懐疑主義」に欠けていたと指摘されている。また、スーパーシニア債への投資にみられるように、格付に過度に依存する体質となっていたとしているほか、資金調達コストをビジネス部門に賦課する、社内移転価格制度についても問題があったとしている。

UBS銀行の取締役会とその事務局は、ビジネス部門やリスク管理状況、さらにバランスシートの急激な拡大等について、警鐘を鳴らしていたことが明らかになっている。しかしながら、さまざまな部門が証券化にかかわっていたこと等から、リスクの全体像の把握が後手に回り、資金調達コスト賦課や収益に対するインセンティブづけの体系も含めて、結果としてガバナンス機能が欠けていたことも示された。

UBS銀行の株主報告を読むと、典型的なリスク管理上やガバナンス上の問題点が広く発生していたことがわかる。リスク管理上進んでいたとされた、欧米の大手金融機関においても、急拡大したサブプライムローンと証券化商品市場、そこでみられたオリジネート・トゥ・ディストリビュートのビジネスモデル、さらに収益とROEを中心に繰り広げられる厳しい業界競争等の結果として、リスク管理上の対応を見誤ったと考えることができる。

　サブプライムローンと証券化商品から発生した損失は、金融機関の経営の根幹を揺るがし、翌年の金融危機に対する抵抗力を大きく奪うこととなった。それは、金融機関のリスク管理に対する信頼も大きく損なうことになり、金融危機後の規制強化の議論に対する抵抗力さえも奪ったのである。

目撃者のコラム

　多くのリスクマネジャーは、2007〜2008年にかけて、目が回るように忙しい日々を送った。証券化商品の突然の価格下落から始まった事態は急速に悪化した。証券化市場から銀行間資金市場へ、さらにコマーシャル・ペーパー等の短期金融市場へと影響範囲が広がっていった。損失が大きく拡大するなかで、証券化商品の価格はみえなくなり、価格評価に困ることもしばしばであった。

　筆者は、出張のために、2007年9月17日にロンドンに滞在していた。朝のニュースでは、ノーザンロック銀行の支店の前に列をなして開店時間を待つ預金者をトップニュースとして伝え

ていた。インタビューに応じた預金者は口をそろえて、週末の
テレフォンバンキングやインターネットバンキングがつながら
なかったため、預金を他の銀行に移そうと思って来店した、政
府は預金は安全だというが、こんな時にわざわざ問題になって
いる銀行に預けておく必要はないと答えていた。TVのレポー
ターは、金融不安が5時間後に開く米国市場に伝染するかどう
かで、金融恐慌も可能性がないわけではないとまくしたてていた[25]。

　サブプライムローン問題と証券化商品が、金融リスク管理に
与えた影響は甚大であった。金融安定化フォーラムが示した報
告書の内容や、そこであげられた金融機関リスク管理の問題点
も、発生した損失を勘案すれば弁解の余地がないものだった。
一方で、問題とされた、流動性リスクや信用リスク、ストレス
テストやオフバランスシート取引のリスク管理といった項目は
特に目新しいものではなく、むしろ金融リスク管理において伝
統的に主要課題とされてきたものばかりであった。それだけ対
応がむずかしい課題だともいえよう。

　サブプライムローン問題は、ストレステストについての課題
も突きつけた。市場のなかにいると、どうしてもその流れの範
囲内でのストレスシナリオしか描けないという限界がある。第
5章で示したFRBによる想定外の利上げ、本章における住宅
価格の下落、さらには第19章で示すFRBの利上げ等、それぞ
れがその時点での市場の流れの想定外にあったということだろ
うが、金利はいつまでも下がり続けるものでもなく、住宅価格
も上がり続けるものでもない。その時点での常識では考えられ
ないことを、まずは頭の体操として考えてみる、その時に何が

25　ただし、列をなしている預金者は、「銀行取付け」という表現とは似
　つかわしくないほど落ち着いており、金融恐慌を思わせるものではな
　かった。

起こるか、それに対する備えはあるのかに頭をめぐらすことの重要性が痛感される。サブプライムローンと証券化商品の問題は、そうした「健全な懐疑心」をもつことが、リスクマネジャーとしては何よりも重要であることを再認識させた「事件」であった。しかしながら、その教訓を実務に具体化する余裕もなく、事態は翌年の金融危機へと突き進んでいった。そして、その代償は、金融リスク管理にとってとてつもなく大きいものとなった。

〈参考資料〉

"Observations on Risk Management Practices during the Recent Market Turbulence", Senior Supervisors Group, March 2008

「金融安定化フォーラムからの中間報告」、金融安定化フォーラム、2008年2月（"FSF Interim Report to the G7 Finance Ministers and Central Bank Governors—FSF Working Group on Market and Institutional Resilience", Financial Stability Forum, February 2008）

「市場と制度の強靱性の強化に関する金融安定化フォーラム報告書」、金融安定化フォーラム、2008年4月（"Report of the Financial Stability Forum on Enhancing Market and Institutional Resilience", Financial Stability Forum, April 2008）

"Shareholders Report on UBS's Write-downs", UBS, April 2008

「通商白書」2008年版、2009年版、経済産業省

『波乱の時代』、アラン・グリーンスパン、日本経済新聞出版社、2007年（"The Age of Turbulence", Greenspan A, 2007）

「世紀の空売り　世界経済の破綻に賭けた男たち」、マイケル・ルイス、2010年

第 11 章

リーマンショックと
グローバル金融危機の勃発
【2008年〜】

┌─ 本章のポイント ─┐

　2007年のサブプライムローンと証券化商品問題から生じた金融不安は、翌2008年にピークに達した。秋に発生した、大手投資銀行のリーマン・ブラザーズ証券の破綻をきっかけに事態は一気に悪化、大手金融機関の破綻や買収が相次いだ。金融機能はマヒし、グローバル規模の金融危機が発生した。「リーマンショック」は、グローバル金融の急収縮を巻き起こし、実体経済にも大きな影響を与えた。金融当局は、金融システムを守るために、大手銀行に多額の公的資金を注入することを余儀なくされた。

1　金融機関の流動性危機とベア・スターンズ証券

　サブプライムローンと証券化商品問題から巨額損失が発生し、各金融機関が増資に走った後も、金融不安は収まらなかった。市場は、巨額損失の発生による金融機関の経営不安を予想し、どの金融機関が「危ない」かを探し始めた。証券化商品の価格が下がり続け、かつ複雑な証券化商品については、その正確な価値がいくらなのかもみえないなか、金融機関の決算が損失の実態を正しく評価したものなのかについての疑念がくすぶっていた。特に、リテール預金等の安定した資金調達手段をもたず、レポ取引等の短期金融市場に資金調達を依存している投資銀行が、市場の圧力にさらされていた。投資銀行は、銀行と異なり、各国の預金保険制度をはじめとする、いわゆる

「セーフティネット」の対象ではなく、いざという時に、基本的には当局の支援が受けられないこともマイナスに受け止められた。

米ベア・スターンズ証券は、1923年の設立以来、75年の歴史をもつ投資銀行であった。伝統的に債券業務に強く、レポ市場や証券化商品市場でも大手に位置づけられた。ベア・スターンズ証券は、一貫して独立した経営を維持していたが[1]、後ろ盾をもたないというその点が、金融危機の状況においてはマイナスに作用した。市場は、ベア・スターンズ証券における証券化商品の保有が大きいことを理由に、「危ない金融機関」としての標的をベア・スターンズ証券に向け、同社の資金繰りが危機に瀕しているとあおった。ベア・スターンズ証券の資金繰りは、主な資金調達手段であるレポ取引において、取引相手からクレジット・ラインをカットされたり、担保掛目である「ヘアカット率」を引き上げられる等して、日に日に厳しくなっていった。

債券市場における存在感から、ベア・スターンズ証券が破綻すると、金融市場に対する影響が大きいと予想された。政府は、ベア・スターンズ社と連絡をとりつつ、同社の身売り交渉の進展を見守った。

2008年3月16日の日曜日、米銀大手のJPモルガンチェース

1 　第7章「ヘッジファンドLTCM破綻」で、ニューヨーク連銀が主要金融機関に、ヘッジファンドLTCMに対する共同出資を求めた際、ベア・スターンズ証券は、唯一出資を拒んでいた。

銀行が、ベア・スターンズ社に対する買収の決定を公表した。買収価格は、1株当りわずか2ドル[2]、買収総額は2億3,600万ドル（約235億円）という厳しいものであったが、週明けの資金繰りもむずかしいとされたベア・スターンズ証券にはほかに選択肢はなく、同社は買収に同意した。これを受けて、ニューヨーク連銀は、ベア・スターンズ証券が保有する住宅ローン資産を担保にJPモルガンチェース銀行に300億ドル（約3兆円）を融資することを発表した。

　ベア・スターンズ証券問題を買収で乗り切ったことは、金融危機が乗り越えられるのではないかという希望を金融市場に与えた。FRBが、投資銀行に対して資金供給を行ったこともあり、市場には一時の安心感が広がった[3]。しかしながら、秋には再び大波が押し寄せることになった。グローバル金融危機の「秋の陣」は、米国の住宅ローン市場の中心から始まった。

2　2008年秋の陣(1)──米GSE問題

　米国の住宅ローンは、GSE[4]と呼ばれる住宅ローン公社によって支えられている。通称ファニー・メイ（FNMA[5]）やフレディ・マック（FHLMC[6]）と呼ばれる住宅ローン公社は、

2　1週間前の同社の株価は、62.30ドルだった。

3　その後の米国株価の反転を受け、最終的な買収価格は1株当り10ドル（買収総額は約1,200億円）に引き上げられた。

4　Government Sponsored Enterprise. 政府支援法人。

5　Federal National Mortgage Association. 連邦住宅抵当公社。

6　Federal Home Loan Mortgage Corporation. 連邦住宅貸付抵当公社。

民間金融機関から持ち込まれる住宅ローンに保証を付けたり、単純に住宅ローンのキャッシュフローをパススルーした証券を発行したり[7]、あるいは自らが発行した債券の代り金で住宅ローンやその証券化商品を買い取る等して、住宅ローン市場に資金を供給しており、米国住宅ローン市場の中心に位置していた。FNMAやFHLMCは、政府が出資するものの、独立した株式会社の位置づけであった。

FNMAとFHLMCが保証ないし保有する住宅ローンは5兆ドル（約530兆円）にのぼり、その発行する債券残高は合計で1.7兆ドル（約180兆円）にのぼっていた。その資産内容が、住宅市況の悪化により急速に劣化していた。

住宅市況の悪化（図表11 - 1参照）とサブプライムローン問題から、GSEの資産ポートフォリオが問題を抱えていることは、2008年初めには関係者の知るところとなっていた。特に他のGSEに比べて住宅ローンや住宅ローン証券化商品の保有が抜きんでていたFNMAとFHLMCの問題がクローズアップされていた。主要格付機関であるスタンダード＆プアーズは8月に、保有債券の値下りから決算で純損失を計上していた両社を格下げした。

しかし、仮にGSEが経営破綻した場合、米国の住宅ローン市場そのものが機能不全に陥り、米国経済自体が大きく混乱することになる。また、FNMAやFHLMCの発行する債券の多く

7　もとになっている住宅ローンのキャッシュフローをそのまま投資家に移転すること。このような債券は「パススルー債」と呼ばれる。

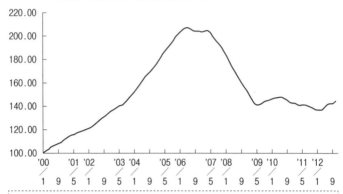

図表11-1　2000～2012年におけるケース・シラー住宅価格指数の推移（2000年1月を100とする）

第10章の図表10-4と比較すると、ケース・シラー住宅価格指数は、2006年をピークに2009年まで急落し以後ほぼ横ばいに推移していることがわかる

（出典）　ケース・シラーComposite 20住宅価格指数

は、海外政府や機関投資家によって保有されていたが、これらの投資家はGSEを実質的に米国政府そのものだと思っていた。万が一GSEの債券がデフォルトしようものなら、それは米国国債のデフォルトと受け止められる可能性もあった。GSE問題は、民間金融機関の経営問題の比ではなく、米国経済そのものの信任にかかわる問題であった。

　議会を巻き込んだ議論の後、FNMAとFHLMCの両社は、2008年9月7日の日曜日に、米国連邦政府の公的管理下に置かれることとなった。米財務省は両社に対してそれぞれ1,000億ドル（約10兆6,000億円）の資本枠をコミットするとともに、信

用供与枠を設定した[8]。経営陣は更迭され、政府によって選ばれた新たな経営陣による経営立直しの努力が始まった。

　翌９月８日の月曜日、株式市場はGSEの救済を好感し、前週末比2.6％高の１万511ドルで引けた。しかし、金融危機を抑え込もうとした努力にもかかわらず、市場は次なる金融機関破綻を物色していた。次の「事件」は、間髪を入れずその週末に迫っていた。

3 2008年秋の陣(2)──リーマン・ブラザーズ証券破綻

　リーマン・ブラザーズ証券（以下「リーマン」）は、1850年に、ユダヤ系移民であるヘンリー、エマニュエル、マイヤーのリーマン兄弟によって設立された老舗投資銀行である。以後、債券引受やM&A等のアレンジ業務を中心にビジネスを拡大し、投資銀行として全米第４位の位置にあった。

　リーマンを追い詰めたのも、サブプライムローン関連の証券化商品だった。６月に公表したリーマンの第２四半期決算は、住宅ローン関連の証券化ポジションの評価損から28億ドル（約3,000億円）の損失を計上していた。リーマンは、40億ドル（約4,200億円）の株式発行と20億ドル（約2,100億円）の優先株式発行により資本増強を行ったことも同時に公表したが、市場は資本調達には反応せず、損失の側にのみ注目した。６月末の株価は、19.81ドルで引けたが、それは１カ月前の半値であった。

8　最終的に両社に対する公的資金注入は、2011年にかけて累計で1,875億ドル（約19兆9,000億円）にのぼった。

9月に入ると、リーマンを取り巻く環境は一刻の猶予も許されなかった。GSE問題が解決した9月8日月曜日、ダウ・ジョーンズ株価指数は前週末比2.6%上昇したが、リーマンの株価は前日比12.7%下落し、14.15ドルで取引を終えた。翌9日火曜日には、リーマンの株価はさらに44.9%下げて7.79ドルまで下落した。9月10日水曜日、市場の不安心理を鎮めるため、リーマンは第3四半期の決算見通しを前倒しで公表したが、その内容は、不動産関連の評価損を中心に最終損失が39億ドル（約4,100億円）にのぼるというものだった。市場はリーマンの体力がさらに弱っていることを確信した。

　すでに債権者はリーマンとの取引を差し控えており、追加担保の要求も堰を切らなかった。リーマンの資金繰りは週末までもちこたえられるかどうかすら危ぶまれる状況だった。

　全米第4位の投資銀行であったリーマンが破綻した場合、金融システムに多大な影響を与えることが懸念された。特にリーマンのレポ取引とデリバティブ取引のポートフォリオはその詳細がつかめておらず、その処理方法にはいまだ道筋がつけられていなかった。

　リーマンは身売り交渉を急いだ。当初リーマンは、韓国産業銀行（KDB[9]）から株式総額の25%に相当する出資を受け入れる交渉を行っていたが、9日にKDB側から出資協議を打ち切ることが伝えられた[10]。リーマンはバンク・オブ・アメリカお

9　Korean Development Bank.

よび英国のバークレーズ銀行による買収交渉を進めた。リーマンの株価は、11日木曜日が4.22ドル、12日金曜日には3.65ドルにまで下落していた。

　9月12日金曜日夜6時、主要金融機関のトップとそのスタッフがニューヨーク市のダウンタウンにあるFRBに招集された。議題はリーマンだった。買収交渉が不調に終わった場合に備えて、FRBは民間金融機関に週末にかけての作業を指示した。

　作業は、リーマンが破綻した場合の影響を最小限に抑える方法を検討する第一グループ、リーマンを業界全体でいったん買い上げて清算を目指す方法を探る第二グループ、リーマンの不良資産を切り出す方法を検討する第三グループに分かれて、まさに業界をあげて行われた。作業期限は日曜中だった。各金融機関は、リーマン問題が一個の金融機関問題にとどまらず、自分の会社やひいては金融システム全体に及ぶ可能性、すなわち金融システミック・リスクの可能性を十分に理解していた。主要なスタッフによる夜を徹しての作業が始まった。

　リーマンの売却交渉は難航した。当初有力候補と思われたバンク・オブ・アメリカは、リーマンが保有する商業用不動産のポートフォリオに懸念を抱いたことに加えて、年初に住宅ローン会社であるカントリーワイドを買収していたことも足かせになったことから候補から外れた。バークレーズ銀行は、リーマン買収についての取締役会の承認を週末に取り付けたものの、

10　この出資協議打切りの報道が、9日におけるリーマン株価の44.9%
　　下落のきっかけとなった。

本国の監督当局である英国金融サービス庁（UKFSA[11]）が買収に難色を示した。リーマンを買収することによって、自国の銀行であるバークレーズ銀行が、過大なリスクを抱えることになるのをおそれたのである。

　結局、両社との買収交渉は決裂し、リーマンを破綻から救う道筋は閉じられた。2008年9月14日日曜日の夜半、正確には15日月曜日の午前1時45分、リーマンは連邦破産法11条の申請を行い、158年にわたったその歴史に幕を下ろした。負債総額は6,130億ドル、日本円にして約65兆円となり、米国史上最大の倒産となった。

　リーマンの破綻は、金融市場に大きな混乱をもたらした。俗にいうリーマンショックの発生である。市場商品、特にデリバティブ市場は混乱を極めた。リーマンとデリバティブ取引やレポ取引を取り交わしていた相手先は、リーマンのデフォルトに伴って多額のデフォルト債権を抱え込むことになったが、影響はそれだけではなかった。金融機関は、多数のデリバティブ取引を資産・負債の両サイドで行うことにより、資産・負債のポートフォリオを構築している。このうち、取引相手のリーマンが消滅したことで、デリバティブのポートフォリオに穴が空き、その結果発生したポートフォリオのでこぼこの部分が思いもよらない市場リスクにさらされることになってしまったのである。発生した市場リスクを埋めてポートフォリオを再構築す

11　Financial Services Authority. 第6章「ベアリングズ銀行と不正トレーダー」参照。

るために、多くの金融機関がただでさえ動揺して取引の出合い
が少ない市場に、自らのポートフォリオを守るヘッジ取引を行
うために殺到した。混乱のさなか、市場の取引量は膨大な量に
のぼった。動揺が続く市場に殺到するカバー取引に金融市場は
さらに混乱、市場は乱高下を続けた。

4 2008年秋の陣(3)——AIG破綻とCDS取引

　リーマンの破綻をもってしても、金融危機は終わらなかっ
た。リーマンの破綻に際して、公的支援の手が差し伸べられな
かったことから、市場は政府には有効な手だてがなく、大手金
融機関の破綻も容認するのだととらえて次に行き詰まる金融機
関を探した。ベア・スターンズ証券とリーマンのケースを考え
れば、安定資金調達力に欠ける投資銀行に注目が集まるのは当
然だった。すでに、リーマンが追い詰められた9月の第2週に
は、第3位の投資銀行であるメリルリンチ証券（以下「メリル
リンチ」）も株価下落にさらされていた。しかし、メリルリン
チは、リーマンの連邦倒産法申請がなされたのと同じ9月15日
の月曜日に、バンク・オブ・アメリカによる買収を発表し
た[12]。経営の独立性は失われたものの破綻は免れた。

　リーマンと並行して追い詰められたのは、米国最大の保険会
社、AIG[13]であった。

　AIGのケースで問題となったのは、クレジット・デフォル

12　買収価格は、1株当り29ドル、総額500億ドル（約5兆3,000億円）。
13　American Insurance Group.

ト・スワップ、通常「CDS[14]」と呼ばれるデリバティブ取引だった。CDSは、特定の企業やその発行する債券等（「参照債務」と呼ばれる）がCDSの契約期間内にデフォルトした場合に、その元本を保証する取引であり、保証する側はその対価として一定の「プレミアム」を受け取る（図表11−2参照）[15]。たとえば、「A社の5年の債務に対するCDSプレミアムは（年率）100ベーシスポイント（＝1％）」といったかたちで価格が設定され、このCDSプレミアムは市場価格として刻々変化する。保証する側は、年率1％のオプション料を受け取るかわりに、A社が5年以内にデフォルトした場合、対象となるA社の参照債

図表11−2　CDS取引のスキーム

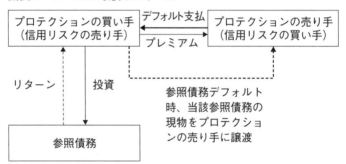

参照債務に対するプロテクション（保証）の買い手は、売り手に対してプレミアムを年率で支払う。参照債務がデフォルトした際には、売り手は、買い手に対して参照債務を受け取るかわりに、債務額面金額を支払うことになる

14　Credit Default Swap.
15　その意味では、CDSはデフォルトに対するオプション取引であると考えることができる。

務の元本額をCDSの取引相手先に支払うこととなる[16]。取引期間中にデフォルトが発生しなければ、保証する側は年間1％のオプション料を受け取るだけで、取引は消滅することになる。

AIGは、住宅ローンを担保とした証券化商品のデフォルトに対して、CDSのかたちで、これら商品の最終償還を保証していた。証券化商品の下落とデフォルトの発生によって、保証債務の大幅な履行が求められることが懸念されたが、それだけではなかった。

AIGからのCDS保証を受けた証券化商品は、AIGが格下げされると格付が下がってしまうリスクにさらされている[17]。そうした事態を避けるため、仮に保証元であるAIGが格下げになった場合には、AIGは保証した証券化商品の格付維持に必要な追加担保を証券化商品を組成するSPVに差し入れる契約になっていた。したがって、AIGが格下げになると、AIGは巨額の担保差入義務が発生することになっていたが、その担保余力や現金はもはや存在しなかったのである。格付機関のスタンダード＆プアーズは、AIGがかかわった住宅ローン関連取引から生じる損失を懸念し、すでにAIGの格下げの方向性を示していた。

一方、保険会社としてのAIGの保険契約者は、全米だけで数千万人にのぼっており、仮にAIGが破綻すれば、全米の保険契

---

16 保証する側は、元本を支払うかわりにデフォルトした参照債務（債券等）を受け取ることになるので、保証側の負担は元本額とデフォルトした参照債務の価値の差になる。
17 AIGの格付は、最上格のAAA格だった。

約者が影響を受けることが想定された。

　AIGの格下げは9月15日の月曜日に公表された。さまざまな取引で追加担保が求められ、AIGは資金調達に窮した。翌9月16日火曜日午後9時、政府とFRBはAIGの救済を発表した。政府はAIGの株式の79.9%を取得し、FRBはAIGの資産を担保に、期間2年、850億ドル（約9兆円）のつなぎ融資を行うという内容だった。AIGは公的管理に入る一方、AIGが履行保証したCDSは継続することが確保された。

　金融機関の破綻が相次ぐなかで、CDSの価格動向が注目された。前述のとおり、債券等のデフォルトの可能性に対して保証を提供するCDSの価格である「CDSスプレッド[18]」は、金融機関の破綻可能性を市場がどのようにみているかについての重要なインディケーターとされた。

　また、CDSについては、そのストラクチャー上の問題がクローズアップされた。CDSを積極的に引き受けていたのが大手金融機関であったことから、「誤方向リスク[19]」と呼ばれるリスクが発生するのである。たとえば、リーマンが発行した債券を保有する投資家が、リーマン債のデフォルトリスクをヘッジするために、別の投資銀行であるモルガン・スタンレー証券（以下「モルガン・スタンレー」）とリーマン債に対するCDS取引を締結したとする。この投資家は、リーマン債のデフォルトリ

18　通常、対象会社の5年債のCDSに対する年率スプレッド（例：年率100ベーシスポイント）として示される。
19　Wrong-way Risk の訳。

スクに対して、実質的にモルガン・スタンレーからの保証を受けていることになり、仮にリーマンの破綻可能性が高まって、リーマン債の価格が下落した場合、その元本を保証してくれるモルガン・スタンレーに対するエクスポージャーが増えることになる。ところが、金融業界全体を巻き込んだ金融危機のような場合、リーマンの破綻可能性が高まるときには、モルガン・スタンレーの信用力も悪化していることが予想される。すなわち、CDSの参照債務の発行体と当該CDSを保証する先のデフォルトリスクに正の相関関係がある場合で、金融業界全体のリスクが高まっているケースでは、「誤方向リスク」が発生しているとされ、CDS取引はヘッジの効果をもたなくなるのである。

　さらに、実際にデフォルトが発生して、CDSの保証債務の履行が求められることになった場合に、CDSから生じる多額の資金決済に係る懸念が生じることとなった。CDSの大宗は、業界団体であるISDAが定めたマスター契約雛型[20]に基づいた契約がなされていた。ISDAの取決めでは、デフォルト事象が発生した場合には、ISDAのもとで組成される決定委員会[21]がデフォルト債権に対するオークションを行って、CDSの清算価格を決定し、その清算価格に基づいて資金決済が行われるとされていた。しかし、FNMA[22]やリーマンのような大手金融機関のデフォルトはそれまでに例がなく、デフォルト認定された両社のCDS取引が円滑に資金決済できるかどうかに注目が集まっ

20　第4章「G30レポートとVaR革命」参照。
21　Determination Committee.

た。というのは、相対取引で行われるCDS取引については業界全体のデータが存在しないことから、オークションの結果、いったいいくらの資金移動が発生するかすらわからなかったのである。特にリーマンのデフォルトを対象としたCDSは、対象額面合計が4,000億ドル（約39兆4,000億円）にのぼるとされた[23]ことから、リーマンのデフォルトに対して、CDSでその債務を保証した大手業者がオークションの結果確定した資金の支払ができずに、連鎖破綻してしまうのではないかといった憶測が広がった。CDSの清算プロセス自体が金融不安心理をあおることとなったのである。

　FNMAのCDSについての清算オークションは10月6日に行われ、清算価格は90.25％で確定した。リーマンのCDSについての清算オークションは10月10日に行われ、清算価格は8.625％で確定した[24]。市場の懸念にもかかわらず、実際の保証資金は円滑に決済された。資金決済に伴う「連鎖倒産」は避けることができたとともに、CDS取引の決済メカニズムが実際に機能することが証明された。

22　FNMAは経営破綻はしていなかったが、「公的管理」がCDS取引におけるデフォルトの定義に該当していることから、一般債務の返済は引き続き行われていたものの、CDS上はデフォルトのプロセスを経ることとなった。

23　CDSでは、同種の反対取引が二重計上されていることが多いことから、想定額面合計が決済額にはならない一方、それらを差し引いたネットの金額がいくらになるかについても憶測が飛び交っていた。

24　FNMA債権の損失率は9.75％（＝100％－90.25％）、リーマン債権の損失率は91.375％（＝100％－8.625％）とみなされたと解釈できる。

5 事態の収拾と公的資金注入

　9月15日月曜日のリーマン破綻後、同日のバンク・オブ・アメリカによるメリルリンチ買収、さらに9月16日火曜日のAIG救済の発表が行われても、事態は収拾の兆しをみせなかった。市場はさらなる標的を探した。米国投資銀行第5位のベア・スターンズ、第4位のリーマン、第3位のメリルリンチ、が相次いで破綻や買収に追いこまれた後、第2位のモルガン・スタンレー、さらには第1位のゴールドマン・サックス証券も安泰ではなかった。市場の圧力を遮る早急なアクションが必要とされていた。

　市場の「次なる標的」はモルガン・スタンレーだった。ゴールドマン・サックス証券とともに二大投資銀行、あるいは米国資本主義の中核的存在として位置づけられていたモルガン・スタンレーは、CDSを積極的に取引しており、「標的」として十分な存在だった。一方で、仮にモルガン・スタンレーが破綻するような事態になれば、業界第1位のゴールドマン・サックス証券が巻き込まれることにもなりかねない。モルガン・スタンレーのデフォルト可能性を示す同社のCDSスプレッドは急拡大していた（図表11-3参照）。

　事態を打開すべく、9月21日、ゴールドマン・サックス証券とモルガン・スタンレーは、それぞれの持株会社を、銀行持株会社に転換することを発表した。これによって両社は、いざという時にFRBの融資を受けることができる準備を整えた。

さらにモルガン・スタンレーは、9月22日に、日本の三菱UFJフィナンシャル・グループと、90億ドル（約9,500億円）の優先株式受入れを含む、戦略的提携を結ぶ基本合意に達したと発表した。それでも市場では、同社の資産内容を精査するデュー・ディリジェンスの過程で、三菱UFJフィナンシャル・グループが提携を撤回するのではないかという憶測が飛び交った。モルガン・スタンレーのCDSスプレッドは、10月中旬まで

図表11-3　2008年9〜11月におけるモルガン・スタンレーのCDSスプレッド推移

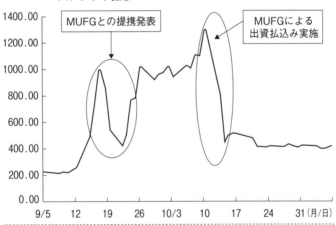

モルガン・スタンレーのCDSスプレッドは、リーマン破綻時に急上昇、その後三菱UFJフィナンシャル・グループ（MUFG）との提携合意により、一時的に小康を得たが、9月下旬から、リーマンのCDS取引における資金決済不安と提携が撤回されるのではないかとの憶測から、10月中旬にピークをつけた。提携の実行とリーマンCDS取引の決済完了により、CDSスプレッドは低下した

（出典）　ブルームバーグ

図表11－4　2008年の主な欧米金融機関の経営破綻・統合例

年月	金融機関名	国	業態	国内業界における順位（当時）	内容
2008年3月	ベア・スターンズ証券	米国	証券	5	JPモルガンによる吸収合併
2008年9月	リーマン・ブラザーズ証券	米国	証券	4	経営破綻
	メリルリンチ証券	米国	証券	3	バンク・オブ・アメリカによる買収
	AIG	米国	保険	1	公的資金注入・資金繰り支援
	ワシントン・ミューチュアル	米国	貯蓄金融機関	1	経営破綻
	フォルティス銀行	ベルギー	銀行	1	国有化
2008年10月	ワコビア	米国	銀行	4	ウェルズ・ファーゴ銀行による合併
	ロイヤル・バンク・オブ・スコットランド	英国	銀行	1	公的資金注入実質国有化

> 2008年の金融危機は、リーマンの破綻以降、グローバルな金融危機に発展、欧米各国で大手金融機関の経営破綻、統合、公的資金投入が相次いだ

（出典）　新聞報道等より筆者作成

さらに拡大した。

　10月14日、三菱UFJフィナンシャル・グループによるモルガン・スタンレーに対する優先株式出資払込みが予定どおり行われた。米国投資銀行を標的とした市場の刃は、この出資を契機に徐々に落ち着きをみせていった。

金融機関の破綻や再編は、さらに進んだ。9月18日には、英国のロイズ銀行が国内大手金融機関のHBOSを救済合併すると発表した。9月25日には、米国住宅ローン大手の貯蓄金融機関ワシントン・ミューチュアルが業務停止になり破綻した。9月30日には、欧州ベネルクス3国に中心を置く大手銀行フォルティス銀行のオランダ部分が国有化された。同日には、ベルギーの大手銀行デクシアに対する公的資金の注入が決まった。10月3日には、カリフォルニアに本拠を置くウェルズ・ファーゴ銀行が米国第4位の大手銀行ワコビアを買収することで合意した。10月8日には、英国最大の銀行ロイヤル・バンク・オブ・スコットランドの破綻を避けるため、200億ポンド（約3兆1,500億円）の公的資金を注入する決定がなされた[25]（図表11－4参照）。

　混乱に油を注いだのは米国議会の動きだった。米財務省は、金融危機を抑えるために政府が不良債権を買い取るとする不良債権救済プログラム、いわゆる「TARP[26]」を含む金融安定化法案を議会に提出した。しかし、米国下院は9月29日の採決で金融安定化法案を否決した。法案の可決を期待していた市場は混乱し、ダウ・ジョーンズ平均株価は、1日の下げ幅として過去最大となる778ポイントの下げを記録した。財務省は、法案

25　ロイヤル・バンク・オブ・スコットランドに対しては翌2009年2月にも公的資金が追加注入された。注入された公的資金は総額452億ポンド（約7兆1,200億円）にのぼった。

26　Troubled Asset Relief Program.

図表11-5　金融危機と米ダウ・ジョーンズ平均指数の経緯（2008年9〜11月）

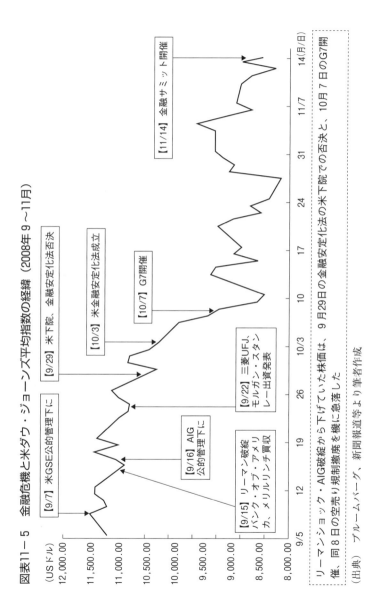

図表11-6　欧米銀行に対する公的資金注入例

金融機関名	所在国	公的資金金額	同円貨換算額
シティバンクグループ	米国	450億ドル	4兆4,300億円
バンク・オブ・アメリカ	米国	450億ドル	4兆4,300億円
ウェルズ・ファーゴ銀行	米国	250億ドル	2兆4,600億円
JPモルガンチェース銀行	米国	250億ドル	2兆4,600億円
メリルリンチ証券	米国	100億ドル	9,800億円
ゴールドマン・サックス証券	米国	100億ドル	9,800億円
モルガン・スタンレー証券	米国	100億ドル	9,800億円
ロイヤル・バンク・オブ・スコットランド	英国	452億ポンド	7兆1,200億円
フォルティス銀行	オランダ	168億ユーロ	2兆1,000億円
ソシエテ・ジェネラル銀行	フランス	51億ユーロ	6,400億円

> 金融危機時の資本不足と市場不安を払しょくするため、大手金融機関に対して多額の公的資金が注入された

（出典）　金融庁、新聞報道等より筆者作成

に修正を加えることで議会調整を実施、10月3日に修正法案が上下院で可決され、何とか事態を収拾した。一方で、10月9日に空売り規制が撤廃[27]されると、株価は再び急落した。息詰まる攻防の日々が続いた。市場はまだ混乱から脱していなかった（図表11-5参照）。

　10月8日、主要6カ国は協調利下げを実施、金融政策面での

27　時限規制であった、それまでの空売り規制の期限が到来したことから撤廃されたもの。

支援を強化した。10日には、G7、先進国財務大臣・中央銀行総裁会議が各国協調による金融機関への公的資金注入を表明した。これに従い、13日には英国の大手3銀行に対して公的資金注入が決まった。翌14日には、米国が国内金融機関に対して合計2,500億ドル（約24兆6,000億円）の公的資金を注入することを決めた（図表11-6参照）。関係者の懸命の努力により、金融危機は徐々に抑え込まれていった。

6　グローバル金融危機と実体経済への影響

　グローバル金融危機は実体経済にも影響を与えた。まず、SIVを中心としたABCP市場が事実上ストップしたことから、コマーシャル・ペーパー市場が停滞した。

　次にSIVが発行したABCPの価格が下落したことから、米国のMMFが元本割れを起こした。MMFは本来有価証券ファンドであり、価格の変動はつきもののはずだったが、資本市場の発達した米国において、MMFは元本が確実でいつでも引出しが可能な流動性商品の位置づけを有していた。MMFが元本割れを起こすような事態は、国民全体に影響を与えMMFの存在価値を否定してしまうおそれがあった。政府は、一時的にMMFの元本保証を宣言せざるをえなかった[28]。

　さらに、大手銀行ですらその存続に腐心するなかで、金融機関による融資拡大は不可能だった。金融は機能不全を起こし、

28　第18章「金融エコシステムとノンバンク金融（NBFI）」参照。

広範囲の「貸渋り」を引き起こした。こうした金融の機能不全は、実体経済の成長の足を引っ張ることとなり、リーマンショックは世界的な経済停滞を引き起こした。

　金融機関に対する公的資金の注入は、金融システミック・リスクを回避するという各国政府の決意を示し、市場は徐々に落着きを取り戻していったが、金融機能の回復は容易ではなかった。サブプライムローン問題に始まった金融機関のバランスシートの劣化に対して特効薬はなく、実体経済の回復とあわせて、時間をかけて傷んだバランスシートを調整していく以外に回復するすべはなかったのである。

7　金融リスク管理への影響

　リーマンショックとそれに続くグローバル金融危機が、金融リスク管理に与えた影響は甚大だった。

　市場の過去の統計値に基づくVaR手法を中核に据えたリスク管理の枠組みは、多数の市場参加者の間で価格決定が合理的にかつ独立に行われることを前提としたものであった。しかしながら、実際の市場は、大規模金融機関を中心とした限られた数の市場参加者の間で、相互に連関するかたちで動いている。市場が大きく変動した場合には、上記の前提は成立しなくなり、リスク要因間や金融機関同士の相関関係が増幅し、市場の動きは過去の統計値をはるかに超えた大きさで一方向に動くこととなったのである。通常の市場の動きを統計値とし、観測期間を限定したVaRのアプローチが大きな市場の動きに対応できない

のは明らかだった。

　VaRのそうした欠点は、本来、ストレステストで補完されるべきであったが、金融機関の実施するストレステストはグローバル金融危機のような事態までは想定していなかった。

　最終的な資本を守る経済資本の枠組みも十分ではなかった。経済資本の考え方からすれば、金融機関は市場のストレスが発生しても十分な資本を確保できるはずであったが、多くの経済資本の枠組みが、市場リスクや信用リスクといったリスク要因ごとのVaR値を合算したものをベースとしていることからすれば、もとになる部品（VaR）が凌駕された時点で経済資本の枠組みが超えられてしまうことは、驚きには値しなかった。損失の発生により、多くの金融機関が資本調達や公的資金注入に追い込まれたことからしても、経済資本の枠組みが資本の充実度を測るためには十分でなかったと結論づけざるをえなかった。VaRやストレステスト、さらに経済資本といった従来の金融リスク管理の中心となった考え方は、グローバル金融危機のような巨大なストレス事象の前には無力であった。

　VaRや経済資本といった、金融リスク管理の主要なツールが、グローバル金融危機に対して有効に機能せず、巨額の公的資金投入を余儀なくされた事実は、納税者の血税を投入したことに対する政治的反発と共鳴し、その後の金融機関に対する規制強化という大きな潮流を生み出すこととなった。

　サブプライムローン問題から年を越した2008年は、グローバルな金融機関の状況が風雲急を告げていた。特に夏を過ぎてからは、GSEの経営危機問題から目が離せなかった。そもそもGSEは、巨大な米国の住宅ローン市場を制度面で支えている。GSE問題は、米国そのものの信任問題ともいえたのである。FNMAとFHLMCを公的管理下に置いた9月7日の翌週末にはリーマンの破綻が発生、さらにバンク・オブ・アメリカによるメリルリンチ証券の買収、米国最大の保険会社であるAIGの破綻が続いた。米国資本主義が、がらがらと音をたてて崩れゆくような印象さえあった。

　リーマンによる連邦破産法11条の申請が確定したのは、米国東海岸時間の2008年9月14日日曜日の夜半、日本ではすでに日付が変わった9月15日月曜日の昼過ぎだった。日本にとって、そしてもしかすると世界経済にとって幸運だったのは、その月曜日がたまたま敬老の日の祝日だったことであった。午後のテレビニュースに映し出された映像は、勤務先が破綻したと知り、週明けにオフィスから締め出されることをおそれた多数の従業員が、夜中にもかかわらず出社して、ありったけの私物を段ボール箱に詰め込んで会社から出ていく姿だった。リーマンの本社は、ニューヨークのマンハッタン、盛り場で知られるタイムズスクエア近くにある。ニューヨーク随一の繁華街の賑わいを横目に、TVレポーターからのインタビューの試みに対して、両手で段ボール箱を抱えながら無言でオフィスを後にする従業員の姿には、そのちょうど10年前の11月23日、同じく国民の祝日に自主廃業を決めた山一證券のオフィスに向かう山一マンたちをとらえたニュース画像が二重写しになった[29]。

　淹れたてのコーヒーをもち立ったままニュース画面にくぎづけになりながら頭をかすめたのは、「これは大変なことになる」

というおそれにも似た思いと、「今日が祝日でよかった」という奇妙な安堵感だった。リーマンの苦境はすでに周知のところとなっており、単独では生き残れないのは衆目の一致するところであった。しかしながら、多くの金融関係者は、リーマンほどの巨大な金融機関には、なんらかの公的支援の手が差し伸べられるだろうという漠然とした期待感をもって週末を過ごしていた。その年の春には、リーマンよりも規模の小さいベア・スターンズ証券でさえ、救済合併がなされていたのである。ところが、リーマンには公的支援の手は差し伸べられなかった。リーマンの破綻は、巨大金融機関の連鎖倒産を想起させる。そこから起こる混乱は想像すらできなかった。リーマンの破綻が日本の連休中に当たったことは、偶然とはいえ幸運だった。これが休日でなければ、日本の営業日である月曜日の日中に「リーマン・ブラザーズ証券破綻」という衝撃的なヘッドラインがマーケットを駆けめぐり、ただでさえ弱気なニュースに対して敏感に反応しがちな東京市場は、グローバルな市場暴落の先鋒の役割を担っていた可能性がある。その意味では、「不幸中の幸い」との思いが強かった。

　それ以上にどぎもを抜かれたのは、９月29日に米国議会が金融安定化法案を否決したことだった。いまにも崩れそうなグローバル金融市場、いや米国資本主義にとって、金融安定化法案は最後の砦と思われた。金融危機の震源である米国において、その立法主体である米国議会が事態の収拾を図る法案を否決したのである。法案通過を当然のように思っていたため、否決の文字が躍る朝刊の見出しを目にした時は一瞬目を疑った。グローバル金融危機を引き起こした、少なくとも主要因である米国金融の問題に対する解決策を、当該国の議会が否決したこ

29　『日本の金融リスク管理を変えた10大事件』第４章「日本の金融危機とジャパン・プレミアム」参照。

とに対して怒りさえ感じた[30]。直後の株式市場は、当然のように急落した。その後、修正法案が10月3日に米国上下院で可決されたことで、資本主義の旗手である米国が自ら資本主義の幕を閉じることは避けられたが、振り返ってみれば、一度は法案を否決した議会の意思表明自体が、その後の政治家主導による金融規制強化の前兆だったと考えられなくもない。これ以後、金融危機収拾とともに、金融規制は政治主導へと大きく舵を切ることになったのである。

〈参考資料〉

"Risk Management Lessons from the Global Banking Crisis of 2008", Senior Supervisors Group, October 2009

"Toward Effective Governance of Financial Institutions", Group of 30, 2012

"Reform in the Financial Services Industry: Strengthening Practices for a More Stable System"、国際金融協会、2009年12月

『ポールソン回顧録』、ヘンリー・ポールソン、日本経済新聞出版社、2010年（"On the Brink ― Inside the Race to Stop the Collapse of the Global Financial System", Paulson H.）

『ガイトナー回顧録』、ティモシー・ガイトナー、日本経済新聞出版社、2015年（"Stress Test: Reflections on Financial Crises", Timothy F. Geithner）

『リーマンショック・コンフィデンシャル』、アンドリュー・ロス・ソーキン、早川書房、2010年（"Too Big to Fail", Andrew Ross Sorkin, 2009）

『世界最大の銀行を破綻させた男たち』、イアイン・マーティン、WAVE出版、2015年（"Making It Happen", Iain Martin, 2014）

---

30 このあたりの経緯は、『ガイトナー回顧録』に詳しい。

『詳解バーゼルⅢによる新国際金融規制（改訂版)』、みずほ証券バーゼルⅢ研究会、中央経済社、2019年

『日本の金融リスク管理を変えた10大事件』、藤井健司、金融財政事情研究会、2016年

第 12 章

バーゼルⅢと
金融規制強化の潮流
【2008年〜】

┌─**本章のポイント**┐

　サブプライムローンと証券化商品問題から生じた金融不安は、2008年のリーマンショックを経てグローバル金融危機に発展、グローバル経済に大きな混乱をもたらした。

　金融機関に対して巨額の公的資金注入を余儀なくされた先進国では、金融機関経営に対する批判が噴出した。金融機関の資本と流動性、リスク管理の立直しは喫緊の課題となり、バーゼルⅢを中心とした金融規制強化の潮流が明確になった。

1 　金融規制強化の潮流

　世界経済を混乱に陥れ、公的資金の注入まで引き起こした金融機関の経営とその要因と考えられた金融リスク管理の欠陥は厳しく批判され、二度と金融危機を起こさないような金融規制が求められた。

　方向性を示したのは、2008年4月の金融安定化フォーラムの「市場と制度の強靭性の強化に関する金融安定化フォーラム報告書」[1]であった。そこでは、①自己資本比率規制の強化、②流動性リスク管理の強化、③リスク管理実務の強化、④店頭デリバティブ取引に関するインフラ整備が主要施策として示され、具体的な規制策定が進んだ。

1　第10章「サブプライムローン問題と証券化商品」参照。

2009年9月に開催されたG20ピッツバーグ・サミットは、2010年末までに銀行資本の量と質の双方を改善し、過度なレバレッジを抑制するための国際的に合意されたルールを策定することを宣言した。具体的には、損失に対する備えとして資本のなかでも質の高いティア1資本の向上、自己資本比率規制を補完するレバレッジ比率の導入、流動性についての国際的な統一基準の導入等がうたわれた（図表12-1参照）。

　また、金融危機時には大手金融機関が「大きすぎてつぶせない[2]」がゆえに、公的資金を注入せざるをえなかったという認識も高まった。将来こうした状況が再発することを避けるために、金融システム上重要な金融機関（G-SIFI[3]）については、通常の金融機関よりも高い資本レベルを求め、加えて経営が悪化したときの再建計画と、さらに経営が悪化して破綻処理が必要になった場合の破綻処理計画を事前に準備させる方向性が示された[4]。こうした一連の施策によって金融システミック・リスクの発生可能性を減らして、公的資金の注入に踏み切らざるをえないケースを未然に防ごうとするものである。

2　「トゥー・ビッグ・トゥ・フェイル」（"Too big to fail"）と呼ばれる。

3　Global Systemically Important Financial Institutionsの略。このうち、金融システム上重要な銀行はG-SIB（Global Systemically Important Banks）とされる。G-SIBは、銀行の規模や市場シェア等から、毎年見直される。2023年6月時点では本邦の三菱UFJフィナンシャル・グループ、三井住友フィナンシャルフループ、みずほフィナンシャルグループを含む、世界で30の金融グループがG-SIBに該当するとされている。

4　再建計画は「Recovery Plan」、破綻処理計画は「Resolution Plan」と呼ばれ、両者をあわせて、「Recovery and Resolution Plan」、略して「RRP」と呼ばれる。

図表12-1 ピッツバーグ・サミットにおける決定内容

1	ティア1資本の質、一貫性および透明性を向上させる
2	ティア1資本の主要な部分は、普通株式および内部留保で構成されなければならない
3	資本からの控除項目の取扱いは、国際的に調和され、一般的に普通株式および内部留保に対して適用される
4	バーゼルIIの枠組みに対する補完的指標としてレバレッジ比率を導入する
5	資金流動性についての国際的な最低基準を導入する
6	景気連動性を抑制するような、最低水準を上回る資本バッファーの枠組みを導入する
7	バーゼル委は、金融システム上重要な銀行のリスクを軽減するような提案を2009年末までに発表する
8	バーゼル委は、これらの措置についての具体的な提案を2009年末までに発表する
9	バーゼル委は、2010年はじめに影響度調査を実施し、2010年末までに新規制に係る水準調整を完了する
10	実体経済の回復を阻害しないよう、これらの新たな措置を段階的に導入するための適切な実施基準が策定される

2009年9月に行われたG20ピッツバーグ・サミットで、バーゼルIIIにつながる金融規制強化の方向性が決定した

（出典）　G20より筆者作成

　この後関係者は金融規制の見直しを急ぐことになる。その意味で、金融安定化フォーラムの報告書とピッツバーグ・サミットでの決定はバーゼルIIIをはじめとするその後の金融規制強化の潮流の骨格をなしたといえる[5]。

2 バーゼルⅢ：第1幕──資本と流動性

　バーゼル銀行監督委員会は、2009年12月に「銀行セクターの強靱性を強化するための市中協議文書」を公表して「バーゼルⅢ」の方向性を示した後、2010年12月にバーゼルⅢ文書を公表、2013年1月から段階的に適用することとした[6]。

　バーゼルⅢは、従来の自己資本比率規制の延長線上にある「バーゼルⅢ：より強靱な銀行および銀行システムのための世界的な規制の枠組み」と、新たに流動性に関する国際的な基準を制定する「バーゼルⅢ：流動性リスク計測、基準、モニタリングのための国際的枠組み」の2つの文書から構成された。

　そのうち「バーゼルⅢ：より強靱な銀行および銀行システムのための世界的な規制の枠組み」は、銀行資本の量と質の双方を改善し、加えて過度なレバレッジを抑制する方向性を実現するものであり、自己資本比率規制のうち分子に当たる自己資本についての規制強化と、それを補完する枠組みとしてのレバレッジ比率の導入によって構成された（図表12-2参照）。

5　金融安定化フォーラム（Financial Stability Forum）は、その後金融安定理事会（Financial Stability Board = FSB）に改組された。

6　金融危機で特に問題となったトレーディング勘定や証券化商品の取扱いの問題に対しては、バーゼルⅢに先んじたとりあえずの応急措置としてバーゼルⅡ上の取扱いを改訂し2012年3月に開始した。俗に「バーゼル2.5」（バーゼルⅡの後で、かつバーゼルⅢに先駆けて導入されるという意味）と呼ばれる改訂では、証券化商品に対するリスクウェイトが大幅に引き上げられたほか、金融危機時のような市場にストレスがかかった期間に対応したVaR値を市場リスク相当額に上乗せする「ストレスVaR」と呼ばれる規制等が導入された。

図表12−2　バーゼルⅢの全体像

資本水準の引上げ
　普通株等ティア１比率、ティア１比率の最低水準を引上げ

資本の質の向上
　①普通株等ティア１に調整項目を適用
　②ティア１、ティア２適格要件の厳格化

自己資本比率＝$\dfrac{\text{自己資本}}{\text{リスク・アセット}}$

定量的な流動性規制（最低基準）を導入
　①流動性カバレッジ比率（ストレス時の預金流出等への対応力を強化）
　②安定調達比率（長期の運用資産に対応する長期・安定的な調達手段を確保）

リスク捕捉の強化
　カウンターパーティ・リスクの資本賦課計測方法の見直し

補完

エクスポージャー積上がりの抑制
　レバレッジ比率＝$\dfrac{\text{自己資本}}{\begin{array}{c}\text{ノン・リスクベース}\\\text{のエクスポージャー}\end{array}}$

プロシクリカリティの緩和
　資本流出抑制策（資本保全バッファー〈最低比率を上回る部分〉の目標水準に達するまで配当・自社株買い・役員報酬等を抑制）　など

バーゼルⅢは、大きく、①自己資本の質と量の引上げ、②リスク捕捉の強化、③流動性規制の導入、④補完的指標（レバレッジ比率）の導入からなり、さらにプロシクリカリティの緩和措置が加わっている

（出典）　金融庁

⑴　自己資本の量と質

　まず資本の量の面では、最低所要自己資本比率を８％とする枠組みは変えないとしたものの、将来の不測の損失に備えるために新たに資本保全バッファーという概念を導入[7]、８％に資本

_____

7　最低水準８％を上回る一方、８％超の部分が、資本保全バッファー2.5％を維持できない場合、配当制限や、経営陣への報酬の制限等が課されることとされている。

保全バッファー2.5％を加えた10.5％を実質的な最低所要水準とすることで資本の量を求めることとした。

これに自己資本比率規制が景気変動を助長するとされた批判に対応するべく、新たにカウンターシクリカルバッファーという概念を導入し、各国の経済動向と銀行融資の伸びの関係に応じて最大2.5％のカウンターシクリカルバッファーを追加することとした[8]。さらにG‒SIBについては、その規模に応じて、G‒SIBサーチャージとして１％から2.5％の追加資本を求めることとした。その結果、実質的な最低所要自己資本比率は、従来の８％に対して、通常の金融機関で10.5％プラス・カウンターシクリカルバッファー[9]、G‒SIBでは最高13％プラス・カウンターシクリカルバッファーに引き上げられることとなった。

自己資本の質の面では、普通株式や内部留保等からなり、損失が発生した際の損失吸収力が高い（＝質が高い）普通株式等ティア１資本（CET1資本)[10]を重視することを明確にした。バーゼルⅡでは、最低所要自己資本８％のうち、普通株式等ティア１資本に優先株式等を加えたティア１資本が８％中４％以上で残りが劣後債などのティア２資本という構成だった。またティア１資本のうち半分以上を普通株式等ティア１資本とす

8　2023年７月時点で、本邦ではカウンターシクリカルバッファーは適用されていない。

9　もともとの８％プラス資本保全バッファー（2.5％）プラス・カウンターシクリカルバッファー。G‒SIBの場合には、これにG‒SIBサーチャージがプラスされることとなる（図表12‒３参照）。

10　Common Equity Tier 1 資本の略。普通株式等ティア１資本については、第４章「G30レポートとVaR革命」参照。

ることが求められていた。これに対してバーゼルⅢでは、普通株式等ティア1資本が8％中4.5％以上必要であるとした。さらに、最低所要水準に上乗せされる資本保全バッファー、カウンターシクリカルバッファー、G‒SIBサーチャージはすべて普通株式等ティア1資本で求められることとされた。その結果、普通株式等ティア1資本は、変動性があるカウンターシクリカルバッファーを除いても、通常の金融機関で最低7％（4.5％プラス資本保全バッファー2.5％）、G‒SIBではこれにG‒SIBサーチャージを加えた最低8％[11]が必要とされることになった（図表12‒3参照）。

普通株式等ティア1資本についてはその定義も見直した。たとえば、繰延税金資産や他の金融機関への普通株式出資等は、その内容に応じて普通株式等ティア1資本からは除かれ、普通株式等ティア1資本自体の質も高めることとした。

このようにバーゼルⅢでは、バーゼルⅡに比べてはるかに大きな普通株式等ティア1資本が求められることになり、自己資本の量と質を大きく向上させることになった。

(2)　総損失吸収力──TLAC

大手金融機関が「大きすぎてつぶせない」という問題に対しては、再建・破綻計画を事前に策定させることとしたが、仮に大手金融機関の破綻が発生した場合に、株主や債権者による損失負担力が不足すると再び公的資金注入によって納税者の負担

11　7％プラスG‒SIBサーチャージ（1〜2.5％）。

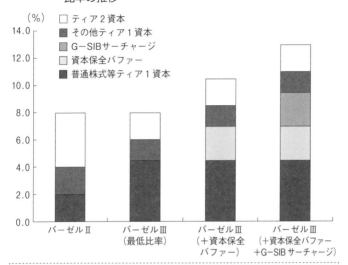

図表12-3　バーゼルⅢ完全実施に向けた、最低所要自己資本規制
比率の推移

（%）
- □ ティア2資本
- ■ その他ティア1資本
- ■ G−SIBサーチャージ
- □ 資本保全バファー
- ■ 普通株式等ティア1資本

> バーゼルⅢは、最低所要水準は従来同様8%に維持されたが、新たに資本保全バファーやカウンターシクリカルバファー（グラフ上は非表示）、G−SIBサーチャージが加算され、それらの大宗が普通株式等ティア1資本とすることとされた

（出典）　金融庁より筆者作成

が発生しないとも限らない。G20はそうした事態を避けるため、金融システム上重要な銀行であるG−SIBに対して、自己資本比率規制に加えて新たに「TLAC[12]」と呼ばれる概念を導入した。これは銀行の資本や債務のなかで銀行破綻時に発生する損失を即時に吸収できるものを明確にしたうえで、自己資本

12　Total Loss Absorbing Capacity. 厳密にはTLACはバーゼルⅢ規制の一部ではなく、金融安定理事会（FSB）が求めたものである。

とこれら債務（あわせて「総損失吸収力」あるいは「TLAC」と呼ぶ）を破綻処理に充てることで事前の計画に基づいた破綻処理、いわゆる「ベイルイン[13]」の実効性を確保するという考え方である。TLACは、破綻処理時の損失吸収力として利用できる自己資本や優先株式・優先債務と定義されるが、優先株式を制度上もたない国もあることから、優先株式と同様の優先順位をもつ「その他ティア1債（AT1債[14]）」もティア1資本の一部としてTLACに含めることができることとした（図表12-4参照）。

このようにTLACは、G-SIBが破綻した場合の金融システ

図表12-4　自己資本の構成

（出典）　金融庁より筆者作成

13　bail in.

14　Additional Tier 1 Securities. なお2023年にスイスのクレディ・スイス銀行が経営危機に陥って同国のUBS銀行に買収された際、スイスの金融当局はクレディ・スイス銀行が発行していたAT1債を全額元本削減することを決定した。第18章「金融エコシステムとノンバンク金融（NBFI）」参照。

図表12-5　レバレッジ比率の算出式

・レバレッジ比率の算式

$$レバレッジ比率 = \frac{ティア1資本}{エクスポージャー(オンバランス項目+オフバランス項目)}$$

バーゼルⅢにおけるレバレッジ比率は、オンバランス項目とオフバランス項目からなるすべてのエクスポージャーに対するティア1資本の比率として算出される

(出典)　金融庁

ムへの悪影響を軽減し、株主や優先債権者による、損失吸収力の高い自己資本ないし優先債務を相当程度維持することを求めたものである。

(3)　レバレッジ比率

　レバレッジ比率は、銀行における過度なレバレッジの積上げが金融危機を増幅する要因になったとの反省から導入されることが決まった指標であり、ティア1資本を分子とし、オンバランス・オフバランス合算の総資産エクスポージャーを分母とした比率として計算され、3％を最低水準とした（図表12-5参照）。

(4)　流動性規制

　金融危機では金融市場の混乱と金融機関自身の信用不安からインターバンクの資金市場が縮み上がり、多くの金融機関が資金調達に窮した。こうした経験から「バーゼルⅢ：流動性リスク計測、基準、モニタリングのための国際的枠組み」では、新

図表12－6　流動性カバレッジ比率と安定調達比率

・流動性カバレッジ比率（LCR）の算式

$$\frac{適格流動資産}{30日間に必要となる流動性}≧100\%$$

・安定調達比率（NSFR）の算式

$$\frac{安定調達額（資本・預金等）}{所要安定調達額}≧100\%$$

バーゼルⅢにおける流動性規制は、流動性カバレッジ比率（LCR）と安定調達比率（NSFR）によって構成される

（出典）　金融庁

たに流動性について国際的な基準を導入することとした。そこでは流動性管理を確実にするための基準として、流動性カバレッジ比率（LCR[15]）と安定調達比率（NSFR[16]）の２つの指標を定め、それぞれについて100％以上を維持することを求めることとした（図表12－6参照）。

　まず、流動性カバレッジ比率は、仮に金融危機から市場の機能不全が発生して、市場からの資金調達ができなくなるような場合でも、当座の資金繰りを乗り切るための流動性の高い資産の保有を求めるものである。具体的には、資金流動性の厳しいストレス状態が30日間続いた場合におけるネット資金流出額以上に、こうした状況でも当面の資金繰りを可能とするような換金性の高い高品質の流動資産（以下「適格流動資産（HQLA[17]）」）

15　Liquidity Coverage Ratio.
16　Net Stable Funding Ratio.

を保有することを求めるものであり、適格流動資産がストレス時の30日間のネット資金流出額を上回ること（比率が100％以上）を求めている。

　これに対して安定調達比率は、1年間先をみた資産負債構成について流動性の源となる安定的な負債と資本をより多く保有することを求めるものである。

3 バーゼルⅢ：第2幕──リスクアセット＝分母の見直し

　自己資本の量と質や流動性規制の導入に加えて、自己資本比率規制上の分母であるリスクアセットについても規制の見直しが行われた。焦点が当たったのはバーゼルⅡで全面的に採用された内部モデルアプローチだった。バーゼル銀行監督委員会は2013年に市場リスクと信用リスクにおけるリスクアセットについての比較分析を実施したが、そこでは銀行によって内部モデル法に基づくリスクアセットの計算結果が大きくばらつきがあり[18]、各銀行の内部モデル法は過度に複雑になっているとした。その結果内部モデル法を中心にリスクごとに規制の見直しが行われた。改訂作業は市場リスクを中心に2019年まで続いた。

17　High-Quality Liquid Assets. 現金や短期国債等。

18　"Regulatory consistency assessment programme（RCAP）– Analysis of risk-weighted assets from market risk," バーゼル銀行監督委員会、2013年1月。および、同"…credit risk," バーゼル銀行監督委員会、2013年7月。

⑴ 信用リスク

　信用リスク計測の標準的手法においては、アセットクラスごとのリスクウェイトが見直された。全体的な資本賦課水準引上げを目的としたものではなかったが、たとえば無格付中小企業向け債権のリスクウェイトは100％から75％に引き下げられた一方、アパートローン等の賃貸収入依存債権や政策保有株式のリスクウェイトは引き上げられた。

　内部格付手法においては、株式については内部格付手法が廃止されて標準的手法のみ適用可能となったほか、大企業・中規模企業向け債権や金融機関向け債権については先進的内部格付手法の適用が廃止されて基礎的内部格付手法のみ適用が可能とされた。倒産確率（PD）に加えて、デフォルト時損失率（LGD）・デフォルト時エクスポージャー（EAD）のすべてのパラメーターにおいて自行推計値を採用することを認めていた先進的内部格付手法[19]は大きく後退することとなった。

⑵ 信用評価調整（CVA）と清算機関──リスク捕捉の強化

　金融危機で問題となったデリバティブ取引については、新たに信用評価調整（CVA[20]）と、清算機関を通じた取引に対するリスクアセットの賦課が導入され、カウンターパーティ・リスクをより広く捕捉する改訂がなされた[21]。

19　先進的内部格付手法については第8章「バーゼルⅡとオペレーショナルリスク」参照。
20　Credit Valuation Adjustment.
21　証拠金規制については後述。

CVAは、金融危機時に顕在化した誤方向リスク[22]に対応する目的で金融危機後に金融機関に浸透してきた実務で、店頭デリバティブ取引やレポ取引においてカウンターパーティの信用力をデリバティブ取引の価格評価に反映させるものである。バーゼルⅢではCVAリスク相当額を、①簡便法、②基礎的方式（BA-CVA）、③標準的方式（SA-CVA）の３つの計算手法のいずれかに基づいて算出し、その12.5倍を信用リスクアセットに加えることとした。

取引所等の清算機関に対しては従来のゼロ・リスクウェイトの扱いを改め、リスクアセットを賦課する扱いに変更された。これはデリバティブ取引を店頭取引からより透明性が高い清算機関を通じた取引に誘導していく方向性のなかで、清算機関といえどもデフォルトと無縁ではないとの考え方に立ち、店頭取引よりは有利ではあるものの相応のリスクアセット賦課を求めたものである。

(3) オペレーショナルリスク

バーゼルⅡで３種類のメニュー方式に基づいてリスクアセットを算出することが認められたオペレーショナルリスクについては、新たに導入された「標準的計測手法（SMA）[23]」に一本化することとし、内部モデル方式の先進的計測手法[24]は廃止さ

22　誤方法リスクについては、第11章「リーマンショックとグローバル金融危機の勃発」参照。
23　Standardized Measurement Approach.
24　先進的計測手法については、第８章「バーゼルⅡとオペレーショナルリスク」参照。

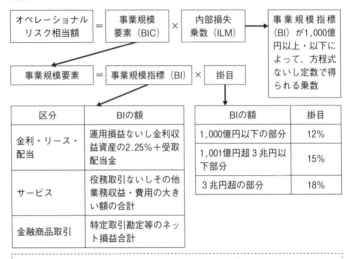

図表12-7　オペレーショナルリスクにおける標準的計測手法

| オペレーショナル リスク相当額 | = | 事業規模 要素（BIC） | × | 内部損失 乗数（ILM） | 事業規模指標（BI）が1,000億円以上・以下によって、方程式ないし定数で得られる乗数 |

| 事業規模要素 | = | 事業規模指標（BI） | × | 掛目 |

区分	BIの額
金利・リース・配当	運用損益ないし金利収益資産の2.25％＋受取配当金
サービス	役務取引ないしその他業務収益・費用の大きい額の合計
金融商品取引	特定取引勘定等のネット損益合計

BIの額	掛目
1,000億円以下の部分	12％
1,001億円超３兆円以下部分	15％
３兆円超の部分	18％

> オペレーショナルリスクのリスクアセット計算は標準的計測手法に一本化された

（出典）　金融庁

れた。

　標準的計測手法は銀行のビジネス規模指標と過去10年間のオペレーショナルリスクに係る内部損失実績に基づく乗数を掛け合わせることでリスク量を算出するものである（図表12-7参照）。

(4) 市場リスク──トレーディング勘定の抜本的見直し（FRTB[25]）

　金融危機において巨額の損失を計上する要因となったトレーディング勘定の市場リスクについては、トレーディング勘定の

定義や内部モデル方式の扱いを抜本的に見直す、通称「FRTB」と呼ばれる規制改訂が行われた。

　まずトレーディング勘定取引の定義を厳格に定めたうえで、内部モデル方式としてのVaRを廃止して新たに「期待ショートフォール[26]」に置き換えることとした。また金利や為替、エクイティといったアセット種類別に、ポジション解消のために必要となる期間を「流動性ホライズン」として定め、内部モデルの承認はこれに対応したデスクごとに行う[27]といった大きな変革を示した。

　期待ショートフォールとは、確率分布において一定の閾値を超える部分の期待値として定義される。市場リスクに当てはめると、損失分布という確率分布において、VaRという閾値を超える損失全体の期待値ということになる。VaRが損失分布における1点のみを示すもので、VaRを超える損失について何も語らないのに対して、期待ショートフォールはVaR以上の損失分布の期待値を示すことから、金融危機でみられたような極端な損失、いわゆる「テール・イベント」に対する捕捉力が高いと考えられたものである[28]（図表12-8参照）。

　トレーディング勘定の抜本的見直しで示された諸々の変更は、実務上大きなインパクトをもたらすこととなった[29]。ア

25　Fundamental Review of Trading Book.
26　Expected Shortfall. 略して「ES」とも呼ばれる。
27　内部モデルのパフォーマンスが悪い場合には、デスクレベルでモデルの承認取消しを行うこともありうる。
28　第4章「G30レポートとVaR革命」参照。

図表12－8　バリュー・アット・リスク（VaR）から期待ショート
　　　　　　フォールへ

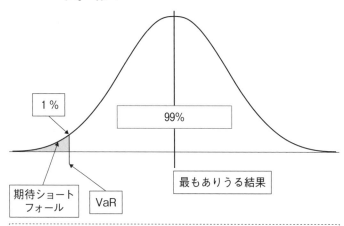

トレーディング勘定の抜本的見直しは、金融危機で露呈したVaRの欠点
に対して、VaRを超える損失の期待値である期待ショートフォールを
もってVaRを置き換える決定を行った

セット種類ごとに流動性ホライズンを設定したうえでそれぞれ
について期待ショートフォールを算出することは計算上の負担
も大きい。また期待ショートフォールはVaRと違ってリスクリ
ミットとしては使いにくく、フロント業務やリスク管理の実務
との親和性が低いとの声もあがった[30]。

29　FRTBの開始によってバーゼル2.5は廃止される。
30　第4章「G30レポートとVaR革命」でみたとおり、VaRが銀行の実務
　　から生まれた概念を規制資本にいわば「応用」したのに対して、期待
　　ショートフォールは実務主導というよりも規制主導で導入が決定した経
　　緯と裏表になっているといえる。

(5) **資本フロア**

　バーゼル銀行監督委員会はまた、バーゼル規制は「よりシンプルで、リスクと整合的、かつ比較可能な[31]」枠組みに改訂すべきであるとした。そのための共通の「物差し」としては標準的手法を活用すべきであり、標準的手法で算出されたリスクアセットの一定割合を、内部モデルを使用する場合の「資本フロア」とすることで、内部モデル使用によるリスクアセットのばらつきに歯止めをかけ、同時に銀行間の比較可能性を高めるべきであるとした。具体的には内部格付手法等を採用する銀行[32]は、内部モデル法に基づくリスクアセット算出に加えて標準的手法を使用した場合のリスクアセット算出を並行して行い、内部モデル法で算出したリスクアセット合計[33]が、標準的手法で算出したリスクアセット合計の72.5％を下回った場合には、標準法の72.5％をリスクアセットの下限（フロア）として採用するというものである[34]（図表12-9参照）。この結果、標準的手法の72.5％（フロア）が実質的に規制上のリスクアセットとして採用される銀行も出てくることが予想された。

31　"Simplicity, risk-sensitivity, and comparability"とされる。

32　①信用リスクにおける内部格付手法採用行、②市場リスクにおける内部モデル採用行、③カウンターパーティ・リスクにおいて期待エクスポージャー方式の承認を受けた銀行、のいずれかに該当する銀行。

33　信用リスク、市場リスク、オペレーショナルリスクのリスクアセットの合計額。

34　ただしバーゼルⅢ導入1年目の資本フロアは50％とし、以降5年間で72.5％に漸増する。

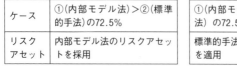

図表12-9 資本フロアの概念図

ケース	①（内部モデル法）＞②（標準的手法）の72.5%	①（内部モデル法）＜②（標準的手法）の72.5%
リスクアセット	内部モデル法のリスクアセットを採用	標準的手法の72.5%（資本フロア）を適用

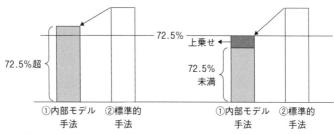

資本フロアの導入により内部モデル法を採用した場合でもリスクアセットは標準的手法を採用した場合の72.5%が下限となった

（出典）　金融庁

4 中央清算されないデリバティブ取引に係る証拠金規制

　金融安定フォーラムの報告書でも指摘された店頭デリバティブ取引に係るインフラ整備[35]については大きく２つの方向性が示された。１つはデリバティブ取引を取引所取引に集中させようとするものである。特に単純なスワップ取引等のデリバティブは、原則標準化された取引所取引に集中させる取組みが進められた。

35　第10章「サブプライムローン問題と証券化商品」参照。

次に取引所で中央清算されない店頭デリバティブ取引に対してバーゼル銀行監督委員会は、大手金融機関を対象として取引金融機関同士が当初証拠金[36]と変動証拠金[37]という２種類の証拠金を互いに受け渡す制度を証拠金規制として義務化した[38]。このうち変動証拠金は、デリバティブの時価が変化することで銀行Ａが銀行Ｂに対するエクスポージャーが生じた際に、銀行Ｂが銀行Ａに対してエクスポージャーに当たる額を証拠金として預託するものである。これによって仮に銀行Ｂがデフォルトしても銀行Ａは、銀行Ｂに対するエクスポージャーを、預託された証拠金で補てんすることで損失を回避することができる。そのため変動証拠金はデリバティブの時価が変化するごとに都度やりとりが発生する性格のものである[39]。

　しかし実際にデフォルトが発生した場合に、デフォルト発生から取引が清算される[40]までには数日を要することが通例であることから、その間にデフォルト発生時のエクスポージャーが市場の動きの変動にさらされ、エクスポージャーが増加するリスクがある。当初証拠金はこうした状況、すなわち金融機関が

36　Initial Margin. 一般に「IM」と呼ばれる。

37　Variation Margin. 一般に「VM」と呼ばれる。

38　"Margin requirements for non-centrally cleared derivatives"、バーゼル銀行監督委員会、2020年４月。

39　従来の店頭デリバティブ取引においても、相対の担保契約に基づいて期中のエクスポージャーの発生に対して担保のやりとりを行うという、実質的に変動証拠金のやりとりに近い実務は行われていた。変動証拠金はこうした担保契約を証拠金として義務化したものとも考えられる。

40　「クローズ・アウトする」という。

デフォルトしてから取引が清算されるまでの間にエクスポージャーが変動するリスクをカバーするために、取引当初に互いに預託する証拠金である。当初証拠金は取引を清算するまでの期間に係るリスクをカバーすることから、市場のボラティリティの影響を考慮する必要がある。金融業界ではクローズ・アウト期間に対応するものとして、10日間の99％VaRの考え方に基づいた標準的なモデル[41]に基づいて当初証拠金を計算することとした。

このように証拠金の制度をつくっても、互いに預託された証拠金を分別管理しなくては、いざ証拠金でエクスポージャーを補てんする段になって担保としての証拠金が確保されていないリスクが生じる。そのため証拠金規制では証拠金は信託勘定やカストディアン等の第三者勘定で分別管理することを求めた（図表12−10参照）。

証拠金規制の対象はデリバティブの取引残高が大きい大手金融機関に限定された[42]が、日々の変動証拠金のやりとりに加えて証拠金として提供する現金や有価証券についての流動性管理や資金コストの負担も発生する。証拠金規制は対象となる金融機関にとって大きな負担となった[43]。

41　標準モデルはSIMM（"Standard Initial Margin Model"）と呼ばれた。
42　日本においては、中央清算されないデリバティブの取引残高が3,000億円を超える金融機関については日次で変動証拠金をやりとりすることが求められている。
43　第18章「金融エコシステムとノンバンク金融（NBFI）」参照。

図表12-10　証拠金規制の概念図

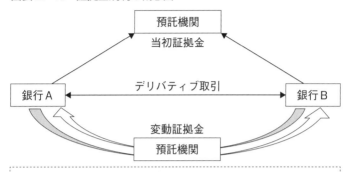

中央清算されないデリバティブ取引に係る証拠金規制の導入により、取引所を経由しない店頭デリバティブ取引では取引カウンターパーティ同士が当初証拠金と変動証拠金を預託機関に預けることが求められた

5　リスクデータ集計・報告原則

　新たな規制が導入されたのは、自己資本や流動性、といった財務的な要素にとどまらなかった。金融危機時に激しく動くマーケットに対して、金融機関が自らのポジションや損益状況・リスク状況をタイムリーに把握することができなかったとの反省がなされた。バーゼル銀行監督委員会は、銀行のITインフラやデータ構造が金融機関のリスク管理をサポートするうえで不十分だったと結論づけ、「実効的なリスクデータ集計とリスク報告に関する諸原則」を公表してG-SIBに対して11の原則[44]を満たすことを求めた（図表12-11参照）。

　11の原則は銀行が平常時だけでなくストレス時にもリスクの

図表12−11 「実効的なリスクデータ集計とリスク報告に関する諸原則」

全般的ガバナンスとインフラ		
原則1	ガバナンス	データ品質の評価・管理を行うとともに、強固なガバナンス態勢を確立すること
原則2	データ構造とITインフラ	平常時だけでなくストレス時においてもデータ集計・報告態勢を満たすデータとITインフラを確保すること
リスクデータ集計能力		
原則3	正確性と信頼性	正確かつ信頼性の高いデータを生成すること
原則4	網羅性	グループ全体にわたるすべての重要なリスクデータを捕捉・集計可能とすること
原則5	適時性	適時にリスクデータの集計が可能であること
原則6	適応性	非定型のデータ要請に対応可能な、柔軟なデータ集計プロセスを整備すること
リスク報告態勢		
原則7	正確性	リスク報告の正確性を確保するため、重要な報告データの検証枠組みを整備すること
原則8	包括性	リスク報告はビジネス・リスク特性をふまえ、すべての重要なリスク分野を対象とすること
原則9	明瞭性と有用性	リスク報告は、包括的であるとともに、情報を明瞭かつ簡潔に伝えること
原則10	報告頻度	平常時・ストレス時における報告の頻度および適時性についての要件を設定すること
原則11	報告の配布	適切な関係者にリスク報告を配布するための手続を整備すること

> バーゼル銀行監督委員会は、リスクデータの集計とリスク報告についての諸原則を定め、グローバルなシステム上重要な銀行に対して、諸原則を満たすことを求めた

（出典）　バーゼル銀行監督委員会

集計と報告をタイムリーに行う態勢を整備することを求めたものだが、求める要求水準は高かった。対象となるG−SIBはこれらの原則を満たすために、データベースの構築や集めたデータを管理するデータガバナンス態勢の構築、それらの文書化等に多くの資源を投入することとなった。

　以上バーゼルⅢを中心とした規制強化は図表12−12のようにまとめられる。

図表12−12　金融危機からバーゼルⅢへの規制強化概観

バーゼルⅡ	・３つの柱／リスクベースアプローチ ・内部格付手法（信用）・先進的計測手法（オペ）

金融危機の発生

バーゼル2.5	・欠陥が顕著な分野に対する「応急措置」 ・証券化商品／CVA／集中清算機関向け債権

バーゼルⅢ①	バーゼル委	FSB	バーゼルⅢ②
・自己資本の質と量の向上 ・リスク捕捉の強化 ・流動性規制の導入 ・レバレッジ比率規制の導入	・実効的なリスクデータ集計とリスク報告に関する諸原則 【G−SIB対象】	・TLAC 【G−SIB対象】	・トレーディング勘定の抜本的見直し ・信用リスクの標準法見直し ・オペリスクの標準法見直し ・資本フロア導入

グローバル金融危機後の国際金融規制の潮流は、バーゼルⅡから、バーゼル2.5、バーゼルⅢへと進む規制強化となった

（出典）　金融庁より筆者作成

44　厳密には14の原則からなるが、原則12以降は監督当局向けのものとなっている。

6 各国規制と「逆グローバル化」

　さらに金融機関を悩ませたのは主要各国における規制強化であった。

　金融危機の過程で公的資金注入を余儀なくされた主要国では、納税者や政治家を中心に金融機関に対して強烈な批判が巻き起こった。それはバーゼルⅢによる規制強化だけでは到底収まりがつかなかった。また金融危機の過程における各国の問題意識は異なっており、それぞれの国個有の問題点に対する改善策を早急に実施する必要があった。各国は独自の事情に即した国内規制を導入した。こうした国内規制は国際合意を必要とするバーゼルⅢに先行して導入されるケースが多く、「逆グローバル化[45]」とも呼ばれた。なかでも当局が主導するかたちでストレステストを実施して銀行に資本増強を求め、同時に金融機関の経営不安を払拭しようとする「当局ストレステスト」が広まった。

(1) 米　　国

　金融危機の影響を最も大きく受け、合併や破綻によって五大投資銀行のうち3社を失った米国では、公的資金注入の対象となった銀行が、リスクが高い自己トレーディング活動を行うこ

---

[45] 金融危機後の金融界の流れに対して、大手機関投資家であるピムコ社のチーフ・ファンドマネジャー（当時）であった、ビル・グロス氏は、"De-Leverage, De-Globalization, and Re-Regulation"「レバレッジの巻き戻し、逆グローバル化、規制強化」と表現した。

とに批判が集まった。

米国政府は2009年6月に金融規制改革案を公表して広範な金融規制強化の道筋を示したが、それらはドッド・フランク法として施行された。ドッド・フランク法は銀行本体による自己トレーディング業務を禁止する、いわゆるボルカールールの導入や、清算集中義務を課すデリバティブ規制等、広い範囲の規制で構成された。

またFRBはドッド・フランク法のもとでの自己資本強化策として当局共通ストレステストの枠組みを導入し、2009年から実施した。CCAR[46]と呼ばれる当局ストレステストは、当局が設定したマクロ経済のストレスシナリオに基づいたストレステストを年次で一斉に実施し、その結果として資本の備えが十分でないとされた銀行には、資本計画の提出と資本調達の実施を義務づけるものである。CCARでは、当局の設定するシナリオに対して業務収益やバランスシートがどのような影響を受けるかについて徹底した分析が求められることとなり、対象となる銀行グループは大きな経営資源を投入することが必要となった。

(2) **英　国**

米国に次いで金融危機の影響が大きかった英国では、リーマンの破綻時における本国回金問題[47]をきっかけとして特に金融機関の流動性管理に焦点が当たった。

46　本プロセスは、「包括的資本分析およびレビュー（CCAR：Comprehensive Capital Analysis and Review）」と呼ばれ、米国で活動する外国金融機関を含む、主要な銀行持株会社を対象として行われる。

UKFSA[48]は、2011年に外国銀行の支店・現法を含む国内金融機関を対象に新たな流動性規制を導入した。新規制では各金融機関に対して、資金流動性のストレス状態が3カ月続いた場合でも流動性を確保できる額の適格流動資産を常に保有することを求めた。

　英国の流動性規制は、適格流動資産を英国内に保有することとし、流動性を英国内に固定化することを求めるものであった[49]。英国の動きは逆グローバル化の典型例ととらえられ、流動性の「リングフェンシング[50]（囲込み）」と呼ばれた。

　一方でUKFSA自身も金融危機における監督対応の不備を批判され、2013年4月に改組された。改組後は金融機関監督機能を中央銀行であるイングランド銀行の傘下に移し、新たにPRA[51]およびFCA[52]として発足した。PRAは大手金融機関の健全性・安全性を監督し、FCAはそれ以外の金融機関の監督と消費者保護を含む行為規制・市場規制を担うこととなった。

　また英国では、金融機関の取締役や経営陣それぞれの個人単

47　2008年9月にリーマンが破綻した際、英国政府は国内における取引先や投資家の預かり資産を守るべく、リーマンの英国現法に対して資産凍結を指示したが、同社は破綻の直前に英国の資金を資金繰りに苦しむ米国本社に回金してしまっており、英国内には資金が残されていなかった。

48　UKFSAについては第6章「ベアリングズ銀行と不正トレーダー」参照。

49　リーマン破綻時の経験に基づく措置である。

50　Ringfencing.

51　Prudential Regulation Authority.

52　Financial Conduct Authority.

位で業務における監督責任を明確化する「シニア・マネジャーズ・レジーム（SMR[53]）という制度を導入した。漠然と「取締役会の責任」とするのではなく、たとえばコンプライアンスはA氏が担当、リスク管理はB氏が担当、というかたちで個人レベルでの責任を明確化して当局に届け出ることで、いざというときの監督責任を個人レベルでも明確化するものである。このように英国では以前よりはるかに厳格な監督スタイルに舵が切られた。

(3) 欧 州

金融危機の爪跡は、欧州においても大きかった。ベネルクス3国最大の銀行であったフォルティス銀行は国有化の後解体され、オランダ最大の銀行であったABNアムロ銀行も国有化された。2011年にはベルギーの大手銀行デクシアが経営破綻してベルギー・フランス両政府のもとで破綻処理が行われた。

欧州の大手銀行は複数の国にまたがって業務を展開しており、公的資金注入や破綻処理においても一国の金融当局では対応が完結できない。そのため銀行監督や破綻処理においても欧州という共通の枠組みのもとでの規制が不可欠であるとの認識が高まった。欧州議会は欧州における銀行監督の一本化を推し進めることとし、その手始めとして欧州銀行監督局（EBA[54]）は、EU域内の銀行を対象に2010年から年次の当局ストレステストを実施して、資本不足が認められた銀行に対しては期限を

---

53 Senior Managers Regime.
54 European Banking Authority.

切った資本増強を求めることとした[55]。

7 金融リスク管理への影響

　バーゼルⅢのインパクトは強烈であった。普通株式等ティア
１資本の水準だけでも従来の実質最低２％から実質最低７％[56]
が求められることになり、同時に流動性規制においても国債を
中心とした潤沢な適格流動資産の保有が求められるようになる
など、その影響は甚大であった。資本規制・流動性規制とも、
利益の積上げや安定資金調達手段の拡充等[57]、銀行の本来業務
が拡大する過程で比率が改善する性格のものであり、金融危機
後の厳しい経済環境のなかでは改善は容易ではなかった。各金
融機関は、資本計画や資金計画の策定に始まり、業務ライン見
直しによる業務の選択と集中の実施等、バーゼルⅢ対応に追わ
れることとなった。

　欧米においては、当局が指定する共通ストレスシナリオに基
づく業界横断的なストレステストが一斉に実施され、そのテス
ト結果に対して資本が十分でない場合には有無をいわせず資本
調達ないしリスク削減が求められた。さらには、リスクデータ
集計・報告原則、リスクアセットにおける資本フロア、トレー
ディング勘定の抜本的見直し、店頭デリバティブ取引の証拠金

55　欧州における銀行監督一本化のその後の動きについては第14章「ユー
　　ロ危機」参照。
56　最低水準4.5％プラス資本保全バファー2.5％。
57　普通株式の発行は、既存株主の希薄化をもたらすため、バーゼルⅢ
　　対応策としての当初の選択肢からは敬遠された。

規制に至るまで、各金融機関のリスク管理担当者は金融規制強化の潮流への対応に忙殺された。市場・信用・流動性といったそれぞれの規制対応自体も相当な負担が強いられることから、規制の全体像の整合性や全体的影響度に目配りすることはきわめてむずかしくなった。

その後の新型コロナウイルスの世界的流行もあり、バーゼルⅢの完全実施は2024年1月以降に延期された[58]。国ごとの規制開始スケジュールの足並みも乱れている。さらに金融機関における規制対応の努力はバーゼルⅢ後も続く。金融リスク管理実務の将来は、規制とのバランスをとりながら、曲がりくねった道筋になることが予想される。

目撃者のコラム

金融規制がわかりにくくなった、といった声を多く耳にする。バーゼル規制イコール自己資本比率規制である、というイメージが強いなかでは、流動性規制やレバレッジ規制、さらには、破綻計画からTLAC、証拠金規制からデータ集計原則にまで広がると、一部の専門家を除いて、相互の関係や全体像がみえないというのが本音のところではないか。また、規制の発信源もバーゼル銀行監督委員会にとどまらず、金融安定理事会（FSB）や、さらには各国個別の規制にまで対応が必要とされる。対象となる銀行も、国際的な活動を行う銀行、という当初のバーゼル規制の定義に加えて、G-SIBや、D-SIB[59]、さら

58　第17章「新型コロナ・パンデミックとオペレーショナル・レジリエンス」参照。

にはG－SII[60]の選定と、これも一般人の理解を超える。新たな規制では「よりシンプルでリスクと整合的、かつ比較可能な」方向性による改訂が試みられたはずだが、結果としてそのうたい文句を達成できているかは疑問も残る。

バーゼルII以降、金融規制と金融リスク管理の実務のバランスという課題に取り組んできた身からすると、金融危機以降の規制強化の潮流は、隔世の感と無力感にさいなまれるものであった。規制案に対して業界団体を通じて議論を行いはするもののピッツバーグ・サミット等で規定された政治上のスケジュールが大前提であって十分な議論が行えない。官民の議論を徹底的に尽くしたバーゼルIIとは大きな落差があった。

金融危機で発生した損失の一因がリスク管理にあったことも明らかだった民間側においてリスク管理の側からの議論が説得力を欠いたのは無理もない。やむをえず傷病兵を再度前戦に繰り出しているような状況さえ見受けられた。それでもバーゼルIIにおける官民の議論を経験した身からすると、これでいいのだろうかという思いは禁じえない。

民間実務を重視したリスクベースアプローチのきっかけがG30レポート（1993年）だったのだとすると、その最終形であるバーゼルII（2007年）までその道のりは約15年であった。金融危機（2008年）後バーゼルIIIの施行開始（2023年末）までも15年を要した。この間、振り子は大きくスイングした。民間実務と当局規制の答えはそのどちらかにあるのか、あるいは天秤のバランスはその中間にあるのか。その間にはどのような考え方や距離感があるのか、しっかりと見定める必要があるだろう。

グローバル金融危機から金融規制強化に向けた流れは、欧米

59　Domestic Systemically Important Bank. 国内の金融システム上重要な銀行のこと。

60　Global Systemically Important Insurance Company. 金融システム上重要な保険会社のこと。

金融機関を中心に業務の見直しと選択をもたらした。十分な利益が見込めない国や市場、業務から撤退する例も増えている。市場の有力なプレーヤーが撤退した結果、残された金融市場の流動性の低下を懸念する声もあがっている[61]。

規制は規制として対応し、リスク管理は内部管理として独自に高度化を図ればいいという議論も、規制による負担がここまで大きくなると通用しない。競争の激しい金融業においてリスク管理に無尽蔵にコストをかけるわけにはいかない。いきおい「規制対応」が優先することになり、リスクマネジャーが考えるリスクベースのプロジェクトは「規制対応プロジェクト」に劣後することになる。2015年に会った英バークレーズ銀行のCROは、当局ストレステストにリソースがとられて自分がシナリオ分析をやりたいと思っても予算が残っていない、とこぼしていた。

本書の初版におけるコラムは、以下のように結んだ。「それでも、自らの主体的なリスク管理実務の高度化は、民間企業である金融機関にとって必須である。リスク管理の実務は必要性と同時に創造力によっても支えられてきたからである。その意味でこれからのリスクマネジャーには、規制対応を行いながらもあるべきリスク管理の実務を推し進めるという、これまで以上に厳しい自己規律をもった姿勢が必要になるのではないかと思う」。この思いは初版から10年たったいまも変わらない。さらにリスクマネジャーだけでなく、ビジネス部門や経営者を含め、金融事業とそのリスク管理に対する理念や規律、企業文化やリスク文化をどうすれば変えていけるのか、大きなチャレンジに直面していると思う。

61　第17章「新型コロナ・パンデミックとオペレーショナル・レジリエンス」、第18章「金融エコシステムとノンバンク金融（NBFI）」参照。

〈参考資料〉

「バーゼルⅢ：より強靭な銀行システムのための世界的な規制の枠組み」、バーゼル銀行監督委員会、2010年

「バーゼルⅢ：流動性リスク計測、基準、モニタリングのための国際的枠組み」、バーゼル銀行監督委員会、2010年

「実効的なリスクデータ集計とリスク報告に関する諸原則」、バーゼル銀行監督委員会、2013年

"Minimum capital requirements for market risk," バーゼル銀行監督委員会、2019年2月

"Principles of Loss-absorbing and Recapitalisation Capacity of G-SIBs in Resolution – Total Loss Absorbing Capacity Term Sheet," Financial Stability Board、2015年11月

"Regulatory consistency assessment programme (RCAP) – Analysis of risk-weighted assets from market risk," バーゼル銀行監督委員会、2013年1月

"Regulatory consistency assessment programme (RCAP) – Analysis of risk-weighted assets from credit risk in the banking book," バーゼル銀行監督委員会、2013年7月

"Standardised Measurement Approach for operational risk-consultative document," バーゼル銀行監督委員会、2016年3月

『詳解バーゼルⅢによる新国際金融規制（改訂版）』、みずほ証券バーゼルⅢ研究会、中央経済社、2019年

「金融危機とバーゼル規制の経済学」、宮内淳至、2015年

第 13 章

LIBOR不正と
コンダクトリスク
【2012年〜】

┌─ 本章のポイント ─┐

　金融危機後の欧米金融業界では、金融機関の行動規範に対する批判が高まった。2012年の英国では、インターバンク取引金利として世界中の資金・貸出取引の基準金利になっているLIBOR金利の決定プロセスに不正取引があったとして、複数の大手銀行に対して多額の罰金支払が命じられた。その後、「コンダクトリスク」は、外為取引や、金融商品の販売適合性、経済制裁国への資金決済提供、さらには、損失発生に対する管理責任へと範囲を広げ、金融機関にとっての重要な対応分野となった。

1　英バークレーズ銀行LIBOR不正申告事件

　発端からして、奇妙な話だった。2012年 6 月、英米の金融当局[1]は、英バークレーズ銀行が、銀行間の取引金利であるロンドン銀行間取引金利、いわゆるライボー金利（以下LIBOR[2]）を操作しようとした、として、 4 億5,000万ドル（約360億円）にのぼる罰金支払を命じた。一般人にはなじみのない「LIBOR」の「不正操作」、いったいこれはどういうことだろうか。

　そもそもLIBORとは、英国ロンドン市場の銀行間で行われ

1　英国金融サービス庁（Financial Services Authority）、米国商品先物取引委員会（Commodity Futures Trading Commission）、および米国合衆国司法省（Department of Justice）。
2　London Inter-Bank Offered Rateの略。第 5 章「FRBショックとデリバティブ損失」参照。

る資金取引について使用される取引金利であった。銀行が他の銀行から資金を借り入れるために適用する金利の基準指標がライボー（LIBOR）である。LIBORはその名のとおり、ロンドンにおいて（London）、銀行間取引で（Inter-Bank）、資金の出し手が提示する（Offered）、金利（Rate）、の略である[3]。

　歴史をさかのぼると、そもそも金利は政府や中央銀行が決定するものであった。しかし、1973年の第一次オイルショックを契機として発生したユーロダラー市場では、こうした政策金利とは離れた自由な金利設定が行われ、銀行自らが基準金利を決定する実務が整備された。すなわちユーロダラー取引の中心となったロンドン市場の主要な参加者であるいくつかの銀行を「レファレンス銀行」として、これらの銀行が提示するオファー金利（貸出金利）から、その日の銀行間取引の基準金利としてLIBORが決定される実務が形成されたのである。レファレンス銀行は1日一度、ロンドン時間の午前11時に自らのオファー金利を英国銀行協会（BBA[4]）に提示、BBAがその平均値をLIBORとして公表する[5]。公表されたLIBOR金利は、翌日の朝11時に更新されるまで、LIBORの基準金利として使われることになる。LIBOR金利は米ドルや日本円等の通貨ごとに設定

3　ロンドン以外の市場においては、たとえば欧州銀行間取引金利はユーリボー（EURIBOR = Europe Inter-Bank Offered Rate）、東京銀行間取引金利はタイボー（TIBOR = Tokyo Inter-Bank Offered Rate）、シンガポール銀行間取引金利はサイボー（SIBOR = Singapore Inter-Bank Offered Rate）などと呼ばれた。

4　British Bankers' Association.

され、通貨ごとにレファレンス銀行が決まっている[6]。ちなみに、米ドルのLIBORのレファレンス銀行はバークレーズ銀行を含む18行、日本円LIBORのレファレンス銀行は、三菱UFJ銀行、みずほ銀行など13行からなっていた。

バークレーズ銀行のケースでは、このLIBOR決定プロセスにおいて、バークレーズ銀行が不当に低いレベルでLIBOR金利を提示し、金利を低めに操作しようとした、とされたのである。

では、LIBOR金利を低く（あるいは高く）提示することで、バークレーズ銀行にはどのような利益があるのだろうか。LIBORは、日々の銀行間の資金取引だけでなく、広く金融取引に適用される。たとえば、固定金利と変動金利を交換する金利スワップ取引における変動金利は、多くの場合、LIBOR金利に基づいている[7]。あるいは米国内の変動金利建て住宅ローンもLIBORを基準金利とすることが多い。日本国内における短期貸付も「円LIBOR＋xx％」というかたちで設定されることが多い。LIBOR金利を実勢よりも高く設定できれば、これらの貸出金利も高くすることができ、貸出利鞘が増えることに

5　LIBOR金利は、レファレンス銀行の提示金利から、上下両端1〜2行の提示金利を除いた他の銀行の提示金利を平均することで決定される。したがって、仮に1行が極端に低い（高い）金利を提示した場合、その金利は、LIBORを決定する平均算出の計算から除外されることになる。

6　LIBORはまた、3カ月物LIBOR、6カ月物LIBORといったように、典型的な取引期間ごとに設定される。

7　第5章「FRBショックとデリバティブ損失」参照。

図表13-1　LIBOR不正前における米ドルLIBORのレファレンス
　　　　　銀行

バンク・オブ・アメリカ	シティバンク
バークレーズ銀行	ドイツ銀行
BNPパリバ銀行	HSBC銀行
ソシエテ・ジェネラル銀行	ロイズ銀行
クレディ・アグリコール銀行	ラボバンク
クレディ・スイス銀行	UBS銀行
JPモルガンチェース銀行	三菱UFJ銀行
ロイヤル・バンク・オブ・カナダ	三井住友銀行
ロイヤル・バンク・オブ・スコットランド	農林中金

LIBOR金利は、レファレンス銀行と呼ばれる主要プレーヤーが提示する
金利水準の平均値をとることで決定されていた

（出典）　英国銀行協会

なる。当時、全世界でLIBORを基準金利とする金融取引は推
計で360兆ドル（2京9,000兆円）にのぼるとされていた。これ
だけの金融取引に影響を与えるLIBOR金利を操作することが
できるとすれば、得られる利益は莫大なものになる可能性があ
るだろう。

　しかし先に示したように、LIBOR金利は1行で決められる
ものではない。金利決定は、数行以上のレファレンス銀行の提
示金利を平均することで行われるため、1行が極端に高い（あ
るいは低い）金利を提示しても、算出手法上は除外されてしま
う[8]。またバークレーズ銀行で問題になったのは、金利を不当

に「低く」提示したことだった。先の記述であれば、金利を高く提示すれば貸付から得られる追加金利は大きいが、金利を低く提示すると貸付からの金利収入は減ってしまうことになる。バークレーズ銀行が収入を大きく減らす金利提示を行う動機はどこにあったのだろうか。

2007～2008年のグローバル金融危機時、金融機関に対する経営不安が広がったことは先に示した。資金調達に苦しむ金融機関が増加するなか、他行よりも高い金利を提示することは、その銀行が資金調達に窮しており、資金オファーも高い金利でないとできないとみなされるリスクがある。「当行は資金調達には困っておらず、高い金利など提示しなくても資金調達には問題ない」。当時の時代背景のなかでは、金融危機の標的とされるのを避けるために銀行が意図的に低い金利を提示する動機がたしかに存在したのである[9]。

バークレーズ銀行のケースでは、イングランド銀行の高官がバークレーズ銀行の提示金利が「目立って高い」とバークレーズ銀行の経営陣にコメントした、ともされており、英国当局の側でも国内銀行の資金調達状況の開示に介入して金利の不正操作を促したのではないか、との報道もなされた[10]（図表13-2参照）。

8　本章脚注5参照。

9　バークレーズ銀行のケースは、不当に低い金利を提示したことを、行員が内部告発したことから発覚したものだった。

図表13－2　英バークレーズ銀行のLIBOR不正経緯

2005年頃～	バークレーズ銀行、不正金利提示
2007年12月	バークレーズ行員がニューヨーク連銀に「LIBOR金利が不当に低い」と報告
2008年4月	バークレーズ行員がニューヨーク連銀に「金利を低めに提示した」と認める
2008年5月	英イングランド銀行総裁がBIS会合でLIBORについて議論
2008年6月	米ニューヨーク連銀総裁が英イングランド銀行にLIBOR改革案を提示 英イングランド銀行が英国銀行協会に、ニューヨーク連銀のLIBOR改革案を伝達
2008年9月	米リーマン・ブラザーズ証券破綻
2008年10月	英イングランド銀行高官がバークレーズ銀行に、「LIBOR提示金利が目立って高い」と指摘 バークレーズ銀行、幹部主導で提示金利の低め誘導実施
2012年6月	バークレーズ銀行、4億5,000万ドルの罰金支払

英バークレーズ銀行のLIBOR金利不正提示は、金融危機時に、自行の資金調達が安泰であることを偽装することを要因として起こった

（出典）　新聞報道等より筆者作成

2　LIBOR不正の広がりと多額の罰金

　LIBOR不正疑惑はバークレーズ銀行にとどまらず、業界全体を巻き込む不正事件に発展した。前述の算出過程からすると、1行の金利提示によってLIBOR金利を操作することは困

難であり、仮に複数の銀行が結託したからといって、思うように金利が操作できるとは限らない。しかしながら、当局による捜査の過程で明らかになったのは、金利を提示する複数の銀行の担当者が連絡を取り合い、高い（あるいは低い）金利の提示を依頼し合っている実態だった。

　事態の悪化を懸念した欧州連合（EU）欧州議会のボウルズ経済・通貨委員長（当時）は2012年7月、「銀行界の文化を変えなければならないのは明白だ」と述べたうえで、LIBORなどの不正金利操作は、複数の銀行のカルテル行為や、金利の不正操作による詐欺、さらには市場操作・相場操縦に該当する可能性が高く刑事罰の対象にするとした。また、英国銀行協会などの業界団体が算出を行うLIBOR金利の決定方法を、公的管理のもとに置くべきであると示した。

　LIBOR不正事件は、大手銀行に対して合計1兆円を超える罰金支払を命じる事態となった（図表13-3参照）。またこの間、不正金利を提示した担当者の逮捕も発生した。

　LIBORは、2014年2月より米国の大手取引所であるインターコンチネンタル取引所（ICE[11]）が、その算出と公表を英国銀行協会から引き継いだ後、2021年に英国によって廃止方針が出

10　イングランド銀行高官は、英議会の公聴会に出席し、バークレーズ銀行に対する指摘は、「①市場や政府関係者がバークレーズ銀行の経営に懸念を抱いていることを伝えること、②日々の調達金利を含めて、細心の注意を求めること」が目的であり、そもそもイングランド銀行はLIBOR市場を規制する権限や責任をもっていない、と証言、疑惑を否定した。
11　Intercontinental Exchange.

図表13-3　LIBOR不正事件による主な罰金例

	LIBOR関連	ユーリボーほか
バークレーズ銀行（英）	4億5,000万ドル（約360億円）	
シティバンク（米）		9,500万ドル（約100億円）
ドイツ銀行（独）	25億ドル（約3,000億円）	9億8,600万ドル（約1,040億円）
JPモルガンチェース銀行（米）		1億1,000万ドル（約1,160億円）
ラボバンク（蘭）	10億ドル（約980億円）	
ソシエテ・ジェネラル銀行（仏）		6億ドル（約630億円）
ロイヤル・バンク・オブ・スコットランド（英）	6億1,500万ドル（約570億円）	5億3,000万ドル（約560億円）
UBS銀行（スイス）	15億ドル（約1,580億円）	

LIBOR不正は、銀行業界に広範にまん延していた。各国当局は、これら銀行に対して巨額の罰金を科した

（出典）　新聞報道等より筆者作成

された。LIBORを代替する金利指標としては、担保付翌日物調達金利（SOFR[12]）等が提示され、LIBORベースの契約からの切り替え作業が進んだ。LIBOR金利の中心であるドル建て

12　Secured Overnight Financing Rate.

LIBORの算出は2023年6月に終了し、基準金利として君臨した半世紀の歴史に幕を下ろすこととなった。

3 外為取引レート報告不正

　LIBOR不正に次いで焦点が当たったのは、外国為替取引（外為取引）だった。外為取引はLIBOR金利とは異なり、1日のある時点で基準レートが定まるわけではなく、時々刻々と実勢外為レートが変動する。また日々の取引量は1日500兆円ともいわれるほどに巨額にのぼり、不正取引を行おうとしても巨大な為替市場を支配して外為レートを操作することはほぼ不可能である。しかし、市場関係者はロンドン時間の午後4時を挟んで、大手の業者がロイターやブルームバーグといった市場情報サービス業者の画面に報告する為替価格がその前後と異なった奇妙な動きを示すことに気づいた。

　資産運用業者が運用するファンドの日々の基準価格を確定するには、日々の為替を評価する基準時間を決める必要がある。ロンドン市場であれば、その日の取引が一段落し、金融機関が「日締め」に向かう午後4時を使うことが多い。この時刻前後に一部の金融機関が結託して、実勢からかい離した為替レートを市場に報告していた可能性が指摘された[13]。英米欧の金融当局と司法当局は、こうした金融機関の動きは、外国為替相場を不正に誘導しようとする行動であり、反トラスト法に違反する

13　実際の取引価格は市場原理に基づき、実勢価格で行われるが、これらの銀行が市場情報サービス業者に報告した価格のみが操作された。

図表13- 4　為替不正事件による主な罰金・和解金例

	2014年11月 英・米・スイス 当局罰金	2015年5月 米司法省・FRB 罰金	合計
UBS銀行(スイス)	8億ドル (約950億円)	3億4,000万ドル (約420億円)	11億4,000万ドル (約1,370億円)
バークレーズ銀行 (英)		23億8,000万ドル (約2,950億円)	23億8,000万ドル (約2,950億円)
シティバンク(米)	10億2,000万ドル (約1,210億円)	12億7,000万ドル (約1,580億円)	22億8,000万ドル (約2,790億円)
ロイヤル・バンク・オブ・スコットランド(英)	6億3,400万ドル (約750億円)	6億6,900万ドル (約830億円)	13億300万ドル (約1,580億円)
JPモルガンチェース銀行 (米)	10億1,000万ドル (約1,200億円)	8億9,200万ドル (約1,100億円)	19億300万ドル (約2,300億円)
ＨＳＢＣ銀行(英)	6億1,800万ドル (約730億円)		6億1,800万ドル (約730億円)
バンク・オブ・アメリカ (米)	2億5,000万ドル (約300億円)	2億500万ドル (約310億円)	4億5,500万ドル (約610億円)

LIBOR不正に続き、為替取引についても銀行にカルテル的な行動がみられたとされ、各国当局は主要な銀行に巨額の罰金を科した

（出典）　新聞報道等より筆者作成

と指摘した。また一部の銀行の為替トレーダーは、顧客から受けた為替の注文情報を不正に他銀行のトレーダーと共有しており、こうした行動は業界の「カルテル」に当たるとした。2014年11月、英米およびスイス当局は大手銀行に対して総額43億ドル（約5,140億円）にのぼる罰金を科した（図表13- 4参照）。さらに2015年5月には、米司法省と米FRBが別途総額58億ドル

（約7,140億円）にのぼる巨額の罰金を科すこととなった。

4 住宅ローン担保証券不適切販売

　銀行に対する罰金の波はとどまることを知らなかった。2015年5月、米司法省およびFRBは大手米銀がサブプライムローンを組み込んだ住宅ローン担保証券のリスクを知りながら投資家に対する説明責任を果たさずに販売を行ったとして訴追、総額4兆円にのぼる巨額の和解金をもって和解した（図表13−5参照）。このうち、130億ドル（約1兆3,000億円）の和解金を支払ったJPモルガンチェース銀行の場合、こうした不適切販売を行ったのが同行が救済買収したベア・スターンズ証券、およびワシントン・ミューチュアルだったのは皮肉だった。

5 脱税ほう助と制裁国向け取引

　米司法省の牙は外銀にも向けられた。住宅ローン証券不適切販売問題と相前後して、富裕層ビジネスにおける脱税ほう助問題と制裁国向け取引問題がやり玉にあがった。2014年5月、米司法省は、スイスのクレディ・スイス銀行が過去数十年にわたって米国の富裕層顧客の脱税を助けた（「脱税ほう助」）ことを認め、合計26億ドル（約2,640億円）の罰金を支払うことを認めた、と発表した。歴史的にスイスの銀行法は国外の捜査当局を含めた第三者への顧客口座情報の開示を禁じており、スイスの銀行における富裕層ビジネス、いわゆるプライベート・バンキング業務は脱税の隠れみのといわれていた。クレディ・スイ

図表13−5　住宅ローン担保証券の不適切販売事件による主な罰
　　　　　金・和解金例

	時期	米司法省・FRB罰金・和解金
シティバンク（米）	2014/ 7 / 1	70億ドル （約7,100億円）
JPモルガンチェース銀行（米）	2013/11/ 1	130億ドル （約 1 兆3,000億円）
バンク・オブ・アメリカ（米）	2014/ 8 / 1	166億5,000万ドル （約 1 兆7,000億円）
ゴールドマン・サックス証券（米）	2014/ 8 / 1	31億5,000万ドル （約3,270億円）

2015年、米国の大手金融機関は、住宅ローン担保証券のリスクについての説明責任を果たさずに販売した、として、総額約 4 兆円にのぼる和解金を支払った

（出典）　新聞報道等より筆者作成

ス銀行のケースはこうした顧客情報の非開示に対する米司法省の攻勢に対して決着をつけた[14]ものと考えることができる[15]。

14　米国議会は2013年、海外の銀行が米国人の口座情報を届け出ることを義務づけることを規定した外国口座税務コンプライアンス法（通称「FATCA法」）を批准した。スイス当局もFATCA法を受け入れ、銀行が顧客情報を提供すれば起訴を免れる制度となったが、クレディ・スイス銀行については、FATCA法受入れの時点ですでに脱税ほう助捜査が行われていたため、過去の事件については対象から外されていた。

15　同じスイスの大手銀行であるUBS銀行は、脱税ほう助問題に関し、2009年に 7 億ドルを支払っている。またスイスの中堅のプライベートバンクであるヴェゲリンは、2013年 1 月に脱税ほう助を認めた後、廃業に追い込まれた。

図表13-6　米司法省による罰金・和解金例

時期	対象銀行	罰金・和解金	理由
2009年	UBS銀行（スイス）	7億ドル （約680億円）	脱税ほう助
2012年	HSBC銀行（英国）	19億ドル （約1,640億円）	マネーローンダリング
2012年	スタンダード・チャータード銀行（英国）	3億ドル （約260億円）	制裁国との不正取引
2013年	三菱UFJ銀行（日本）	2億5,000万ドル （約240億円）	制裁国への送金
2014年	クレディ・スイス銀行（スイス）	28億ドル （約2,640億円）	脱税ほう助
2014年	BNPパリバ銀行（仏）	89億ドル （約9,000億円）	制裁国との不正取引
2014年	コメルツ銀行（独）	14億5,000万ドル （約1,800億円）	制裁国との不正取引等

脱税ほう助や制裁国との取引をめぐり、米司法省が科した罰金や和解金は巨額にのぼった

（出典）　新聞報道等より筆者作成

　その直後の2014年7月、米司法省はフランスの最大手銀行であるBNPパリバ銀行が、主に原油取引に関連してイランやスーダンなどの制裁国向けにドル送金を繰り返し、その事実を隠匿したとして、総額89億ドル（約9,000億円）にのぼる罰金を科した。制裁国向けの取引については、従来より罰金を科されるケースがあり[16]事象自体は異例ではなかったが、BNPパリバ銀

行のケースは金額がけた外れだった（図表13-6参照）。BNPパリバ銀行の2014年度最終利益はかろうじて黒字を確保したものの、前年度比で97％の減益となった[17]。

6 「内部管理不備」に対する罰金処罰

　銀行に対する罰金事例の対象は内部管理体制の不備にまで及んだ。米銀最大手のJPモルガンチェース銀行は2012年5月、ロンドンの財務担当が行っていたCDS取引[18]を中心としたデリバティブ取引のポートフォリオから20億ドル（約1,580億円）の損失が発生した、と公表した。そのポジションの大きさから、手じまいの過程で損失は雪だるま式に拡大、最終的に損失は60億ドル（約4,730億円）を超えた。財務担当のポジションは同社のリスク枠に沿ったものであり、いわゆる「権限外取引[19]」ではなかったが、そのポジションの大きさが市場の規模に比べても過大[20]との指摘を受け、リスク管理体制の妥当性が疑問視された。JPモルガンチェース銀行は、財務報告に関する内部統

16　英スタンダード・チャータード銀行が2012年に3億ドル（約260億円）を支払ったほか、邦銀では三菱東京UFJ銀行（当時）が2013年に2億5,000万ドル（約240億円）の和解合意を行っている。

17　2013年度の最終利益が約48億ユーロ（約6,900億円）であったのに対して、2014年度は、1億5,700万ユーロ（約230億円）となった。

18　CDS取引については、第11章「リーマンショックとグローバル金融危機の勃発」参照。

19　「権限外取引」については、第6章「ベアリングズ銀行と不正トレーダー」参照。

20　同財務担当のCDS取引のポジションは、ロンドン市場全体に比しても大きかったことから、「ロンドンの鯨」と呼ばれていた。

制の欠陥や、経営陣による取締役会への報告実務の不備などを理由として、翌2013年、米国証券取引委員会など3つの米当局に合計7億ドル（約680億円）、英国金融監督当局に2億2,000万ドル（約220億円）を支払うことで合意した[21]。

　また、2014年11月、英国当局は2012年7月に多数の預金者を巻き込むかたちで発生したシステム障害[22]に関し、ロイヤル・バンク・オブ・スコットランドに対して5,600万ポンド（約100億円）の罰金を科した。

　前項までのケースが不正事件に対する罰金であったのに対して、JPモルガンチェース銀行のケースは内部管理体制の不備により予想外の損失を被り、財務開示上の問題や取締役会を誤った方向に導いた、ということが問われたものである。また、ロイヤル・バンク・オブ・スコットランドのケースは、システム障害により預金者を中心とした取引先に迷惑をかけたというものであり、大手金融機関はその実務や運営において万全を期することが強く求められ、そこで瑕疵が生じた場合には多額の罰金を含む厳罰に処される、という強いメッセージとなった。

21　英国当局は当該担当者の刑事訴追も検討したとされるが、最終的に刑事訴追は断念した。
22　システム障害に伴い、およそ600万人にのぼる預金者が、最大数週間にわたって自分の口座情報へのアクセスが困難になった。

7　コンダクトリスクと金融リスク管理への影響

「行動規範」という基準がある。英語では「コード・オブ・コンダクト[23]」といい、企業の倫理的価値観に基づく基本的な行動基準として位置づけられる。行動規範は各企業における基本原則として各従業員に浸透されるべきであり、企業はそのために具体的な周知策を実施することになる。本章で発生したLIBOR不正や住宅ローン証券不適切販売の問題は、それ自体は必ずしも直接的な法令違反には当たらない。しかしながら、公共性の高い金融機関の行動基準としては不適切といえるであろう。このように金融機関の不適切な行動が社会に悪影響を与えるリスクは、「コンダクトリスク」と呼ばれるようになった。英国の金融当局であるFCAは、「顧客の正当、かつ合理的な期待に応えることや、金融機関同士の行動や市場での活動で果たす役割」を金融機関に期待するコンダクトとしたうえで、こうした「顧客保護」や「市場の健全性」、「有効な競争」に対して悪影響を与える行為が行われるリスクを「コンダクトリスク」と定義した。

　本章で示した不適切な金融実務の事例は、たとえば、バンカーズ・トラスト銀行のデリバティブ損失事件における販売適合性の問題[24]や証券化商品問題における「オリジネート・トゥ・ディストリビュート」ビジネスモデル[25]を思い出させ

23　Code of Conduct.
24　第5章「FRBショックとデリバティブ損失」参照。

る。その意味でコンダクトリスクは、オペレーショナルリスクの一形態と考えることもできるが、オペレーショナルリスクが内部プロセスや人的要因が不適切であること、もしくは機能しないこと[26]と定義され、なんらかの手続やシステムが正常に機能しないことに着目しているのに対して、コンダクトリスクは金融機関の従業員の行動様式という、企業文化のより大元に根差しており、銀行のさまざまな業務活動に横串でかかわるものといえる。

コンダクトリスクはそこから発生する多額の罰金負担に加えて、金融機関の評判に多大なダメージを与えるレピュテーショナルリスクの可能性から急速に注目を浴び、各金融機関はコンダクトリスク管理に向けた態勢づくりに注力することとなった。

G30はコンダクトリスクが金融機関のリスク文化と深く関係がある、としたうえで、以下のようなプロセスを確立すべく努力すべきである、としている[27]。

●銀行は全体的なリスク文化としてどこを目指すのかを明確にすべきである。

●経営トップからのトーン[28]を明確に発信する責任を経営陣が

25　第10章「サブプライムローン問題と証券化商品」参照。

26　オペレーショナルリスクは、「内部プロセス、人的要因、システムが不適切であること、もしくは機能しないこと、あるいは外生的事象から損失が生じるリスク」と定義される。第 8 章「バーゼル II とオペレーショナルリスク」参照。

27　"Banking Conduct and Culture," Group of Thirty、2015年 7 月。G30については、第 4 章「G30レポートとVaR革命」参照。

負う一方で、取締役会は企業価値や行動様式を監視する必要がある。

●行動様式に対する期待を満たさない従業員を高く評価すべきではなく、行動様式に欠陥がある場合には、業績評価や報酬を修正できるようにすべきである。

●従業員に対しては、何が期待されているかについて説明・強化する強靭なプロセスを確立すべきである。

●ビジネス部門（第1線）が望ましい企業価値や行動様式を遂行し、それにミドル部門（第2線）が基準の設定やモニタリングを通じて関与し、内部監査部門（第3線）が行動基準の遵守を検証する、いわゆる「3線ディフェンスライン[29]」を確立すべきである。

コンダクトリスクは法令違反と直結することから社内のコンプライアンス部門が所管することが多いが、損失計上が資本に与える影響も大きく、リスク管理部門の関与も不可欠である。また一度罰金が科された場合の負担やレピュテーショナルリスク上のダメージは大きく、重要なリスク要因として注目される。そこでは、金融機関内の「リスク文化」を地道に築き上げる努力が求められる。

28　Tone from the top.
29　Three lines of defense.

　コモディティ市場を使った新商品の可能性を検討するために、ロンドン金属取引所を見学したのは、1991年、いまから四半世紀以上前のことだった。ピットと呼ばれる取引ブースは深緑色に鈍く光る革張りの椅子がぐるりと円形に並んだ、いわば「舞台」だった[30]。ピットのトレーダーたちは革張りの椅子に足を組んで座っている。ピットの真ん中にテーブルはなく、皆向かい合って互いの顔色や出方をうかがっている。取引は原子記号に従って、5分ごとに、アルミ→ニッケル→銅→亜鉛……と行われ、1時間たつとすべての取引金属が一巡、それが午前中2回、午後2回繰り返される。取引所価格は5分間のセッションにおける最後の取引価格で決定され、1時間後に同じ金属のセッションが行われるまで、その価格がロンドン金属取引所の価格として採用される。5分間のセッションの最初の4分間は、互いの手の内を探るような小口の取引が行われるが、最後の1分間、いや15秒間は怒号が飛び交うなか、最終価格を決定する木槌が振り下ろされる。その瞬間、場立ちのトレーダーたちに安堵感とも達成感ともいえないような奇妙な興奮が広がり、次の金属セッションを担当するトレーダーたちが席を入れ替わる。再び手の内を探る取引が始まる……これが本場のコモディティ取引か、という感慨があった一方で、かたや株式市場ではコンピュータを駆使したプログラムトレーディングが行われるなか、この取引形態はいくらなんでも時代遅れ、いや、時代錯誤ではないか、との思いが頭をかすめた。

　LIBOR不正をめぐるごたごたをみるにつけても同じような思いが去来した。本章で示したとおり、LIBORとは規制金利

30　その形状により、ロンドン金属取引所における値決め取引は「リング取引」と呼ばれる。

が主流を占める金融市場のなかで、自由金利市場として発生したユーロダラー市場における銀行間取引金利を決定するために当時の銀行関係者が考案したやり方である。レファレンス銀行が提示したレートから上下をカットして残りを平均する、という手法自体が古色蒼然としていないだろうか。その後、LIBOR金利は世界中の金融取引の基準金利として、ありとあらゆる金融取引がLIBORの上に乗ってきた。リヤカーの上に、家具からテレビ、オーディオからパソコンまで、家財道具すべてを山のように積み上げて引越しをする姿のようにもみえる。ユーロダラー市場の発展当時には、一定の妥当性があった（であろう）LIBOR金利の決め方の上に、その後、次から次へと新たな金融取引が乗っかり、身動きがとれなくなってしまっているのに、なお汗を拭きながらリヤカーを引く姿にみえて仕方がなかった。LIBORの決め方を考案した関係者が、そうして決まるLIBORに日々、３京ドル近い取引が乗っかっていると聞いたとしたら、目を回すに違いない。LIBOR不正もそうした「ミスマッチ」のうえで発生した事件に思えてならない。

　欧米金融機関を中心として2012年以降相次いだ罰金報道をみて、銀行とはいったいどういうところなのか、と思った人々は多いのではないか。本章記載の事例だけで、銀行が支払った罰金と和解金の合計は８兆円にのぼる[31]。日本人の感覚からすると、８兆円もの罰金を支払うとはどれほどの極悪人か、というものではないか。その影響範囲の違いから単純な比較ができないことは承知のうえながら、第５章で取り上げたバンカーズ・トラスト銀行の不適切販売に対する約10億円の（当時最高額の）罰金と、住宅ローン不適切販売においてバンク・オブ・アメリカが支払った１兆7,000億円の和解金の間の1,700倍の違いは何

31　2014年度の日本の税収総額は約54兆5,000億円であり、本章記載の罰金・和解金で日本の税収の７分の１程度がまかなえることになる。

に基づいているのだろうかと思わないでもない。

　その罰金のインパクトやレピュテーショナルリスクへの影響を考えると、コンダクトリスクに対するリスク管理上の取組みが強化されるのは当然であろう。一方でコンダクトリスクを「管理」するロードマップはいまだ確立していない。コンダクトリスクが行動様式や行動基準によるのであれば、コンプライアンス部門やリスク管理部門という一部門だけでそれを変えられるものではなく、経営陣や取締役会といった、組織のトップからの強く継続したメッセージによって金融機関の「リスク文化」そのものを変えていく必要がある。本書第6章の「目撃者のコラム」で触れた「リスク文化の醸成」は、より広い金融機関行動に対して求められている。そしてそれは、地道かつ長い道のりになるのである。

〈参考資料〉

"Toward Effective Governance of Financial Institutions", Group of Thirty, 2012

"Banking Conduct and Culture", Group of Thirty, 2015

"Barclays fined a record $450m", Financial Times, Jun. 28, 2012

「基準金利操作世界揺らす」、日本経済新聞、2012年7月17日

「金利不正、複数行で利益」、日本経済新聞、2012年7月11日

「LIBOR不正に刑事罰」、日本経済新聞、2012年7月26日

「LIBOR当局が監視」、日本経済新聞、2013年3月27日

"Six banks hit with fines of $4.3bn in global forex rigging scandal", Financial Times, Nov. 13, 2014

「外為不正、6行に罰金」、日本経済新聞、2013年11月13日

「米、金融6社に罰金7000億円」、日本経済新聞、2015年5月21日

「米シティ7100億円支払い」、日本経済新聞、2014年7月15日

「1.3兆円支払い合意　JPモルガン住宅証券販売で和解」、日本経済新聞、2013年11月20日

"B of A settles for record $17bn", Financial Times, Aug. 22, 2014

「仏パリバ　罰金9000億円」、日本経済新聞、2014年7月1日

"JPMorgan is fined $920m over London Whale fiasco", Financial Times, Sep. 20, 2013

"UK drops 'London Whale' probe", Financial Times, Jul. 10, 2015

"RBS slapped with record £56m fine over IT meltdown," Financial Times, Nov. 21, 2014

"Report of JPMorgan Chase & Co. Management Task Force Regarding 2012 CIO Losses", JPMorgan Chase, Jan. 2013

第 14 章

ユーロ危機
【2012年】

―本章のポイント―

　ギリシャ危機がきっかけとなって、2010年以降「PIIGS」と呼ばれたEU周縁国の財政問題が顕在化した。各国の財政問題は、欧州統一通貨ユーロの存続に対する懸念につながり、「ユーロ危機」が発生した。EUは域内の金融支援メカニズムや流動性供給プログラムを活用して事態収拾にあたった。2012年3月、ギリシャ国債の債権団は民間債権放棄に合意し、ギリシャ国債はデフォルトした。その後域内の金融機関監督はECBが統一して行う等、EU域内の金融システムの枠組み強化が行われた。

1 ソブリンリスクの号砲

　2009年10月、総選挙で勝利し新たにギリシャの政権となった左派全ギリシャ社会主義運動（PASOK）のパパンドレウ政権は、前政権が公表していたGDP比5％の財政赤字という数字は、隠ぺい・粉飾によるものであり、実際の財政赤字はGDP比12.7％であったと発表した。この発表は、後のギリシャ危機、さらにはユーロ危機へと続く号砲となった。

　その前年、2008年のグローバル金融危機が世界経済に与えた影響は甚大だった。先進国を含む各国経済は軒並みマイナス成長に陥り、企業倒産の増加や失業率の上昇をもたらした。

　各国は金融緩和政策に加えて、財政政策も発動することで実体経済を支えることを強いられたが、その財政出動が、国家自

身の財政破綻リスクである「ソブリンリスク」を意識させることになった。「国は企業や金融機関の信用不安を財政金融政策で支えているが、そもそも国自体は大丈夫なのか」。その疑問は、従来から財政赤字や経済成長力に課題を有していた欧州、特に南欧諸国に向けられた。

当時のギリシャは労働者人口の約４分の１を公務員が占め、手厚い年金制度も含めて財政状況に懸念がもたれていた。パパンドレウ新政権の財政健全化計画も市場からは支持が得られず、格付機関であるムーディーズは、2010年６月にギリシャ国債の格付けをA3から投資非適格とされるBa1に引き下げた。

ギリシャの債務問題はギリシャ１国にとどまらず、EU域内で同様に景気が低迷する加盟国の信用不安を惹起し、さらに1999年に導入された欧州統一通貨「ユーロ」の存続に対する懸念が高まった。

2 ユーロの「収れん条件」とギリシャ債務問題

ギリシャの債務問題には、ユーロの根本的な制度問題が絡んでいた。欧州では1993年11月のマーストリヒト条約の発効とともに経済通貨同盟（EMU）が成立し、1999年１月に欧州統一通貨としてユーロが導入された[1]。共通通貨を維持していくためには、ユーロを採用する各国の財政金融政策を一定程度共通にする必要がある。各国の経済状況が大きく異なると、財政出

1　1999年の導入当初は11カ国が参加。2023年１月現在では、EU27カ国のうち20カ国が導入している。

動の規模にも格差が生じるが、そこで財政規律を守る国と守らない国が現れると不公平が生じるのに加えて、ユーロの価値や為替レートにも悪影響を与える可能性があるためである。そのためにEUでは、ユーロに参加するための条件として、財政や金融に関して「収れん条件」を定めた（図表14-1参照）。

しかし、この収れん条件には大きく2つの問題があった。収れん条件を満たさずにユーロに参加した場合の罰則が定められていなかった点と、ユーロを離脱する場合についての規定がなかったことである。これらはギリシャ危機の過程でクローズ

図表14-1　ユーロ参加の収れん条件

項目	原則	収れん条件
物価	物価の安定	過去1年間、消費者物価上昇率が、消費者物価上昇率の最も安定した3カ国の平均値を1.5%より多く上回らないこと
財政	財政状況の持続可能性	過剰財政赤字状態でないこと（単年度財政赤字対GDP比3%以下、債務残高対GDP比60%以下）
為替	為替相場の安定性	2年間、独自に切下げを行わずに、欧州通貨制度の為替相場メカニズムで定められた通常の変動幅を守ること
金利	長期金利の安定性	過去1年間、名目長期金利が消費者物価上昇率の最も低い3カ国の平均値を2%より多く上回らないこと

欧州単一通貨であるユーロに参加するためには、物価や財政運営に係る「収れん条件」を満たすことが求められた

（出典）　みずほ証券資料等より筆者作成

アップされることになった。

　ギリシャの場合、2009年にパパンドレウ政権が財政赤字について過去にさかのぼって遡及修正を行ったことで、ユーロに参加した時点では実は収れん条件を満たしていなかったことが明らかになった。しかしすでにギリシャはユーロに参加しており、また収れん条件を満たしていなかった場合の罰則規定がなかったため、なんらの罰則も受けることなくユーロにとどまることができた。さらにユーロからの離脱規定がなかったため、ギリシャ危機が進む過程でユーロ瓦解の憶測を呼ぶこととなった[2]。

　ギリシャ債務問題に関しては、EUと国際通貨基金（IMF）が支援計画策定に着手した。2010年5月、ギリシャにおける増税や年金改革、公務員改革といった緊縮財政政策の導入や経済構造改革を条件に、いわゆる第一次支援プログラムとして1,100億ユーロ（約12兆3,000億円）の支援が実現、ギリシャ危機は最初の山場を越えた。

3 ユーロ危機への展開とEUの対応

　ギリシャ国債の格下げの影響はギリシャ1国にとどまらなかった。市場は、ギリシャと同様に2008年のグローバル金融危機後の経済回復が遅れた国や国家債務が大きい国に目をつけ、

2　ギリシャ危機の過程では、「ギリシャが（旧通貨の）ドラクマの造幣局の稼働準備を開始した」、といったたぐいの噂がまことしやかに語られた。

そうした国々の国債を売り浴びせたのである。主なターゲットとされたのは、ポルトガル、アイルランド、イタリア、ギリシャ、スペインであり、これら諸国の頭文字をとって「PIIGS」、あるいはそのなかで特に南欧4カ国をとって「PIGS」と呼ばれた[3]。ギリシャ危機は広くEU周縁国に拡大し、ユーロ危機と呼ぶべき状況に陥った（図表14-2参照）。

ソブリンリスクは、これらの国に所在する金融機関に対する信用懸念を引き起こした。政府による明示的ないし暗黙の保証

図表14-2 PIIGS諸国の10年物国債利回り推移

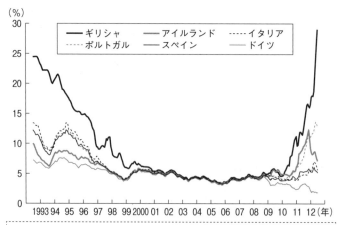

ギリシャ国債の格下げを契機として広くPIIGS諸国の国債が売られ、利回りが急拡大した

（出典） 通商白書2012年版

---

3 前者は「Portugal、Ireland、Italy、Greece、Spain」の略、後者は「Portugal、Italy、Greece、Spain」の略。

があるとみなされた場合、金融機関のリスクは国のリスクと連動する。また金融機関の業績は、所在国の景気動向に左右される面が大きいことから、金融機関の格付けは所在国の格付けを上回らないのが一般的である[4]。緊縮財政等によってPIIGS諸国の景気が悪化すれば金融機関の業績も悪化する。こうしたことから、PIIGS諸国の金融機関の格下げも相次いだ。それらの金融機関ではコストの上昇や信用不安から、資金調達がむずかしくなる状況も懸念された。

2008年のグローバル金融危機の再燃ともいうべき状況に対してEUは次々と対策を打ち出した。まず財政危機に陥った国に対する支援策としては、EUの既存制度として600億ユーロ（約6兆7,000億円）の規模を有していた欧州金融安定化メカニズム（EFSM[5]）に加えて、2010年8月にIMFと連携するかたちで欧州金融安定ファシリティ（EFSF[6]）を設立した。両ファシリティにおける計4,400億ユーロ（約49兆3,000億円）の追加危機対応支援資金を使って、2010年11月にアイルランドに850億ユーロ（約9兆3,000億円）、2011年5月にポルトガルに780億ユーロ（約9兆2,000億円）の金融支援プログラムを実施した[7]。両ファシリティは2013年6月までの時限措置であったが、さらに2012年10月に恒久組織として資本金7,000億ユーロ

4　ある国の発行体の格付けは、その国の格付けを上回らないという考え方は、「ソブリン・シーリング」と呼ばれる。

5　European Financial Stability Mechanism.

6　European Financial Stability Facility.

7　2013年にはキプロスに対して100億ユーロの支援を行っている。

図表14-3　EUにおける金融支援枠組み

名称	欧州金融安定化メカニズム（EFSM）	欧州金融安定ファシリティ（EFSF）	欧州安定メカニズム（ESM）
法的位置づけ	EUの既存制度	ユーロ参加国を株主とする企業	ユーロ参加国による政府間組織
資本構成	EU予算による保証	ユーロ参加国による保証	ユーロ参加国による出資
資本規模	600億ユーロ	4,400億ユーロ	計7,000億ユーロ
支援手法	融資クレジットライン	（予防措置を含む）融資、新発国債引受、既発国債の買入れ、金融機関への資本注入	（予防措置を含む）融資、新発国債引受、既発国債の買入れ、金融機関への資本注入
期限	2013年6月	2013年6月	恒久的

EUはユーロ危機に対して相次いで金融支援の枠組みを打ち出した

（出典）　通商白書2012年版

（約72兆円）、融資可能額5,000億ユーロ（約51兆円）の欧州安定メカニズム（ESM[8]）を設立した（図表14-3参照）。

　2008年のグローバル金融危機の原因として批判が大きかった銀行に対しては、アメとムチの対応を使い分けた。

　「アメ」の政策として欧州中央銀行（ECB[9]）は2011年11月に、銀行破綻の命運を握る流動性確保について、適格要件を満

8　European Stability Mechanism.
9　European Central Bank.

たした担保を提供することを条件に、金融機関に対して期間3年の資金を1％の低利で供給するというLTRO[10]プログラムを導入した。ECBはLTROプログラムを使って、同年12月に4,900億ユーロ（約49兆円）、翌2012年2月に5,300億ユーロ（約57兆2,000億円）の資金を供給、銀行の資金繰りを強力に支援した。

一方、「ムチ」の政策として、欧州銀行監督局（EBA）は、EU域内の銀行を対象として2010年7月および2011年7月に当局ストレステストを実施して資本不足の銀行を洗い出すと同時に、市場に対して銀行の健全性を訴える策に出た[11]。さらに2011年のストレステストについては、資本不足が認められた銀行の名前を公表するとともに、これらの銀行に対して2012年1月までに資本増強計画を策定することを義務づけた[12]。

こうした相次ぐ政策の導入は、ユーロ危機や金融システミック・リスクに対する危機感の表れともいえたが、積極的な対応が奏功し、金融システムは、当面の小康状態を得ることができた。

しかし、こうした金融支援をめぐる考え方は、EU各国で一致していたわけではなかった。ある国が財政危機に陥った際に

10　Long-Term Reserve Operation.

11　当局ストレステストおよびEBAのストレステストについては第12章「バーゼルⅢと金融規制強化の潮流」参照。

12　2010年のストレステストは対象金融機関91行に対して資本不足行は7行、資本不足額は35億ユーロとされたが、不足額が市場予想を下回ったこと、および個別行名が公表されなかったことから信用不安は解消しなかった。それを受けて2011年のストレステストについては資本不足行の個別名が公表された。

EUによる支援が常態化すると、国民に不人気の緊縮財政を回避して財政規律が緩むという、いわば国としてのモラルハザードを生む誘因となりうる。実際ドイツ等の国内では、PIIGS諸国に対する批判が高まっていた。

4 ソブリンCDS問題

ユーロ危機の過程でクローズアップされたのが、ソブリン債務を対象としたクレジット・デフォルト・スワップ（CDS[13]）、いわゆるソブリンCDSの問題だった。

信用リスクのヘッジ手段としてのCDSは、各国国債を参照債務として活発に取引されており、「ソブリンCDS」と呼ばれていた。たとえば、日本国債がデフォルトするという日本国の信用リスクを回避したいと考える投資家は、日本に対するソブリンCDS取引を取り組むことでリスクヘッジが可能になる。

ギリシャ危機からユーロ危機に至る過程で、投機目的とみられるソブリンCDS取引が目立つようになり、PIIGS諸国だけでなく、ドイツやフランスといった健全な財政状態を堅持した国を含む各国のソブリンCDSスプレッドも乱高下する状況が生まれた（図表14−4参照）。

EU諸国はこれに反発、実際に国債を保有した投資家によるヘッジ目的以外の、投機目的のためにソブリンCDSを「空売り」する取引、いわゆる「ネイキッドショート[14]」取引を禁止

---

13 CDSについては、第11章「リーマンショックとグローバル金融危機の勃発」参照。

することとした。

　2010年5月にドイツで始まったネイキッドソブリンCDS規制は、翌2011年3月にEU全体に広がり、CDSが参照する国債ないしそれと高い相関性がある債券を保有している場合を除いてソブリンCDSの空売りが規制されることとなった。

5　ギリシャ債務のPSIと国債デフォルト

　ギリシャ危機は2012年初頭にかけて新たな局面を迎えた。焦点となったのは、ギリシャの債務削減問題である。EUとIMFの支援プログラムはギリシャの財政緊縮策を条件としたが、これに対してギリシャ国内の世論が二分され、大統領の交代、第二次支援プログラム受入れ可否を問う国民投票を実施するという決定、さらにはその撤回等により、国内政治は混乱した。市場はこうした混乱を嫌気し、ギリシャ国債の価格下落、さらには周縁国の国債や金融機関の格下げが相次ぐ事態となった[15]。

　クローズアップされたのは、ギリシャ国債の元本削減の問題だった。投資家はギリシャの信用リスクを理解したうえで投資を行ったのであり、EUの支援によって国債が満額償還されたのでは、投資家はEUの信用力に「ただ乗り」して、EUの支援の一部が実質的にそれら投資家の利益になってしまう、モラルハザードの問題が発生する[16]。投資家も、損失というかたちで

14　Naked Short. 直訳すると「（国債保有を伴わない）裸の空売り」。
15　2012年2月には米格付機関S&Pが34のイタリアの金融機関を一斉に格下げした。

図表14－4　ソブリンCDSスプレッド推移

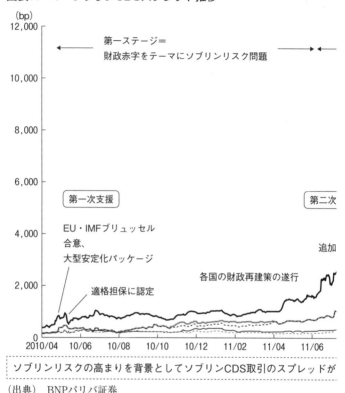

ソブリンリスクの高まりを背景としてソブリンCDS取引のスプレッドが

（出典）　BNPパリバ証券

相応の負担、すなわち償還元本削減に応じるべきである、とい
う考え方が強まり、EUと金融機関を中心とする民間債権団の

16　特に価格が下落したギリシャ国債を底値で買い集めていたヘッジ
　　ファンドが、満額償還を受けることで巨額の利益を得ることに対する反
　　感が強かった。

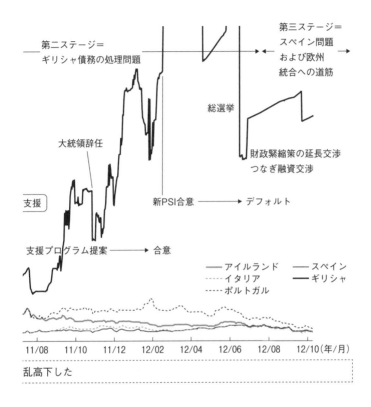

第二ステージ＝
ギリシャ債務の処理問題

第三ステージ＝
スペイン問題
および欧州
統合への道筋

総選挙

大統領辞任

支援

財政緊縮策の延長交渉
つなぎ融資交渉

新PSI合意 ━━━→ デフォルト

支援プログラム提案 ━━━→ 合意

アイルランド　　スペイン
イタリア　　　　ギリシャ
ポルトガル

11/08　　11/10　　11/12　　12/02　　12/04　　12/06　　12/08　　12/10（年/月）

乱高下した

間で交渉が行われた。グローバル金融危機後の業績回復に苦し
んでいた金融機関にとって、ギリシャ向け債権の一部削減は容
易な判断ではない。交渉は難航を極め[17]、債権者全員の同意が

17　民間金融機関の交渉にあたっては、国際金融協会（IIF, Institute of
International Finance）が調整役となった。

むずかしい状況に陥った。

　状況を打開すべく導入されたのが、「集団行動条項[18]」であった。集団行動条項付きの債券は、社債権者のうち一定割合以上[19]の保有者が債券の条件変更に同意すれば、保有者全員の同意がなくても債券全体の条件変更が可能になる。ギリシャは国債発行の根拠となる国内法を改正しギリシャ国債に集団行動条項を導入、さらにそれを遡及適用するとして、少数保有者の反対にかかわらず既存の国債の元本削減を可能とするという荒業を繰り出し少数保有者の反対を押し切ることに成功した[20]。

　次の争点は損失負担率、すなわち元本削減率をいくらにするべきか、という点だった。2011年のギリシャの経済成長率は4年連続マイナス、前年比マイナス5.5％にまで落ち込んだ。国内世論調査では、国民の7割はユーロ圏残留を望んでいるものの、とどまることができると考える人は5割を切っていると報道された。事態は急を要していた。2011年末には元本削減率を50％とする方向性でいったん民間債権者との交渉がまとまりかけたが、2012年に入り想定以上の経済悪化に加え、民間の負担を増やすべきであるとの議論から、元本削減を53.5％とするという方向で交渉が進んだ。元本削減に加えて金利分が入らなくなる機会費用も考慮するとギリシャ国債の民間保有者の実質的

18　Collective Action Clause.
19　一般的には3分の2以上ないし70〜75％以上に設定されることが多い。
20　このときの経験をふまえ、2012年10月に設立されたESMは、2013年以降発行されるEU諸国の国債はすべて集団行動条項を含むこととした。

な負担は73％程度になると考えられた。

　支援を受ける側のギリシャに財政規律をいかに確保させるかも問題となった。これに対しては、追加支援金はギリシャの国庫に入れずに別勘定として経理し、その使途をEUが監視する仕組みを構築した。2012年2月20日、第二次支援合意に向けて行われたユーロ圏財務大臣会合は13時間に及び、記者会見が行われたのは日付が変わった翌21日の午前5時だった。まさに薄氷を踏むような議論であった。

　合意内容に基づいて、金融機関を中心とした民間債権者は、2012年3月9日に53.5％の債権元本削減を含む債権放棄（PSI[21]）を実施した。

　PSIは債務のリストラクチャリングに該当し、この時点でギリシャ国債を参照債務としたCDS取引はデフォルトの扱いとなった。CDSの取引慣行に基づいて3月19日にオークション[22]が行われ、清算価格は21.5％に決定した[23]。ギリシャ国債は利払い日である3月20日の利払いを停止し、デフォルト認定された。

　EUからの支援により、ギリシャは5月に国内の大手4銀行に対して合計180億ユーロの公的資本注入を実施し、国内の金融不安に対応した。6月の総選挙ではEU寄りで緊縮財政を支

21　Private Sector Involvement. 実際の債権放棄はギリシャ国債を、元本を削減した新国債に交換することで行われた。

22　CDS取引のオークションについては、第11章「リーマンショックとグローバル金融危機の勃発」参照。

23　損失率は78.5％（＝100％－21.5％）になる。

援する新民主主義党が勝利し、ギリシャ危機はひとまず遠のいた。2014年には実質GDP成長率がプラスに転じた。

6 その後のギリシャとユーロ危機

　ギリシャの混乱はまだ終わらなかった。2015年1月の総選挙で、厳しい緊縮財政に困窮したギリシャ国民の反発を受けて、反緊縮を訴える急進左派連合のチプラス政権が圧勝したことで空気が一変した。チプラス政権は、EUに対する対抗姿勢を鮮明にし、2月末に期限切れとなるEUの金融支援に対して期限延長を要求、さらに事前相談なくEUの財政緊縮案受入れの可否を国民投票で問うとして、EU側の感情を逆撫でした。

　EUはギリシャ支援の延長を拒否、ギリシャは6月末のIMF債務返済を延滞する事態となった。国内では金融システム不安も高まり、国内銀行は6月29日から営業を停止、証券取引所も取引を停止した[24]。国内経済システムの混乱を引き起こしたチプラス政権は結局EUの要求を受け入れて7月9日に財政緊縮案を提出、EUは厳しい条件を付して、以後実質的にEUの監視下で財政再建を進めることとなった[25]。

　ユーロ危機を背景としたEU各国の緊縮財政の維持がグローバル金融危機後の経済回復に影響を与えたことは否めない。

24　銀行の営業停止は10日間に及んだほか、証券取引所は5週間にわたって取引を停止した。なお、ギリシャ国内の外銀支店は営業継続が認められたが、現金不足等から現金の引落しができない等の問題が発生した。
25　EUによる金融支援プログラムは2018年まで継続した。

2014年の欧州の物価上昇率はマイナスに転じ、ECBはデフレリスクが高まったとして、2014年6月にマイナス金利を導入、さらに2015年1月に量的緩和実施に踏み切った。特に物価の下落幅が大きかったのが、ギリシャ（△2.5％）、スペイン（△1.1％）、キプロス（△1.0％）、ポルトガル、アイルランド（ともに△0.3％）と金融支援国に集中したのは、ユーロ危機と無関係ではなかったといえる（図表14-5、14-6参照）。

7 EU統一金融監督

ユーロ危機をめぐる混乱の一因は、ユーロ参加の収れん条件として各国の財政金融政策に関する条件を打ち出しているものの、そうした政策を決定する国家主権は各国にあり、EUは強制力をもたない、という点であった。その結果として欧州単一通貨としてのユーロは、国としてのモラルハザードや、EUの支援に対するモラルハザード発生という火種を抱えながら運営されていたのである。この点はユーロ成立時点から指摘されていたことであり、ユーロ危機で関係者の懸念が現実のこととなったわけである。

さらに問題に拍車をかけたのは、域内金融機関の運営のむずかしさだった。ギリシャ国内の金融機関の経営が信用不安の発生で困難になった場合、国民はギリシャ国内に支店を置くEU域内の外国銀行の口座に預金を移せば銀行の破綻リスクを回避することができた。結果として、重債務国の銀行からは預金の流出が加速して金融不安が加速した[26]。

図表14－5　米国・欧州の景気判断

	米国	欧州
2008年	景気は後退している	景気は後退している
2009年	引き続き深刻な状況にあるが、政策効果もあり、景気は緩やかに持ち直している	引き続き深刻な状況にあるが、政策効果もあり、景気は下げ止まっている
2010年	下押し要因が依然としてあるものの、政策効果もあり、景気は緩やかに回復している	景気は総じて持ち直しているものの、国ごとのばらつきが大きい。ドイツは緩やかに回復している
2011年	弱い景気回復になっている	景気は持ち直しのテンポが緩やかになっている。ドイツでは、緩やかな回復となっている。フランスや英国では、足踏み状態にある
2012年	景気は弱めの回復テンポが続いているが、このところ底堅さもみられる	景気は弱含んでいる。ドイツでは緩やかな持ち直しの動きが続いている
2013年	景気は緩やかに回復している	景気は依然弱さが残るものの、持ち直しの兆しがみられる。ドイツおよび英国では持ち直している
2014年	景気は回復している	ユーロ圏では景気が持ち直しの動きが続いている
2015年	景気は回復が続いている	ユーロ圏では景気が緩やかに回復している

> グローバル金融危機後に続く緊縮財政の実施により、欧州の経済回復は影響を受けた

（出典）　通商白書2017年版

図表14－6　ギリシャ危機・ユーロ危機系譜

年月	発生事象
2009年10月	ギリシャ新政権、財政統計の間違いを指摘。大幅な財政赤字を露呈
2010年5月	EU・IMF、ギリシャ向け第一次支援プログラム（1,100億ユーロ）合意
5月	ドイツソブリンネイキッドCDS空売り規制
6月	Moodys、ギリシャ格付けをA3からBa1に格下げ
7月	EBA、EU加盟国の銀行を対象にストレステストを実施
8月	欧州金融安定ファシリティ（EFSF）危機対応資金5,000億ユーロ設定
11月	EU・IMF、アイルランド向け支援プログラム（850億ユーロ）実施決定
2011年3月	EUネイキッドCDS空売り規制決議
3月	Moodys、ギリシャ格付けをBに格下げ
5月	EU・IMF、ポルトガル支援プログラム（780億ユーロ）実施決定
7月	EU・IMF、ギリシャ向け第二次支援プログラム（1,300億ユーロ）合意
7月	EBA、EU加盟国の銀行を対象に第二回ストレステストを実施
11月	EUネイキッドCDS原則禁止法案成立
12月	ECB、LTRO（Long-Term Reserve Operation）導入。適格担保要件を条件に金融機関に3年間の資金を1％の低利で供給
12月	EBA、2011年7月実施の個別行ストレステスト結果を公表、資本不足行に対し2012年1月までに資本増強計画の作成義務づけ
2012年3月9日	ギリシャPSI、53.5％の元本削減合意～CDSテクニカルデフォルト
3月19日	ギリシャCDSオークション。清算価格は21.5％に決定
3月20日	ギリシャ国債利払い停止

10月	欧州安定メカニズム（ESM）設立。基金規模を7,000億ユーロに拡大
12月	ECBが域内の大手銀行を一元的に監督することを合意（2014年実施）
2013年4月	EU、キプロスに対して支援プログラム（100億ユーロ）実施決定
12月	EUベースの破綻処理委員会と破綻処理基金の創設合意
2014年	ギリシャの実質GDP成長率プラスに
2015年1月	ギリシャ総選挙で反緊縮を唱える急進左派連合勝利。チプラス新政権は2月末期限のギリシャ支援延長要求（EUは拒否）
6月29日	ギリシャ、国内銀行の営業停止、証券取引所取引停止
7月9日	ギリシャ、一転EUの財政改革案受入れ
2018年	EUのギリシャ金融支援プログラム終了

ギリシャの財政問題に端を発したギリシャ危機・ユーロ危機は2015年7月にチプラス政権がEUの要求を受け入れたことで収束に向かった

（出典）　新聞報道等より筆者作成

　EU域内の銀行監督の問題は、グローバル金融危機時に域内で広く業務を展開する銀行の破綻処理問題に端を発しており、2009年から議論は行われていたが、ギリシャ支援問題を契機に域内の金融監督統一化の議論が急速に進んだ。議論の焦点となったのは、①銀行監督、②銀行破綻処理、③預金保険、の3点である。

　まず銀行監督については、2012年11月に、ECBが域内の大手銀行の銀行監督を担当し、各国の監督当局は国内の中小銀行

26　こうした事象は、ギリシャだけでなく、PIIGS各国でみられた。

の監督を担当することで合意、2014年から実施された。さらに2013年12月にはEUベースの破綻処理委員会と基金を創設することを合意し、破綻処理についても一元化することで合意した。預金保険制度の一元化については、合意には至らなかったものの、域内大手銀行を中心に銀行監督と破綻処理の一元化が進んだことは、大きな前進ととらえられ、金融行政の統一を目指す動きは「銀行同盟」と呼ばれた。

金融監督行政の統一化の動きと、ESMによる金融安定化メカニズムの枠組みは、いわば平時と危機時の金融行政と考えられ、EUにおいては、その双方において、グローバル金融危機からユーロ危機に至る経験を生かす取組みが進んだ。

8 金融リスク管理への影響

ユーロ危機は、国際金融において古典的なリスクの1つであるソブリンリスクの重要性を再認識させた。特にユーロ危機においては、ソブリンCDS取引が新たなリスク要素として加わり、市場の乱高下に拍車をかけた。民間銀行の債務削減負担は53.5%で決着したが、前述のように金利の未収入分を加えた実質的な損失負担は73%程度に当たるとされ、ギリシャCDSのオークションによる損失率78.5%に近い値に収まったことになる。市場で形成された損失率と、政治交渉による債務削減率が大きく乖離しなかったことは、その後のソブリンリスクの管理において市場の動きをより重視する契機となった。

また、ユーロ危機はソブリンリスクと金融システムのリスク

が密接に連関していることを再認識させた。PIIGS諸国において、国内の経済状況がソブリンリスクと金融機関リスクの双方に影響を与えたことは、これらのリスク管理を関連づけて行う必要性を認識させた。

　ユーロ危機は、財政主権を異にする国々が単一の通貨を共有することのむずかしさを露呈した。この点は、ユーロ圏の経済や金融資本市場のリスク管理を行う際に付きまとう問題として常に頭に置く必要があろう。

　しかし、市場が「ユーロ瓦解」をはやし立て、内外の政治的圧力があったにもかかわらず、欧州統一通貨ユーロは土俵際で踏みとどまって存続した[27]。それは、ユーロの統一を守ろうとするEUの結束が、それを崩そうとする市場の圧力に打ち克ったと言い換えてもいいだろう。

目撃者のコラム

　2004年4月、まだ寒さが残る上海に出張した。目的はIIF、国際金融協会が主催したアジアCROフォーラムという国際会議への出席だった。空港から市内に向かう高速道路には荷台に労働者を満載した軍用トラックが走り、市内は無数の自転車がベルを鳴らしている時代だった。

　IIFは、もともとは1980年代の中南米債務危機を契機に組織された世界の銀行による業界団体だが、2000年代に入ってからは、バーゼルⅡの議論における民間銀行の意見集約に活動の中

27　ドイツ国内ではギリシャ支援を主張するメルケル首相（当時）に対して与党議員の20％が造反したとされる。

心を移していた。会員銀行の会費で運営されるIIFにとって世界の有力銀行を会員に加えることは重要なマーケティング活動であり、今回の会議も、当時存在が大きくなりつつあった中国の銀行を会員に誘うことが主目的のように思えた。そんな印象をもったのは、国際会議といいながら会議は夜に行われたディナーのみであり、そこには非会員ながら名だたる中国の大銀行のトップが招かれ、意見交換というよりもIIFの活動紹介というべきプレゼンテーションが中心だったためである。

　3時間にわたるディナー会議が終わった後、IIFのトップである専務理事のチャールズ・ダラーラ氏と2人でワインを片手に雑談した。IIFのスタッフと中国の銀行関係者以外は、日本人が1人（小職）いるだけという相対的な親近感があったのかもしれない。ブッシュ（父）、レーガンの両政権時代に米財務省の要職に就いていたダラーラ氏は、国際金融、グローバル金融機関に期待する想いを熱く語ってくれた。そのなかで邦銀の活躍に期待していたこと、それが日本のバブル崩壊もあり、（彼からすると）期待外れに終わったことなど、「問わず語り」のように2時間近くも話しこんだ。「米国のエリートは現役から引退しても元気だな」、と眠い目をこすりながら、まだ吐く息が白い深夜のホテルに戻った記憶がある。

　その後ダラーラ氏とIIFの国際会議で会うことは減ったが、久しぶりに彼の姿をみたのは、2012年2月、テレビに映された報道ニュース番組の画像を通じてだった。2012年2月、ギリシャ危機における民間金融機関の債務削減交渉は、前年暮れに合意を取り付けたはずの50％の債務削減案に対して土壇場で民間側の負担増が持ち出されたこともあり、民間金融機関側の反発も強かった。交渉は予断を許さなかった。そうしたなかで、民間銀行側の調整役として米国とEU、ギリシャの間を飛び回っていたのは、外ならぬダラーラ氏だった。ぎりぎりの妥協

案として53.5%の債務削減案をまとめ上げるにあたって、調整役となったダラーラ氏の力量は大きかった。現役引退などという表現は当たらない八面六臂の活躍だった。さかのぼること8年前、上海シャングリ・ラ・ホテルの薄暗いラウンジで国際金融に対する熱い想いを語っていたダラーラ氏がすぐ目の前にいるように思い出された。

〈参考資料〉

「通商白書」、2012年版、2013年版、2016年版、2017年版、経済産業省

「日本EU学会年報―ユーロ危機とソブリンリスクに関する金融市場からの考察」、中空麻奈、2013年

「日銀レビュー―ソブリンCDS：市場の現状と変動要因について」、篠潤之介・高橋耕史、2010年4月

第 **3** 編

新時代における
金融リスク管理の展開

第 15 章

アルゴリズム取引・HFT取引と 「フラッシュ・クラッシュ」 【2010年】

> **■本章のポイント■**
>
> 　2010年5月、米国株式市場で、数百の銘柄がわずか10分の間に急落し、その後急回復を示した。フラッシュ・クラッシュ（一瞬の市場クラッシュ）と呼ばれたこの乱高下は、アルゴリズム取引と呼ばれるプログラム売買を要因として起こったものだが、HFT取引と呼ばれる高頻度取引が一般的となった株式市場取引における市場リスク管理やシステムリスク管理に、新たな課題を投げかけることとなった。

1　「フラッシュ・クラッシュ」

　2010年5月6日、米国株式市場で異変があった。数百もの株式の価格が突然急落し、その後急反発したのである。なかにはほとんどゼロに近い価格で取引されたケースがみられた一方、異常な高値で取引が成立したケースもみられた[1]。その間ほんの10分の出来事であった。

　市場は、この出来事を「フラッシュ・クラッシュ[2]」、すなわち一瞬の閃光のような市場クラッシュと呼んだ。21世紀の新しいタイプの市場リスクの誕生であった。

1　その後の取引所の精査の結果、後述するスタブ・クオートに関連する取引を中心に、326銘柄、約2万件を超える取引が無効であるとしてキャンセルされている。
2　Flash Crash.

そもそもアルゴリズムとは、数学やコンピューティングにおいて、問題を解くための手順を定式化したかたちで表現したものをいう。特にコンピュータを使って特定の処理を行わせる場合、一定の条件に合致した場合には、このようなプロセスを経るといった、いわゆるフローチャートを作成して処理を行わせる必要があり、その手順がアルゴリズムである。

このアルゴリズムを市場取引に応用したものがアルゴリズム取引である。たとえば株式のアルゴリズム取引では、コンピュータシステムが株価や出来高などの動きに対応した一定の数理モデルに従って自動的に株式売買の発注量やタイミングを判断し、株式の売買注文を行うことになる。その意味でアルゴリズム取引は、前にみてきたプログラム・トレーディングやシステム売買と本質的に同じものであると考えられる[3]。

アルゴリズム取引はさまざまな動機で行われるが、その最も大きなものは市場インパクトの回避である。市場で通常やりとりされている取引規模を超えた発注を行った場合にその注文自体が市場価格を動かしてしまい、投資家が思っていた価格で売買ができずに損失を計上してしまうケースがある[4]。このように自らの売買注文が市場価格に影響を与えるケースを、市場インパクトがあると呼ぶ。たとえば、企業年金等の大手機関投資

---

3 第2章「ブラックマンデー」参照。
4 第7章「ヘッジファンドLTCM破綻」参照。

家が保有するポートフォリオの入替えを行う際などは、ポートフォリオが巨大であるがゆえに、その入替取引も市場の規模に比して過大なものになってしまい、市場インパクトが発生してしまうことになる。

こうした市場インパクトの影響を避けるために、市場価格に影響を与えない発注量と発注頻度を分析して、いわば取引を小分けにしてコンピュータが売買発注を自動で行い、市場インパクトを生じさせずに、かつ最短の時間で売買執行を完了するために開発されたのがアルゴリズム取引である。たとえば、一定の金額の発注を行いたい場合に、直前5分間の取引量の1%を超えない金額に分割してコンピュータが自動発注を行い、当初思っていた金額の売買が完了したところで売買プログラムを終了させるといったようなプログラムが設定される。

しかし発注を小分けにして行うという場合、頻繁に売買が成立しなければ売買が完了するのに時間がかかってしまい、当初思っていた取引量が売買できない、あるいはその間の市場価格の上げ下げにさらされる可能性がある。市場インパクトを生じさせない取引額と取引回数（ないし取引頻度）の間にジレンマが生じてしまうわけである。こうした悩みに取引所の側が対応したのが、高速で高頻度の取引、いわゆる「High-Frequency Trading（HFT取引）」である。

従来取引所の取引は、何分の1秒で売買注文を突き合わせていたが、IT技術の進展によって、この執行時間を大幅に短縮することが可能となった。HFT取引のプラットフォームでは、

大量の売買注文をミリ秒（1,000分の1秒）から、マイクロ秒（100万分の1秒）の単位で処理することが可能となった。これにより、取引を小分けにして高速・高頻度で行うことで、市場インパクトを避けながら、多額の売買執行を円滑かつ迅速に行うという機関投資家のニーズを満たすことができるわけである。各取引所は、大手機関投資家を自らの市場に引きつけるべく、争うようにインフラ基盤整備を強化、顧客に提供できる発注スピードを高め、HFT取引のサービスを提供することとなった[5]。

すでに米国の株式取引の多くはHFT取引にシフトしており、HFT取引が取引量の大半を占めるとされている。

しかし、第2章でもみたとおり、コンピュータ・プログラムによる取引は、市場における取引が安定している場合に機能するのであり、その前提が崩れた場合に思いもよらない結果を生む危険性がある。それが一気に噴出したのがフラッシュ・クラッシュの10分間であった。

3 2010年5月6日

2010年春は、ギリシャにおける債務危機情勢から、欧州債券市場の緊張が高まっていた[6]。5月6日の株式市場も朝から神

---

5 2021年現在（および2012年当時）における世界の主要取引所の売買システムの注文スピードは、東証が0.2ミリ秒（1ミリ秒）、ニューヨークが0.35ミリ秒（0.9ミリ秒）、ロンドンが0.125ミリ秒（同）、シンガポールが0.06ミリ秒（0.09ミリ秒）となっている。

6 第14章「ユーロ危機」参照。

経質な動きを示していた。その日の午後2時以降の動きについて、米国証券取引委員会（SEC）と米国商品先物取引委員会（CFTC）の共同調査報告書[7]から追ってみることとする。

● 午後2時半までに、S&P500のボラティリティ指数（VIX）は、この日の市場が始まってから22.5%上昇した。「質への逃避」の動きから、米国国債の利回りが低下し、ダウ平均指数は約2.5%下落していた。市場ではボラティリティが高まり、電子株式先物市場の中心売買銘柄である、E-Mini S&P500先物（以下「E-Mini」）とS&P500 exchange traded fund（以下「SPY」）の流動性が低下していた。

● 午後2時32分、大手ミューチュアル・ファンドであるワデル＆リード社のトレーダー（以下「トレーダーA」）が、既存の株式ポジションのヘッジとして、E-Mini 7万5,000契約、金額にして41億ドル（約3,700億円）にのぼる大きな売り注文を、アルゴリズムプログラム（売りアルゴリズム）に基づいてプログラミング実行した。売りアルゴリズムの内容は、直前1分間のE-Mini取引高の9%に当たる取引を執行するというものであった[8]。この売りプログラムに対して市場のHFTトレーダーと機関投資家およびアービトラージャーが

---

7 "Findings Regarding the Market Events of May 6, 2010", U.S. Security Exchange Commission & U.S. Commodity Futures Trading Commission, 2010.

8 この際に、トレーダーは注文が成約する価格の範囲と注文を続ける時間帯について制約を設けておらず、これが、異常な価格での取引成約やその後も取引を続けてしまった要因になったとの批判を受けた。

買いを入れることで約定が進んだ。

●その後、午後2時44分にかけて、上記トレーダーAの売り注文に対して買いに回ったHFTトレーダーが、自らのポジションカバーのために売り発注を実施した。これにトレーダーAの売りアルゴリズムが反応し、電子取引参加者の間の取引が増幅するかたちで取引量・スピードが急速に拡大した。この時点で他の一般の機関投資家とアービトラージャーは、あまりに急な市場の動きに取引を行うことができず、市場はHFTトレーダー同士の打合いの様相を呈した。

●これら取引の結果として、午後2時41分〜2時44分の間に、E−Miniは3％下落した。ここでアービトラージャーが、E−Mini買い、原株式売りを実施したことから、株式バスケットに相当するETF商品であるSPYの価格が3％下落した。この間、HFTトレーダー間の売り買いはさらに加速した。

●午後2時45分13秒〜同27秒のわずか14秒の間に、HFT取引は、通常の1日当り取引量のほぼ半分に当たる2万7,000契約を成約させた[9]。他の市場参加者が傍観することで流動性が低下したことから、E−Mini価格は、この15秒の間で1.7％下落した。値動きが速すぎて、この間、他の機関投資家やアービトラージャーは売買注文を行うことができず、市場に流動性を供給することができなかった（図表15−2参照）。

●なお、午後2時45分の時点で、市場に流動性を供給すべき多

9　図表15−1参照。

図表15−1 2010年5月6日における、E−Mini（後述）先物取引の価格推移と取引量

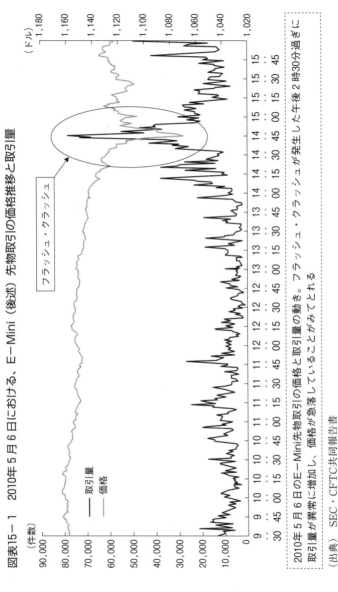

フラッシュ・クラッシュ

2010年5月6日のE−Mini先物取引の価格と取引量の動き。フラッシュ・クラッシュが発生した午後2時30分過ぎに取引量が異常に増加し、価格が急落していることがみてとれる

（出典）　SEC・CFTC共同報告書

くの機関投資家のトレーディングシステムは、急激な市場の
動きに対して自動停止していた（図表15－3参照）。

●結果として、午後2時41分〜同45分27秒の間に、E－Miniは
　5％下落、SPYは6％下落した。

●午後2時45分28秒、取引所において価格の暴落を防ぐ機能が
　作動し、E－Mini取引が5秒間停止された。この間に売り圧
　力が緩み、買い取引が回復した。

●午後2時45分33秒、取引が再開され、価格は安定化した。
　E－Mini、SPYとも価格は上昇した。一方、トレーダーAの
　売りアルゴリズムは、午後2時51分までプログラムを実行し
　ていた。

●個別株式の市場においては、午後2時40分〜3時にかけて、
　約20億株、560億ドル（約5兆1,000億円）相当の取引が成立。
　そのうち、98％は、午後2時40分の時点の株価の上下10％以
　内の価格で取引が成立したが、一部の銘柄は1セント以下の
　安値で取引が成立する一方、10万ドル近い異常な価格で取引
　が成立した銘柄が存在した[10]。

●午後3時には、ほとんどの銘柄が適切な価格に回復した。

　以上の経緯を振り返ると、HFT取引によるフラッシュ・ク
ラッシュの異常さは際立っている。14秒間で2万7,000件とい
う出来高のなかでは、人間だけでなく、多くの市場参加者のト
レーディングシステムですら異常な取引を傍観するしかなかっ

10　その後、2時40分〜3時の間で、直前の価格から60％以上かい離した
　　価格で成立した326銘柄、約2万件の取引は強制的にキャンセルされた。

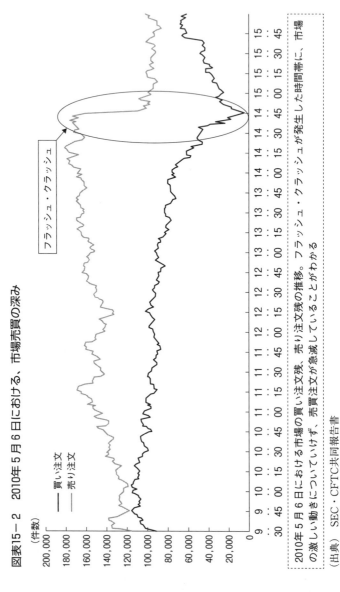

図表15-2 2010年5月6日における、市場売買の深み

2010年5月6日における市場の買い注文残、売り注文残の推移。フラッシュ・クラッシュが発生した時間帯に、市場の激しい動きについていけず、売買注文が急減していることがわかる

（出典） SEC・CFTC共同報告書

図表15－3　2010年5月6日14時40分〜45分のE−Mini市場の買い注文残高推移

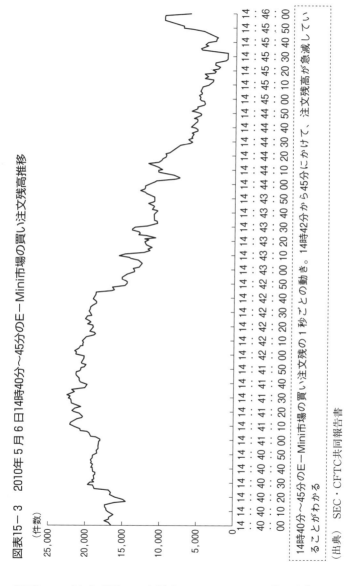

14時40分〜45分のE−Mini市場の買い注文残の1秒ごとの動き。14時42分から45分にかけて、注文残高が急減していることがわかる

（出典）　SEC・CFTC共同報告書

図表15-4　フラッシュ・クラッシュ時系列

時間 （米国東部時間）	出来事
〜午後2時半	S&P500のボラティリティ指数（VIX）22.5%上昇、ダウ平均株式指数約2.5%下落
午後2時32分	ワデル＆リードのトレーダー、E-Mini 7万5,000契約、金額にして41億ドルの売りアルゴリズムのプログラミング実行
〜午後2時44分	ワデル＆リードの売り注文に対して買いに回ったHFTトレーダーが、自らのポジションカバーのために株式売り発注を実施。これに、ワデル＆リード売りプログラムが反応し、取引が増幅するかたちで取引量・スピードが急速に拡大
午後2時41分〜2時44分	E-Miniは3％下落。アービトラージャーの原株式売りから株式バスケットに相当するETF商品であるSPYの価格が3％下落
午後2時45分13秒〜同27秒	この間13秒で通常の1日当り取引量のほぼ半分に当たる2万7,000契約を成約、E-Mini価格は1.7%下落
午後2時45分28秒	取引所において価格の暴落を防ぐ機能が作動し、E-Mini取引が5秒間停止された。この間に、売り圧力が緩み、買い取引が回復
午後2時45分33秒	取引再開。取引は回復し、E-Mini、SPYとも価格は上昇
午後2時51分	ワデル＆リードの41億ドルの売りアルゴリズム取引完了
午後2時40分〜3時	個別株市場では、2時40分から3時にかけて、約20億株、560億ドル（約5兆1,000億円）

	個別株市場では、2時40分から3時にかけて、約20億株、560億ドル（約5兆1,000億円）相当の取引が成立。そのうち一部の銘柄は、1セント以下の安値ないし10万ドル近い異常な価格で取引が成立（これら取引は後にキャンセル扱いとされた）
午後3時	ほとんどの銘柄が適切な価格を回復

2010年5月6日の不安定な市場のもとで発生したフラッシュ・クラッシュは、13秒の間に1日の平均取引のほぼ半分に当たる取引を消化し、市場の乱高下をもたらした

（出典）　SEC・CFTC共同報告書より筆者作成

たのである（図表15-4参照）。

4　スタブ・クオート

　しかし、取引が高速で執行されるだけであれば、ゼロに近い価格や法外な高値の取引というものが発生する必然性はないといえる。ここで問題になったのは、「スタブ・クオート」と呼ばれる米国における取引慣行であった。

　取引所に「マーケットメーカー」として登録した会員証券会社は、自らが「マーケットメーク（＝値付け）」を行うと登録した株式銘柄について、売り買い両方の呼び値を行う[11]義務が課されている。たとえば、IBMの株式のマーケットメークを行う会員証券会社は、IBMの株式をいくらで買い、いくらで売る

11　「クオートする（＝quote）」と呼ばれる。

という価格提示を同時に行うことで、売り注文に対しても買い注文に対しても取引を執行する責任を負うわけである。マーケットメーカーが売り買い両方の呼び値をクオートして流動性を供給することを保証することにより、IBM株の投資家は安心して売り買いを行うことができるという市場の流動性をアピールすることができるわけである。

　しかし、マーケットメーカーが常に売り買い両方の取引をしたいわけではない。市場の動きが一方向に偏ったときや市場が乱高下したときなどに、売り買い両方の価格を提示することは思わぬポジションを抱え込むリスクにさらされることになりかねない。こうした場合にマーケットメーカーは、明らかに執行されないような価格を提示することで、売り買い両方の価格を提示するという義務は形式的に満たしながら、思わぬポジションを抱え込むリスクを回避してきた。こうして提示された呼び値が「スタブ・クオート」と呼ばれる取引慣行である。すなわち、ポジションを買い増したくないマーケットメーカーは、呼び値の買い価格を極端に低い値段（たとえば1株0.01セント）でクオートすることで取引が成立しないようにし、ポジションを売りたくないマーケットメーカーは、呼び値の売り価格を極端に高い値段（たとえば1株10万ドル）でクオートすることでマーケットメーカーとしての義務は果たしながら、意図せざるポジションテイクを避けてきたわけである。

　このように本来スタブ・クオートは、取引を「成立させない」ことを目的とした価格提示であるから、マーケットメー

カーの側からすると、スタブ・クオートで提示した価格で取引が執行されるとは思ってもいないところである。ところが、フラッシュ・クラッシュでは、アルゴリズム取引に基づく多くのストップロス注文が、本来取引が成立しないはずのこれらのスタブ・クオートの価格提示を拾ってしまい、スタブ・クオートによる異常な価格での取引が成立してしまったわけである。

　マーケットメーカーがクオートする価格は、最低0.01セント、最高は10万ドルを上限とするというルールがある。そのため、フラッシュ・クラッシュの間では、多くの取引が、0.01セントや10万ドルで取引約定されてしまったのである。

5　市場の対応

　フラッシュ・クラッシュは市場関係者に大きな問題を投げかけた。SECとCFTCによる共同調査報告書はフラッシュ・クラッシュの教訓として、市場にストレスがかかった状況においてアルゴリズム取引による大きな売り発注がなされると、極端な価格の動きを引き起こす可能性があり、流動性の低下や市場の混乱を引き起こす可能性があるとした。さらに、複数の市場参加者が市場から同時に撤退すると市場の流動性が極端に低下する可能性についても指摘した。その一方で、市場がこうした状況に陥った場合にいったん市場の動きを止めることで、参加者がトレーディング戦略を見直したりアルゴリズム取引の設定内容を変更する時間の余裕を与えることができ、市場機能を復活させるのに有効であると結論づけた。

こうしたことを受けて、SECは翌2011年6月、S&P500指数の構成銘柄の個別株式に対するサーキット・ブレーカー制度を導入した。ブラックマンデーの経験から株価指数先物取引についてのサーキット・ブレーカー制度が導入されたことは第2章で示したとおりだが、ここで導入された個別株式についてのサーキット・ブレーカー制度は、直前5分間で10％以上の価格変化があった株式について5分間取引を中断する、というものである。SECは同年9月、ラッセル1000指数の構成銘柄と一部のETFにもサーキット・ブレーカー制度を適用することとした。これらの施策は、市場が異常な動きを示すフラッシュ・クラッシュを未然に防止する手だてとして一定の効果があると考えることができる。

　しかしフラッシュ・クラッシュの2年後、市場は再び冷水を浴びせられることになる。2012年8月1日、ニューヨーク証券取引所に上場する約150銘柄の株価が乱高下を示し、ニューヨーク証券取引所はこのうち6銘柄に係る取引の一部をキャンセルした。乱高下の原因は、米国の証券電子取引仲介大手のナイト・キャピタル証券が大量の買い取引を誤って発注してしまったことであった。ナイト・キャピタル証券はこの誤発注取引によって、わずか45分間で4億4,000万ドル（約340億円）の損失を被った。ナイト・キャピタル証券の株価は急落し、最終的には経営権も引き渡すこととなった。

　ナイト・キャピタル証券のケースは単純な誤発注であったが、HFT取引において一度プログラミングを間違えた場合や

システム障害が発生した場合に思いもよらない損失が発生し、場合によっては市場全体を巻き込んでしまうリスクがあることが再認識された[12]。

一瞬の閃光のような市場クラッシュはその後も続いた。フラッシュ・クラッシュは、より一般的に、「フラッシュ・イベント[13]」と呼び名を変え、株式市場だけではなく、より広範な市場で見られるようになった。

2014年10月15日、世界で最も取引量が多く、最も流動性が高いとされる米国国債、いわゆるトレジャリー市場をフラッシュ・イベントが襲った。この日の市場では、午前4時に2.20%だった米国10年国債利回りは午前9時29分に2.16%をつけた後、9時39分までの10分間に1.86%に急低下、その後11時11分までに2.06%に急上昇した。結局その日の取引終了時は当日開始時に比べて0.06%差の2.14%で引けたが、世界一の流動性を誇る米国国債市場において、日中に2.16%から1.86%まで0.30%の金利乱高下を示した動きは関係者に大きな衝撃を与えた（図表15−5参照）。

株式市場、債券市場に続いて、為替市場でも「フラッシュ・イベント」が発生した。2015年3月18日、午後4時〜4時6分のわずか6分間に欧州通貨のユーロは米ドルに対して1.5%上昇、その後4時10分までのわずか4分間に、ユーロは米ドルに

---

12 その後も、HFT取引の規制強化についての議論が米国議会を中心に行われているが議論は決着していない。

13 Flash Event.

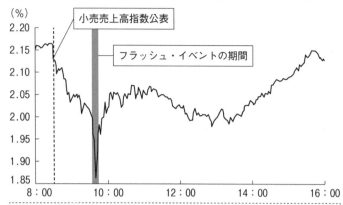

図表15－5　2014年10月15日の米国10年国債市場の利回り推移

世界で最も取引量が多い米国国債市場で2014年10月15日に発生した「フラッシュ・イベント」は関係者に衝撃を与えた

（出典）　米財務省

対して１％下落した。直前６分間における急上昇をおおむねはき出したことになる。

　このような「フラッシュ・イベント」とHFT取引の直接の因果関係は究明できていない。しかし、関連市場取引の流動性の低下がフラッシュ・イベントの発生につながっているとの指摘が多くの関係者からなされている[14]。

　HFT取引については市場の公平性の観点からの疑念も生じ

14　"Introduction to a Series on Market Liquidity" Liberty Street Economics, Aug 2015. 第12章で記載された金融規制の強化が、市場の参加者減少をもたらし、市場の流動性低下の一因になっている、との分析もなされている。

ている。2014年に発表された「フラッシュ・ボーイズ」では、投資家が取引所に対して発信した株式発注注文に対して、それを受けた投資銀行やヘッジファンドが、自らの取引をより距離の短い光通信ケーブルを通じて発注することで「先回り」して売り買いし、より有利な取引を実現する様が示された[15]。

　たとえば、株式市場にある株式が売りに出ているのをみて、ある投資家が買い注文を入れたとする。それを察知した業者がより速い注文で先回りして株式をさらってしまうと、投資家が買おうと思った株式はすでに市場にはなく、この投資家は買うことができなくなる。その後この投資家が、先回りして買いつけた業者からその株式を少しでも高い価格で買った場合には、業者は「先回り」による利益を得ることができる。自ら投資して取引所との間に、より近くより速い通信インフラを設置して、より有利な取引を実現することは資本主義の原理からすると競争原理にかなっているかもしれないが、市場参加者の間に不公平が生じているのではないか、あるいはそこに不公正取引は存在しないのか[16]。HFT取引をめぐるやりとりは、いまだ

15　スプレッド・ネットワークス社は、2010年にニューヨークとシカゴの間に直線の光ファイバーを敷設し、15ミリ秒から17ミリ秒かかっていた両市の取引所間の通信に対して13ミリ秒による通信を実現、市場間の連携を「先回り」することで巨額の利益をあげた。このプロジェクトは後に「ハミングバード・プロジェクト」として映画化された。

16　2013年1月には、米エネルギー情報局が天然ガスレポートを発表する400ミリ秒前に天然ガス先物売りが急増、情報の事前漏えいが疑われたほか、同年6月には米サプライマネジメント協会が発表した製造業景況感指数をHFT取引トレーダーが15ミリ秒早く入手して事前に売買を実行したとの疑いも示された。

続いている。

6 フラッシュ・クラッシュが金融リスク管理に与える影響

アルゴリズム取引とHFT取引は、金融リスク管理に対しても新たな課題を突きつけている。マイクロ秒単位で執行されるトレーディング活動やトレーディング・ポジションに対して、金融リスク管理はどのように対処すべきかという課題である。そのなかには、市場や自社のアルゴリズムの設定ミスに対してどのように対処すべきかという、オペレーショナルリスク管理としての課題も含まれている。アルゴリズム取引に対するリスク管理上の対応には、主に事前管理と事後の事象対応の大きく2つの方向性が考えられる。

事前の管理はシステムリスクを軽減するものであり、システムおよびプログラムの内容を検証するとともにシステムテストを繰り返し、アルゴリズムに誤りがないことを確保することである。いわば「転ばぬ先の杖」に当たる。ここではシステムリスク管理を行う基準としてのテスト方法に従い、システムバグの検出とその排除を行うことになる。

しかし、どれだけテストを繰り返してもシステムバグをゼロにすることはできない。あるいはプログラミングの際に想定していなかった市場の異常な動きが発生した場合には、アルゴリズム取引が暴走するリスクは排除しえない。リスク管理上はこうしたリスクが発生した際の事後の管理体制を整備しておくこ

とが必要である。仮にアルゴリズムが暴走した場合、取引その
ものが「目にもとまらぬ速さ」で行われている以上、そのリス
クを目視で管理することはほぼ不可能である。したがってアル
ゴリズム取引とHFT取引に対しては、リスク管理自体もアル
ゴリズム化する必要がある。たとえばアルゴリズム取引に基づ
くトレーディング・ポジションが一定の規模やリスク量を超え
た場合には、いったん強制的に取引を中止させるというルール
を組み込むことが考えられる。また専属のリスクマネジャーを
配属して、こうしたトレーディング・ポジションを常時監視さ
せて、ポジションが異常な動きを示した場合には取引をいった
ん中断させるというルールを定めることも行われる。この場合
も「異常な動き」の判断には、取引規模やリスク量などの客観
的な基準を置く必要がある。

　アルゴリズム取引やHFT取引に係るリスク管理アプローチ
は、市場リスク管理であるとともにアルゴリズム取引をかたち
づくるシステムのリスクに対するオペレーショナルリスク管理
であると考えることができる。それは、目視では追い切れない
取引がシステムや市場の想定を超えて暴走するリスクを抑止す
るという、従来の金融リスク管理とは異なったものとなるので
ある。

目撃者のコラム

　本書を当初に刊行した2013年には、フラッシュ・クラッシュ

自体を本書で初めて聞いた、という感想が多かった。しかしながら、その後の展開は、それ自身が「高速化」しているといえなくもない。

　ソロモン・ブラザーズ証券[17]の市場リスクマネジメントのヘッドであった、リチャード・ブックステーバーは、2008年に出版した著書『市場リスク　暴落は必然か[18]』で、以下のように述べている。

●最近みられる市場の機能不全の多くは複雑性に起因しているが、これにプロセスの構成要素同士が強く依存しあっている「密結合」という状況が加わることで、事故は「ノーマル・アクシデント」すなわち「起こるべくして起こる事故」になる。

●その状態では、リスクをコントロールしようとする取組みが結果的に流動性危機を生み出してしまうことになる。

●執行スピードはかつてなく速まり、それまでは独立していたプロセスが結合し、すでに数が減少した金融機関の間で取引が行われている結果として、トレーディングリスクを吸収したり緩和したりする能力が低下している。

●ノーマル・アクシデントが発生したときに、規制を強めることで再発を防ぐことは可能だが、システムの複雑性がすでにノーマル・アクシデントが頻発するようなレベルにある場合には、規制を次々に加えていくと複雑性や不明瞭さが逆に高まるため、コントロールを強化しても問題には対処しきれない。

●流動性が本当に求められる状況下では、レバレッジを正当化するはずの流動性は消失し、負のスパイラルに陥って危

17　ソロモン・ブラザーズ証券については、第7章「ヘッジファンド LTCM破綻」参照。

18　"A Damon of Our Own Design".

機へと突入する。

●複雑性を増大させて、その影響に規制で対処しようとするのではなく、複雑性の源泉を制御すべきである。さらに密結合を減らす最も簡単な方法は、市場活動のスピードを遅くすることである。

氏の指摘のほとんどすべてが、その3年後に発生したフラッシュ・クラッシュに当てはまることに驚かされる。まるで、タイムマシーンで3年後のフラッシュ・クラッシュを目撃していたようである[19]。

2015年4月21日、英国の個人トレーダー、ナビンダー・シン・サラオ（以下「ナビンダー」）が拘束された。罪状はインターネット経由で、約定する意図のない指値注文を大量に行って取引成約直前に取り消す「スプーフィング（見せ玉）」を繰り返すことで相場操縦を行い、2010年5月6日の「フラッシュ・クラッシュ」に関与したというものだった。マスコミは「たった1人で株式市場を崩壊させた男」とはやしたてた[20]。

その後の捜査でナビンダーはスプーフィングの実施については訴追されたが、市場操作の嫌疑は撤回された。またナビンダーの取引はフラッシュ・クラッシュの発生前に終了しており、フラッシュ・クラッシュに直接関与していなかったことも明らかになった。それでも1人の個人トレーダーが大量のスプーフィングを高速で行えるなら、そうした金融システムの側

19　フラッシュ・クラッシュ後にSECによって導入された個別株式に対するサーキット・ブレーカー制度は市場活動のスピードを遅らせることに貢献するものとも考えることができる。なおブックステーバーは、その後、SECのシニア・ポリシー・アドバイザーに就任した。

20　フラッシュ・クラッシュ当日のE-Mini市場でキャンセルされた取引発注の3分の1がナビンダーによるものであることが明らかになっている。またフラッシュ・クラッシュの前後12日間にナビンダーが発注（その後取消し）した取引額面を合計すると米国のGDPの2倍に当たる35兆ドルにのぼっていたことも判明した。

にも問題があるといえよう。

　その後も、HFT取引は世界中でさらに推し進められている[21]。特に、第12章で触れた新たな金融規制の動きが強まれば強まるほど、標準的で単純な取引をより進んだインフラによって高速で多数取り扱い、そこから付加価値を創出しようとする流れが出てきても不思議ではなく、むしろそれは自然な流れであると考えることができる。

　人間の反応速度をはるかに超えた執行頻度と、グローバルな市場が密接に結びついた密結合。IT技術がデジタルスピードで高速化にまい進する以上、人知がいかに事前のリスク管理を改善しても、近い将来、次世代のフラッシュ・クラッシュが発生するのは避けられないのではないかと思う。そうだとするとリスクマネジャーがとるべき方策は、HFT取引から発生するリスクに対するストレスシナリオに頭をめぐらせて、事後のリスク管理に万全を期すということになろう。しかし、IT能力を極限まで使ってプログラミングされるHFT取引から発生するストレス状況は、人間が軽減策を実行するスピードを超えている[22]。本書初版のコラムは以下の問いで締めくくった。「そうした場合のリスク軽減策は、HFT取引に対抗して自動プログラミングされたリスク管理ロボットによる軽減策の実行になる

21　脚注5参照。東証のHFT取引システムであるアローヘッドは、2012年7月に従来の注文スピード2ミリ秒を1ミリ秒に高速化、2015年9月のリニューアル時には0.5ミリ秒未満にさらに高速化した。2021年時点では0.2ミリ秒となっている。また、東証の株式注文全体に占めるHFT取引業者の取引シェアは、2020年秋以降の1年半の期間で注文件数ベースで約70％から80％を占めており、売買代金ベースでは約40％を占めている。

22　本文記載のとおり、2010年のフラッシュ・クラッシュでは、わずか15秒の間に、E－Mini価格は1.7％下落した。また脚注16に記載の事例では、2013年6月にHFT取引トレーダーが不正に公表数値を取得した時間は「15ミリ秒」とされている。ちなみに人間のまばたきには平均100〜150ミリ秒の時間を要する。

のだろうか。その時のリスクマネジャーの仕事は、機械対機械によるリスク軽減策をプログラミングする能力なのだろうか」

　10年前のこの問いに対する答えはいまだ見つかっていない。生成AIが急発展を遂げるもとでは、リスク軽減策をプログラミングすること自体がAIに委ねられる可能性すらある。10年前の問いは深まることはあれ、収まることは期待しがたい。しかしそのAIも「思考」を生成する基礎となるのは過去のデータである。過去にない展開やAIにない「発想」には、リスクマネジャーが培った経験知や想像力が発揮されるべきであろう。

〈参考資料〉

"Findings Regarding the Market Events of May 6, 2010", U.S. Security Exchange Commission & U.S. Commodity Futures Trading Commission, 2010

『市場リスク 暴落は必然か』、リチャード・ブックステーバー、日経BP社、2008年（"A Demon of our own Design", Bookstaber R.）

「高速取引行為の特性分析」、大山篤之、奥出慎太郎、鈴木賢太、福山義隆、2021年7月

"Joint Staff Report: The U.S. Treasury Market on October 15, 2014", U.S. Department of Treasury at el, July 2015

"Introduction to a Series on Market Liquidity", Liberty Street Economics, 2015

"Flash crash" charges spark concern over regulation of US markets", Financial Times, Apr. 23. 2015

"'Flash crash'case shines light on futures trades", Financial Times, Apr. 23. 2015

『フラッシュ・ボーイズ』、マイケル・ルイス、文藝春秋、2014年

"Algorithmic Trading Briefing Note", Senior Supervisors Group,

April 2015

『フラッシュ・クラッシュ　たった一人で世界株式市場を暴落させ
　た男』、リアム・ヴォーン、KADOKAWA、2020年

第 16 章

サイバー攻撃と
ITセキュリティ
【2010年代～】

本章のポイント

　社会経済システムがインターネットをはじめとしてデジタル化するにつれて、サイバー攻撃が急増した。当初は社会インフラの混乱をねらった攻撃だったが、次第に金銭の詐取を目的とするケースが増加した。2016年にはバングラデシュ中央銀行のシステムがハッキングされ、多額の資金が詐取された。常に進化を続けるサイバー攻撃をいかに防御するか。サイバーセキュリティをめぐるリスク管理の戦いが続いている。

1　ウクライナ西部停電事件

　2015年12月23日、ウクライナ共和国西部のイヴァーノ＝フランキーウシクで大規模な停電が発生した。12月の最高気温が3℃、最低気温はマイナス4℃という厳寒の地で午後3時35分に発生した停電は、午後6時56分に手作業で復旧するまで3時間以上続き、約22万5,000人に影響を与えた。

　電力会社は、停電が発生した午後3時35分から同4時30分にかけて変電所のITシステムに第三者による不正侵入があって30カ所の変電所から電力融通ができなくなったほか、3つの配電会社も攻撃を受け、複数の停電が同時に発生したと公表した。攻撃者はサーバーから攻撃の証拠となるファイルを削除して痕跡を消していたほか、専用のツールで電力会社のカスタマーセンターに数千件の電話をかけ、利用者からの通報電話が

つながらないようにする、という芸の細かさだった。複数の変電所が同時に機能を停止したことから、電力会社の技術者たちは各地に散らばる変電所を一つひとつ回ってスイッチを探しだし、送電経路を切り替えて再起動することで復旧させるという作業を強いられた。

事件はサイバー攻撃によるものとされ、ウクライナ保安庁はロシアの公安当局によるサイバー攻撃だったと非難した[1]。攻撃者は、6カ月以上前から入念に調査したうえで攻撃を実行したとみられており、30分以内に複数カ所で実行された、いわば「同時多発テロ」であった。ウクライナの停電事件は、民間の重要インフラへのサイバー攻撃としては初めての事例とされている[2]。

2 サイバー時代の新たなリスク

21世紀に入って、社会経済システムがインターネットをはじめとしてデジタル化するにつれて、サイバー攻撃という新たなリスクが現れた。サイバーリスクは、急速かつ幾何級数的に拡

1 　ロシアはこれに対してなんら反応していない。2014年3月のロシアによるクリミア併合後、両国の関係は悪化しており、本件の以前から互いにサイバー攻撃の実施について非難の応酬を行っていた。本件の直前には、ウクライナ寄りの活動家たちがクリミアへ電力を供給している複数の送電線を爆破して、200万人のクリミア住民とロシア海軍基地が停電被害に遭うという事件が発生しており、これに対する報復攻撃とも噂された。
2 　2022年のロシアによるウクライナ侵攻の直前にもウクライナに向けたサイバー攻撃が急増したとされている。

図表16－1　ダークネットからの年間総観測パケット数

年	年間総観測 パケット数（億回）	観測IP アドレス数	IPアドレス当りの 年間パケット数
2012	約78.0	190,276	53,206
13	約128.8	209,174	63,682
14	約241.0	212,878	115,335
15	約631.6	270,973	245,540
16	約1,440	274,872	527,888
17	約1,559	253,086	578,750
18	約2,169	273,292	806,877
19	約3,756	309,769	1,231,331
20	約5,705	307,985	1,849,818
21	約5,180	289,946	1,747,685

サイバー攻撃によるアクセス数は年々幾何級数的に増加している

（出典）　情報通信研究機構

大している。

　サイバー空間における脅威は、①リスクの深刻化、②リスクの拡散、③リスクのグローバル化、として特徴づけられる[3]。

　①「リスクの深刻化」は、サイバー攻撃が幾何級数的に増加していることに象徴される。情報通信研究機構によると、過去10年間における、いわゆるダークネットからのアクセスパケット数は66倍、1IPアドレス当りの総観測パケット数は32倍に増

3　「サイバーセキュリティ」、谷脇康彦、岩波新書、2018年。

加している[4]（図表16 − 1 参照）。

　②「リスクの拡散」は、サイバー攻撃の対象となる機器の拡大である。従来ターゲットとされたITサーバーやコンピュータ機器に加えて、いわゆる「IoT[5]」が進んだことから、スマホや車、エアコン、電力メーターといったようにインターネットとつながるさまざまなモノがサイバー攻撃の対象となった。

　③「リスクのグローバル化」は、サイバー空間には国境がないため、サイバー攻撃は国境や時差を気にすることなくいつでも、どこからでも攻撃を仕掛けることができるということである。

　幾何級数的に拡大するサイバーリスクは、実際の社会経済システムにおいて大きな脅威となっている。世界経済フォーラムが年次でまとめている世界のリスク報告書においても、サイバーリスクは常に10大リスクに名を連ねている[6]。

　サイバー攻撃では、国家の関与が疑われるケースも多い。いくつかの国は、サイバー攻撃を通じて、スパイ活動を行ったり重要社会インフラの停止による社会的混乱等をねらっており、経済活動を妨害したり、世論操作を図ったり、さらには金銭詐取を行っているとみられている。オリンピック等の国際的イベントにあわせてサイバー攻撃が急増することは知られている

4　「NICTER観測レポート2021」、情報通信研究機構、2022年。

5　Internet of Things.

6　"The Global Risks Report 2023 17th Edition", World Economic Forum、2022年

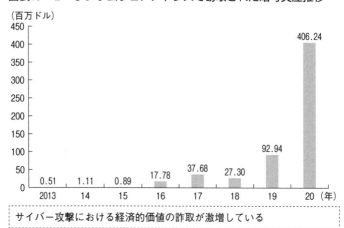

図表16-2　ランサムウェアアドレスで窃取された暗号資産推移

（百万ドル）

サイバー攻撃における経済的価値の詐取が激増している

（出典）　World Economic Forum

が、2016年の米国大統領選挙では、特定国が民主党陣営が不利になる偽情報をSNSに投稿し拡散させたり、メールを大量流出させたりするサイバー攻撃を行い世論操作を図ったとされている。

　そうしたなかで近年特徴的なのは、銀行をはじめとする金融機関を主要なターゲットとして、金銭詐取のような直接的に経済的利益を得ようとする攻撃が増加している点である。世界経済フォーラムによると、身代金要求型ウイルスであるランサムウェア[7]によって窃取された価値が激増している（図表16-2参照）。

　戦略国際問題研究所はサイバー攻撃によって経済損失が増加している背景として、以下の5つの点を指摘している。

第一にサイバー犯罪者が新しい技術を直ちに採用しており、防御する側が後手に回りがちである点、第二にIoT機器を含めたインターネット利用者が急増している点、第三はサイバー犯罪の中心となる犯罪センターが増加している点、第四は暗号資産[8]等が広まったことで、サイバー攻撃で窃取した情報等を現金化することが容易になっている点、第五にクラウドベースで犯罪ツールを提供する、いわゆるダークウェブが多数出てきている点である。

3 ターゲットとなった金融機関

　2014年10月、米大手銀行のJPモルガンチェース銀行は8月に発生したサイバー攻撃で合計約8,300万件の顧客情報が流出したと公表した。盗まれた情報は氏名や住所、メールアドレス等だが、口座番号やパスワードの流出は確認されていない、とした。米連邦検察当局は翌2015年11月、複数の金融機関にハッキングした容疑で3人の男を逮捕した。JPモルガンを含む、少なくとも7つの金融機関に攻撃を仕掛け、1億件以上の情報を盗んだと自供した彼らは、ハッキング、セキュリティ詐欺、個人情報盗難、マネーローンダリングなど23件の容疑で起訴された。大手銀行から情報が詐取されたことは、事態の深刻さを

7　ランサムウェアとは、侵入したコンピュータのファイルや機能を暗号化し、それを人質として、解除の引換えに身代金（ランサム）を要求する攻撃で、「身代金要求型ウイルス」とも呼ばれる。後述図表16－4参照。
8　暗号資産については第19章「暗号資産とデジタルリスク」参照。

世間に知らしめることとなった。

　その後、直接の金銭詐取に発展したのが、2016年2月に発生したバングラデシュ中央銀行の事件であった（図表16－3参照）。

　2016年2月5日金曜日（米国は4日木曜日）、米ニューヨーク連銀が管理するバングラデシュ中央銀行の米ドル口座から、フィリピンとスリランカの銀行に開設された架空口座宛てに複数の送金指示が行われた。送金指示は35回、合計送金指示額は約9億5,000万ドル（約1,070億円）にのぼったが、このうちフィリピンのリサール中央商業銀行（以下「リサール銀」）向けの4件、計1億100万ドル（約124億円）が実際に送金された[9]。

　送金を受け取ったリサール銀は、2月5日と9日に現地の証券会社の名前を偽った架空口座を経由して、外為ブローカーであるフィルレム社に計8,100万ドル（約91億円）を送金した。フィルレム社からは、2月9日から13日の間に、個人3名、カジノ運営会社3社の口座に送金が行われたことが確認されている。また、残りについてはリサール銀のジュピター通り支店から現金で引き出された[10]が、同支店は現地証券会社の名義で架空口座が開設された支店であった。

9　スリランカのパシフィックアジア銀行向け送金は、多額の送金を不審に思った同行が経由銀行であるドイツ銀行に照会を行ったことから阻止された。またリサール銀に仕向けられた送金の多くも、犯人が振込先のつづりを間違えたことからドイツ銀行がバングラデシュ中央銀行に照会し、送金は中止されたとされている。

10　現金が持ち出された際に監視カメラが録画されていなかったとの指摘があるが、同支店のマネジャーが現金を持ち出した疑いで後に逮捕されている。

図表16－3　バングラデシュ中央銀行の不正送金事件経緯

日時	経緯
2015年5月25日	フィリピンのリサール銀に不正口座開設
2015年終わり〜2016年初	バングラデシュ中央銀行の内部システムに不正アクセスがあった可能性
2016年2月4日	米ニューヨーク連銀が管理するバングラデシュ中央銀行の口座からドイツ銀行経由、リサール銀に不正送金（同時に指示されたスリランカのパシフィックアジア銀行向けの送金は、同行にとり並外れた金額であったことからドイツ銀行に照会がなされ、送金は中止）
2月5日	フィルレム社に1,500万ドル送金
	不正送金先口座より一部資金が引き出される
2月9日	フィルレム社に6,600万ドル送金
同9時57分	バングラデシュ中央銀行よりリサール銀へ不正送金先口座凍結要請
同15時31分	リサール銀、不正送金口座凍結
2月9日〜13日	フィルレム社よりカジノ会社等複数に分割送金
2月10日	リサール銀、疑わしい取引報告書提出
2月29日	マスコミによる不正送金およびマネーローンダリング報道
3月8日	口座管理を行っていたニューヨーク連銀が声明を発表
3月16日	フィリピン上院がリサール銀関係者等に聞き取り調査を開始
3月22日	フィリピン当局が主犯格2名を刑事告発

2016年2月、バングラデシュ中央銀行は、システムのハッキングを介した不正送金の被害を受けた

（出典）　新聞報道等より筆者作成

この間、スリランカの銀行からの照会を受けたドイツ銀行や、さらには一般口座向けの送金を不審に思ったニューヨーク連銀がバングラデシュ中央銀行宛てに照会を行い、調査が行われた。その結果を受け、バングラデシュ中央銀行は2月9日火曜日にリサール銀宛てに不正送金先口座の凍結を要請、リサール銀も同日口座凍結に応じたが、フィルレム社への送金はすでに行われており、またフィルレム社の口座は9日以降も開かれた状態が続いていた。カジノ運営会社に渡った資金の一部はチップに換金され、その後上海の銀行口座に振り込まれた可能性が指摘されている[11]。

　バングラデシュ中央銀行はその後の調査の結果、中銀システムへのハッキングによって不正送金指示が行われた可能性を認めた。2月5日金曜日はバングラデシュの休日に当たり、週末をはさんだ2月8日月曜日は旧正月でフィリピンの銀行が休みであった。ハッカーは、事前にバングラデシュ中央銀行のネットワークに、コンピュータウイルスであるマルウェア[12]を侵入させ、システムの内容を熟知したうえで、関係諸国に休日がまたがり、銀行間の連絡が滞る絶妙のタイミングで攻撃を実行したと考えられる。

　バングラデシュ中央銀行の事件は、新興国とはいえハッカー

11　フィリピン当局は、カジノから先は（当時の）反マネーローンダリング規制法の対象外であることから捜査は及ばないとした。一方で個人に渡った資金の一部は返金されている。

12　マルウェアについては後述図表16－4参照。

が中央銀行のシステムに侵入し、多額の不正送金を実行した点で、金融関係者に衝撃を与えた。同事件は、経済的な利益をねらって金融機関に対するサイバー攻撃が激増する「のろし」ともいえる事件となった[13]。

　金融機関においてサイバー攻撃の脅威が増している背景には、金融業をめぐる環境変化の影響もある。経済社会のデジタル化が進むなかで、ITシステムの効率性やコスト面の優位性から、金融機関でもクラウドサービス等の第三者サービスを利用してネットワークを構築するケースが増えている。第三者サービスの利用はサイバー攻撃を受けるポイントが増加することを意味する。さらに後述のとおり[14]、2020年の新型コロナウイルスの感染拡大を契機として、在宅勤務等のリモートワークが飛躍的に増加した。リモートワークは、オフィスにおける閉じられたIT環境と異なり、さまざまな外部ネットワークにデータ転送やオペレーションネットワークを依存することから、サイバー攻撃をより受けやすい状況を生み出すこととなったのである。

4　サイバー攻撃の類型

　サイバー攻撃が増加の一途をたどるなか、そのパターンも

13　同時期にベトナムやフィリピン、エクアドルの銀行においてもバングラデシュ中銀と同様の不正送金攻撃が行われたが、未遂に終わったとされている。
14　第17章「新型コロナ・パンデミックとオペレーショナル・レジリエンス」参照。

図表16－4　サイバー攻撃の類型

名称		概要
マルウェア		標的となるコンピュータ、ネットワークに被害を与える目的でつくられた不正なソフトウェアの総称
	ウイルス	コンピュータに侵入する不正プログラムでファイルやプログラムに寄生し、自己増殖を行う
	ワーム	ウイルスの一種だが、コンピュータへの侵入後急速に自己増殖し、メールソフトの連絡先等に複製を送りつける
	トロイの木馬	有用なソフトを装う等により、コンピュータに侵入し、長くとどまって悪意のある不正な動作を繰り返す
	スパイウェア	侵入後にコンピュータ内の情報や行動を盗み取り、別の場所に送る
	ランサムウェア	侵入したコンピュータのファイルや機能を暗号化し、それを人質として解除の引き換えに身代金（ランサム）を要求する攻撃で、「身代金要求型ウイルス」とも呼ばれる
パスワードリスト攻撃		なんらかの方法でユーザID、パスワードを入手し、それを利用して別のサイト等で不正ログインを行い、個人情報や金銭等を詐取する
ゼロデイ攻撃		システムのセキュリティ上の脆弱性に対する修正プログラムが行われる前（ゼロデイ）に、ランサムウェア等の不正プログラムを仕掛けて拡散する
DDoS攻撃		多数の機器から標的のウェブサイトやウェブサービスに大量のメールやデータを送り付けて過大な負荷をかけさせ、システムの動作や機能を停止させる
バッファオーバーフロー攻撃		コンピュータの容量以上のデータを不正に送りつけ、不具合を起こさせる

> サイバー攻撃のパターンは日々進化している

（出典）「決定版サイバーセキュリティ」等より筆者作成

日々進化している。図表16−4は典型的なサイバー攻撃の類型をあげているが、毎日のように新しいパターンが生まれている。

5 サイバーセキュリティ対策の強化

　サイバー攻撃の脅威に対して、金融機関を含む企業側はサイバーセキュリティ対策を強化している。

　サイバーセキュリティ対策は、事前の防衛策と実際に攻撃を受けた場合の事後対策の2つに分けられる。防衛策で最も重要なのは、社内のPCやサーバー等のネットワーク機器にマルウェアを侵入させないことである。マルウェア侵入の典型的なパターンは、メールに添付されたファイルやメール上のURLをクリックすることによって攻撃サイトに誘導してウイルスの感染をもたらす、いわゆるフィッシングメールによるものであり、ほかには不正プログラムを忍ばせたUSBディスク等をネットワーク機器に接続することによるウイルス感染もみられる。前者に対しては不審なメールをモニタリングして、宛先に配信される前に破棄するフィルタリングを行うのが一般的であり、社内ネットワークから接続できるウェブサイトを特定して、有害なサイトへのアクセスを阻止するウェブ・ブラウザ対策も行われている。後者に対して特に金融機関においては、USB端子を無力化することでUSBディスクの接続自体をできなくする措置も一般的に行われている。

　しかし、通常のメールと判別することがむずかしい紛らわし

い外部アドレスからのフィッシングメールや正規の社内のアドレスが乗っ取られるケース等、フィッシングメールからのマルウェア侵入は後を絶たず、その手法も巧妙化の一途をたどっている。また、フィルタリングについても誤検知の可能性は否定できず、なんらかの理由でウイルスの侵入を許してしまうケースも少なくない。そうした場合の対応策が、運用監視と事後対応から構成される事後管理である。

運用監視はネットワーク上でやりとりされる情報の証跡を監視することであり、異常なやりとりを検知した場合の検証や、実際にサイバー攻撃の被害に遭った場合に攻撃者を追跡することを可能にする。さらにサイバー攻撃による被害が判明した場合は、ダメージコントロールの考え方に基づいて、ネットワーク上の被害を最小限に抑えたうえで、ネットワークの復旧を目指すこととなる。企業においては事後対応を専門に扱うCSIRT[15]チームを組織することも多い。最近では、企業のITネットワークや各種機器からのアクセスの信頼性を常時検証する、というITセキュリティの考え方も広まっており、サイバーセキュリティから広くITセキュリティ対策はさらに重要性を増している。

このように企業側における対応態勢も進化しているが、それを考慮してもサイバー攻撃における、攻撃側の優位な立場は揺るがない。国家の関与すらあるとされるなかで、個々の企業に

---

15 Computer Security Incident Response Teamの略。

よる努力には限界があるといえる。

6 金融当局の対応

サイバー攻撃の進展に対して、国際的な協調の動きは遅い。国連は、2015年までに4回にわたって政府専門家会合を開催して、国家はサイバー空間においても国際法の原則に従い、国際的にみた違法行為に関与してはならない等といった4つの項目について総論で合意した。しかし、その後の議論については、米国や日本、欧州といった旧西側諸国と、ロシア、中国と途上国を中心としたグループの間に隔たりがあり、具体的な議論の進展はみられていない。

金融監督当局の対応も後手に回っている。G7の財務相・中央銀行総裁会議は、2016年に8項目からなる、「金融セクターのサイバーセキュリティに関する基礎的要素」を合意し、翌2017年には明確な評価目標の設定や測定可能な期待レベルの設定、あるいは多様なツールの維持等、効果的なサイバーセキュリティを促進する5つのプロセスを公表した（図表16-5参照）。

一方、金融安定理事会（FSB）は、2017年にサイバーセキュリティに関する各国の規制や実務指針をまとめた報告書を公表[16]し、2021年にはサイバー攻撃事象報告の国際的統一に向けた報告書を公表した（図表16-6参照）。2021年の報告書では、各国で行われているサイバー攻撃事象報告が、事象の範囲や事

---

16 "Stocktake of Publicly Released Cybersecurity Regulations, Guidance and Supervisory Practices", Financial Stability Board, 2017.

図表16－5　金融セクターのサイバーセキュリティに関する基礎的要素

番号	基本的要素
1	サイバーセキュリティ戦略とフレームワーク
2	ガバナンス
3	リスク評価と統制評価
4	モニタリング
5	レスポンス（事象対応）
6	リカバリー
7	情報共有
8	継続的ラーニング

2016年にＧ7は「金融セクターのサイバーセキュリティに関する基礎的要素」を合意した

（出典）　Ｇ7財務相・中央銀行総裁会議

象の深刻さを計測するための手法、報告期限、情報の用途等、多くの点でバラバラとなっており、金融機関の初動・回復対応を妨げる可能性があることを示した。FSBは、サイバー事象報告を収れんさせるために、①ベストプラクティスの策定、②共有されるべき共通情報の特定、③サイバー事象報告のための共通用語の作成、が必要であるとした。

　こうした国際的な協調行動は、サイバー攻撃の幾何級数的な増加のスピードに比べて遅いといわざるをえない。サイバー空間が、陸、海、空、宇宙に次ぐ第五の安全保障領域とされ、サイバー攻撃において国家の関与がみられるなかでは、国際的な

図表16－6　金融安定理事会が公表した報告書

年月	標題	内容
2017年10月	"Stocktake of Publicly Released Cybersecurity Regulations, Guidance and Supervisory Practices"	各国の規制や実務指針をまとめた報告書
2018年11月	"Cyber Lexicon"	サイバー事象の共通用語集
2020年10月	"Effective Practices for Cyber Incident Response and Recovery"	サイバー事象対応の基本的要素
2021年10月	"Cyber Incident Reporting: Existing Approaches and Next Steps for Broader Convergence"	サイバー事象報告収れんのための方策

金融安定理事会は、各国でまちまちになっているサイバー事象報告を世界共通なものとすることが必要であるとした

（出典）　金融安定理事会

議論が進展しないのはある意味で当然といえなくもないが、サイバーリスクのグローバル性を考えると、サイバーリスクに対する国際的な管理態勢の構築は緊急性が高いテーマであるといえる。

　サイバー攻撃は日々進化している一方、金融機関側におけるITネットワークへの依存は高まる一方である。両者を比較考量した場合、サイバー攻撃を行う側のインセンティブもまた高まり続けることは想像にかたくない。攻撃者が常に優位にあるといわれるサイバー攻撃に対するセキュリティ対策として特効薬はない。今後もサイバー攻撃とそれを防御するセキュリティ

対策、リスク管理の熾烈な戦いは続くこととなろう。

　2005年の秋、銀行の都内の店舗外ATMのドアの外に、不審な買い物袋が放置されているとの連絡が入った。袋のなかに携帯電話と、アンテナにつながった機器が入っているという。警備会社が急行して回収した買い物袋からは、電気街で普通に売られているような受信機とアンテナが出てきた。画面を映し出すようなカメラは確認できなかったが、ATMの監視カメラには、若い男が立ち去ったビデオが残っており、なんらかのカメラが設置され、取り外された可能性があった。銀行で状況再現を図ったが、現場に残された受信機の性能では店外で鮮明な画像を受信することは困難だった。しかしながら不正行為の可能性が高いとして要注意扱いとした。

　数週間して、違う店舗外ATMで強盗未遂があった。ATM利用後、外に出た預金客がひったくり未遂に遭った。監視カメラのビデオでは、ひったくり未遂の被害者が使っていたATMの隣のATMに不審者がみられ、被害者が操作したATMには小型カメラが張り付けられていた。カメラでATM操作を観察、入力した暗証番号を盗み見して、ひったくりでキャッシュカードを盗み、盗み見した暗証番号で現金を詐取しようとしたと考えられた。店舗の外までは届かない画像データもすぐ隣のATMまでは届く。ATM操作の不審者とひったくりをした者は同一人物ではなく、組織犯罪の可能性が疑われた。

　銀行ATMでの強盗未遂事件でもあり、警戒度が一気に高まった。警察と連携するためには不審行為の全体像を把握することが必要となる。ATMの監視カメラの録画ビデオ機能もアナログだった時代である。取引先の電気メーカーから500台のビデ

オデッキを調達し、人海戦術でATMを監視するすべてのビデオカメラの映像を再生して同様の不審な動きがないかチェックをした。すると、複数のグループが、別動隊のように私鉄沿線の店舗外ATMを転々と移動しながら不審なATM占有行為をしている状況が判明した。影響が拡散する可能性に鑑み、警察との連携のうえで10月に状況公表に踏み切った。事件は「ATM盗撮」として報道される。

10月下旬には実行犯とみられる男が逮捕され、いわゆるダークウェブ経由でカメラの設置と取り外しを行うようにいわれたと供述した。ビデオ解析の結果、11月初めまでに首都圏52店舗で盗撮の可能性が認められ、盗撮の時間帯を含む注意喚起の公表が行われた。

事態はさらに進展する。盗撮情報から偽造キャッシュカードを作成して預金引出しを図る動きが検知されたのである。犯罪者がいろいろな角度から銀行システムに侵入しようとしている痕跡が確認された。銀行のシステムは堅牢であり、偽造カードで破られるようなレベルではないものの、犯罪者がさまざまな手口を繰り出している状況は不気味であり、いつかシステムが破られるのではないかという恐怖心にとりつかれた。

ところが11月上旬以降、銀行に対するATM盗撮と詐取の試みはパタっとみられなくなった。ほっとした反面、いつまた新手の手口で金銭を盗む犯罪が行われるかもしれないとの不安はぬぐえなかった。それから2ヵ月近くたった12月下旬、埼玉県のある信用金庫のATMに隠しカメラが設置され、41口座から約3,000万円が引き出されたとの新聞報道がなされた。

本章の内容と比較すると犯罪の手口にしても金融機関側の対応にしてもなんともアナログな話に聞こえるかもしれない。しかし、本質は変わらない。不正行為者は着実に、かつ猛烈な速さで進化し、新たな不正行為を仕掛けてくる。しかも彼らは個

別の金融機関や金融システムのなかで相対的に脆弱な箇所を見つけることにも長けている。

　われわれが実施したセキュリティ対策を監視されているような視線を背中に感じて、夜間帰宅時に思わず後ろを振り返ったことも一度ではない。11月に入って急に攻撃が途絶えたことも気持ち悪かったが、他の金融機関での被害報道を聞いて、事情がわかると同時に、正直ほっとした記憶が鮮明に残る。

　サイバー攻撃も同様である。攻撃に対抗するには、防御策を繰り出した瞬間に自分がアタッカーであれば次にどのような手を繰り出すだろうかという先々の手を考えることが最大の防御策になる。それを体験し、痛感した2005年の秋であった。

〈参考資料〉

"The Global Risks Report 2023 17th Edition", World Economic Forum、2022年

"Stocktake of Publicly Released Cybersecurity Regulations, Guidance and Supervisory Practices", Financial Stability Board, 2017

「サイバーセキュリティ」、谷脇康彦、岩波新書、2018年

「サイバーセキュリティ――組織を脅威から守る戦略・人材・インテリジェンス――」、松原実穂子、新潮社、2019年

「決定版サイバーセキュリティ――新たな脅威と防衛策――」、ブループラネットワークス、東洋経済新報社、2018年

「カッコウはコンピュータに卵を産む」、クリフォード・ストール、草思社、1991年

「NICTER観測レポート2021」、情報通信研究機構、2022年

「制御システム関連のサイバーインシデント事例1～2015年ウクライナ大規模停電」、独立行政法人情報処理推進機構セキュリティセンター、2019年

「ラザルス　世界最強の北朝鮮ハッカー・グループ」、ジェフ・ホワ
　イト、草思社、2023年
「当行ATMコーナーに何者かによりカメラが隠し置かれた件」、
　UFJ銀行プレスリリース、2005年10月18日、11月 1 日

新型コロナ・パンデミックとオペレーショナル・レジリエンス
【2020年】

┌─ 本章のポイント ─┐

　2020年に中国・武漢で確認された新型コロナウイルスは
瞬く間に全世界に感染が拡大した。目に見えないウイルス
に対する恐怖から世界経済は混乱、生産・流通が停滞し
た。金融市場ではあらゆる金融資産を現金化して手元流動
性を確保しようとする「現金への殺到」が発生した。感染
が拡大するなかで市場は乱高下し、金融機能を維持するた
めの業務継続の強靱性、「オペレーショナル・レジリエン
ス」の重要性が注目を集めた。

1　新型コロナウイルス（COVID-19）の勃発

　2020年1月9日、世界保健機関（WHO）は、中国の武漢市
で新型コロナウイルスが発生したことを確認したとし、翌週の
14日にはこのウイルスは人から人に感染する可能性があると公
表した。新型コロナウイルスは肺炎の症状から最悪の場合呼吸
困難をきたし死に至る。1月14日、中国政府はウイルスの感染
者を41人と公表したが、その9日後の23日にはウイルスによる
死者が17名にのぼったとして武漢市を封鎖する措置、いわゆる
ロックダウンを宣言した。それはその後2年以上にわたって世
界中を襲った新型コロナ・パンデミックの幕開けだった。2月
12日、WHOは新型コロナウイルスの名称を「COVID-19」と
するとした[1]。

　新型コロナウイルスの感染は、風土病のように中国国内にと

どまるのではないかという期待は、1月下旬にブラジルやイタリア、日本やタイ等、中国以外の世界各国で感染者が確認されたことでもろくも崩れ去った。しかし、初期の段階では実体経済や金融市場に新型コロナウイルス感染症の影響が直接的に及ぶことはないとみられていた。2月中旬にかけて欧米の主要な株式市場は、それまでの市場のトレンドを受けて史上最高値を更新し続けた。

2 パンデミック宣言からリスクオフへ

　世の中の空気が一変したのは2月下旬であった。2月21日、イタリア政府は北部の複数の都市のロックダウンを宣言した。ウイルスの感染力の強さと死者の急拡大に危機感は日増しに高まった。目にみえず、最悪の場合死に至らしめるウイルスの恐怖に加えて、都市生活や経済活動に支障をきたす事態がすぐそこまで近づいているという認識から、市場参加者のセンチメントはリスク回避、いわゆる「リスクオフ」に一変した。信用リスクの高まりを懸念して事業債の信用スプレッドは2016年以来の水準に拡大した。特に格付けの低い、いわゆるハイイールド債券の信用スプレッドの拡大が顕著だった（図表17-1参照）。

　同時に「安全資産への逃避[2]」の動きから、各国国債に買いが入り国債の利回りが急低下した（図表17-2参照）。金融市場

1　海外ではCOVID-19と呼ばれることが多いが、本稿では日本で一般的な「新型コロナウイルス」とする。

2　Flight to Safety.

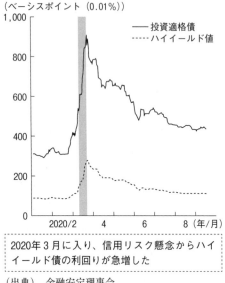

**図表17-1　投資適格債とハイイールド債の
信用スプレッド推移**

（ベーシスポイント（0.01%））

—— 投資適格債
----- ハイイールド値

2020年3月に入り、信用リスク懸念からハイ
イールド債の利回りが急増した

（出典）　金融安定理事会

　が動揺して金融機能がマヒすることを回避すべく、各国の中央
銀行は2月下旬から3月上旬にかけて相次いで市場に対して十
分な資金を供給すると表明した。

　3月に入ると市場のセンチメントはさらに悪化した。3月9
日、感染拡大が顕著だったイタリア政府は、ロックダウンを全
土に拡大した。新型コロナウイルス感染症に伴う市場の混乱に
拍車をかけたのが中東産油国の動きだった。同じ3月9日、
OPECの原油価格協議が市場の予想に反して決裂し、ブレント
市場原油価格はその日1日で30%下落した。

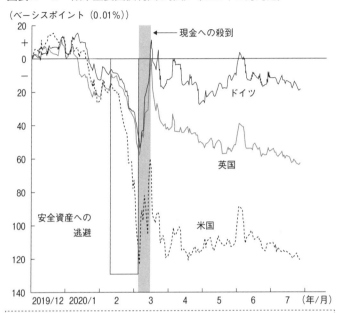

図表17-2　欧米主要国債利回り推移（2019年12月対比）

（ベーシスポイント（0.01%））

← 現金への殺到

ドイツ

英国

安全資産への
逃避

米国

2019/12　2020/1　2　3　4　5　6　7　（年/月）

新型コロナウイルスの世界的な感染拡大を受けて、各国国債の利回り
が低下する「質への逃避」の動きが顕著になった

（出典）　英イングランド銀行

　3月11日、WHOは新型コロナウイルスを、感染症が世界的
規模で流行して多数の感染者や患者をもたらす伝染病である
「パンデミック」とみなすと宣言した。相前後して各国は、国
内都市のロックダウン[3]や国境閉鎖[4]などの拡散防止措置を追
加的に導入した。大規模なロックダウンや国境閉鎖は、人々の

3　フランス、ドイツ、イラン等。
4　オーストラリア、ニュージーランド、スイス等。

動きのみならず物流をも停滞させ、サプライチェーンの分断を通じて実体経済活動が停滞することにつながる。各国の株式市場は下落に拍車がかかった。3月第2週の米ニューヨーク証券取引所では、市場の急変時に一時的に取引を中断するサーキット・ブレーカー制度[5]が3回発動されたが、市場中断措置の発動は、2001年のニューヨーク同時多発テロで市場が一時的に閉鎖されて以来、初めてのことであった。

3 「現金への殺到」と財政金融政策の導入

3月16日月曜日、金融市場は崩落ともいえる状況に陥った。フランス政府が全土に外出禁止令を発令したこの日、米国株式市場は1日の下落幅としては1987年のブラックマンデー以来、最大となる12%の下落を記録した（図表17－3参照）。信用リスクのある債券を中心に多くの金融資産の価格が下落するとともに流動性が消滅した[6]。

この時点の金融市場でみられたのは過去に経験したことのない動きだった。信用リスクがある株式や事業債だけでなく、安全資産とされる長期の国債さえも売却して現金化し、手元流動性を積み増そうとする、後に「現金への殺到[7]」と呼ばれる動きが発生したのである。事業法人は、いつ終わるかもわからな

5　サーキット・ブレーカー制度については、第2章「ブラックマンデー」参照。
6　JPモルガンはいくつかのアセットクラスで市場の流動性が2008年のグローバル金融危機と同等レベルに低下したとした。
7　Dash for Cash.

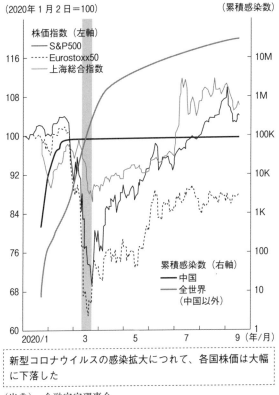

図表17-3　主要株価指数・累積感染数推移

（2020年1月2日＝100）　　　　　　　　　　　　（累積感染数）

株価指数（左軸）
― S&P500
…… Eurostoxx50
― 上海総合指数

累積感染数（右軸）
― 中国
― 全世界
（中国以外）

2020/1　　3　　　5　　　7　　　9（年/月）

新型コロナウイルスの感染拡大につれて、各国株価は大幅
に下落した

（出典）　金融安定理事会

い経済活動の停滞を目の当たりにすると同時に、売上げがなく
なってキャッシュフローが急減するという危機感から、当面数
カ月の資金繰りを現金で確保しようとした。また個人において
も、保有する金融資産のうち、信用リスクや市場リスクが高い
事業債や投資信託を解約して、短期の国債や、さらには現金に

換金しようとする動きがみられた。

「現金への殺到」は、大きなうねりとなって金融市場に押し寄せた。信用リスクのある株式や事業債に始まり、さらにはオープンエンド投信やMMFに至るまで、売却や償還請求による現金化の動きが顕在化した。国債市場においても、流動性の高いベンチマーク国債には買いが入る一方で、それ以外の周辺銘柄には売りが広がり、両者の価格差、いわゆるベーシスが拡大した。市場の混乱から社債発行市場がマヒし、コマーシャル・ペーパー（CP）や譲渡性預金（CD[8]）の発行もストップした。資本市場からの資金調達に支障をきたした事業法人は、金融資産の売却に加えて、銀行との間で設定された流動性コミットメントラインを行使して資金を引き出し、手元現金を確保した。

実体経済の停滞と「現金への殺到」という異常な事態に直面して、各国金融当局は金融システミック・リスクを回避するべく、金融機関と金融市場に対して無制限ともいうべき流動性供給を実施した。米FRBはCP調達ファシリティを発動して短期金融市場に対する資金供給を行うと同時に、新たに大企業向けの社債購入プログラムおよび中小企業貸出支援プログラムを導入、さらにMMFに対してマネーマーケット流動性ファシリティを創設してMMFが保有する金融資産を購入する金融機関に資金供与を実施する等といった施策を矢継ぎ早に実施した。欧州中央銀行はパンデミック緊急買入れプログラム[9]を創設、

8　Certificate of Deposit. 銀行が無記名の証書を発行することで譲渡が可能となっている定期預金。

事業債や公共債を購入することで市場に資金を供給した。英イングランド銀行も中小企業向けの長期資金貸出プログラムと大企業向けの資金供給ファシリティ、さらに銀行に対しては既存の流動性ファシリティを拡大することで潤沢な資金供給を行った。

　特に顕著だったのは米FRBによる米ドルの供給だった。市場混乱の過程で逼迫しつつあった米ドルのニーズに対してFRBは、従来から相対の米ドルスワップ協定を有していた外国中央銀行[10]に対して米ドルを供給しただけでなく、３月19日にはさらに９つの中央銀行と６カ月間の臨時スワップ協定を結んで米ドル供給を実施した。これらの資金供給の結果、米FRBの資産総額は３月11日からの３週間で1.5兆ドル（約180兆円）増加し、その後５月末までにさらに1.3兆ドル（約145兆円）増加した（図表17－４参照）。

　各国中央銀行による潤沢な資金供給により、金融市場も次第に冷静さを取り戻し、パニック的な「現金への殺到」も３月末にかけて徐々に落ち着いていった[11]。

　中央銀行による潤沢な資金供給で３月の市場混乱を乗り切った各国政府は、その後財政政策による景気刺激策を打ち出した。英国は３月18日に500億ポンド（約６兆6,000億円）に及ぶ

9　Pandemic Emergency Purchase Program（PEPP）.
10　カナダ中銀、英イングランド銀行、欧州中銀、スイス中銀、日銀。
11　ただ市場は引き続き不安定であり、４月20日のニューヨーク原油先物価格は、市場が始まって以来初めてとなる１バレル当りマイナス40ドルという異常な価格を記録した。

図表17－4　米FRBによる金融支援策（2020年3～4月）

日付	類型	内容
3月15日	米ドル供給	連銀貸出ディスカウントウインドウの拡充
	米ドル供給	中央銀行間スワップライン、5中銀とオペ開始
3月17日	規制緩和	銀行がFRBプログラムに基づいて購入した金融資産を自己資本比率規制・流動性規制から一時除外
	流動性供給	プライマリーディーラー向け緊急融資プログラム実施
	流動性供給	債券レポオペにより国内銀行に毎日最大1兆ドル供給
3月18日	流動性供給	MMF流動性ファシリティ開設（MMFが保有する金融資産を購入する金融機関に融資供与）
3月19日	米ドル供給	中央銀行間スワップライン、9中銀に臨時追加供給
	規制緩和	MMFスポンサーが関連先から資産購入を行うことを許容
3月23日	流動性供給	米国債の買入れ目標額（変更前5,000億ドル）撤廃
	流動性供給	MBSの買入れ目標額（変更前2,000億ドル）撤廃し、Agency CMBSも対象化
	資産購入	社債・シンジケートローン・社債ETFにつき購入するSPVにNY連銀が融資
4月1日	規制緩和	レバレッジ比率規制から国債・中銀預金を一時除外

4月6日	米ドル供給	米国債を担保に海外中銀に米ドル供給開始
4月13日	資産購入	CP調達ファシリティを発動（購入するSPVにNY連銀が融資）
4月16日	貸付支援	地区連銀が銀行による中小企業向け融資（PPPローン）に担保貸付実施

米FRBは国内の金融危機に対応して矢継ぎ早に各種支援策を打ち出した

（出典）　金融安定理事会より筆者作成

経済対策を発表、23日にはドイツが1,225億ユーロ（約14兆5,000億円）の追加補正予算を含む大型経済対策パッケージを発表した。27日、米国は史上最大規模の2兆ドル（約220兆円）の経済対策法案を成立させた。4月に入って7日には日本政府が事業規模108兆円の緊急経済対策を決定、さらにEUは9日にユーロ圏財務相会合を開催して総額5,400億ユーロ（約64兆円）の経済対策で合意した。

4 経済・社会の対応

　金融市場の混乱は3月中におおむね収束したが、実体経済や社会活動は4月以降、さらに厳しさを増した。最大かつ喫緊の課題は感染者に対する医療提供であった。未知のウイルスによって増加する感染者、呼吸困難に陥った重症患者をどうすれば救えるのか。当初は軽症だった患者の容態が急変して呼吸困難に陥るケースも数多く報告され、限られた数の人工呼吸器の運用はパンク状態となった。病院の病床も逼迫し、治療や入院

を断られる患者も続出した。そもそも医師や医療従事者自身も感染リスクにさらされており、彼らは自らの健康と生命を賭して治療にあたっていた。努力むなしく死に至った患者は、遺体を介した二次感染に対する懸念から、遺族の顔をみることなく茶毘に付された。一部の国では火葬場の対応が間に合わず、埋葬する墓地に長蛇の列ができる事態すらみられた。

　実体経済への影響も計り知れなかった。新型コロナウイルスの感染拡大で人や物の移動は途絶えた。世界中の大都市でロックダウンが宣言され、地域をまたぐ物流は生活のために必要なものに限られた。市民は生活必需品を購入する以外の不要不急の外出が禁止された。学校は閉鎖され、人々は自宅にとどまる「巣籠り生活」を強いられた。

　経済活動や生産活動はいやがおうでも停滞した。2020年4月からの四半期に、日米欧各国のGDPは第二次世界大戦後最悪のマイナス成長を記録した。米国の失業率は、統計を取り始めた1948年以降最悪の水準を記録した。特に影響が大きかったのは、人の移動を前提とした運輸業や飲食業、観光業であり、対面接客を前提としたこれら業界では需要が消失した。需要の消滅は売上げやキャッシュフローの消滅を意味し、これら業界で働く従業員の雇用問題や、さらにはかつてない規模の企業倒産が予想された。各国政府はこれら業界に対する資金繰り援助や、飲食業等に対しては休業を依頼する見返りとしての協力金や補助金の支給等を行った。

　増え続ける感染者、特に重症患者が自力で回復するのを待つ

だけでは事態は好転しない。医薬品業界はワクチンの開発と承認を急いだ。新型コロナウイルスに対しては、ウイルスの一部のタンパク質を人体に投与して人体内で免疫をつくるという従来のワクチンとは異なる製法、すなわちウイルスのタンパク質をつくるもとになる遺伝子情報の一部を人体に投与し、その情報をもとに人体内でウイルスのタンパク質の一部をつくることで抗体をつくるというmRNAワクチン[12]が有効であると考えられ、新しい手法でのワクチンの開発が急ピッチで進められた。

5 金融仲介機能維持と企業の資金繰り支援

危機に陥った経済活動に直面して世界の金融当局も機動的に動いた。新型コロナウイルスの発生に伴って導入された行動制限のなかで、多くの国では飲食業等を中心に休業を求める一方で、ライフラインに不可欠な業界には機能維持を求める政策をとった。金融機能は、資金決済や金融仲介等、経済活動における重要度が高く、新型コロナウイルス感染拡大という緊急時でも機能維持が求められた。

金融機能の維持に向けた金融当局の対応は、大きく、①金融機関や金融市場における流動性確保、②企業に対する資金繰り支援、③金融機関の金融仲介機能をサポートするための金融機関の負担軽減措置、に焦点が当てられた。

---

12 mRNAワクチンの基礎技術を開発したカタリン・カリコ氏とドリュー・ワイスマン氏は2023年のノーベル生理学・医学賞を受賞した。

このうち①流動性確保については前述のとおりだが、②企業に対する資金繰り支援についての状況は複雑であった。需要が突然消失したことで立ちいかなくなる企業が急増することは容易に予想できた。信用リスク管理の観点だけからすれば、こうした状況下で企業に対する貸出を増やすことは考えられない。経済活動がいつ平常に戻るのかは誰にもわからないなかでは、追加融資が不良債権となって焦げ付く可能性が高いからである。だからといって融資を渋れば、本来であれば健全な事業基盤を有する企業も資金繰り倒産に至る可能性があった。こうした状況下で各国当局は、銀行の企業向け融資に対して政府保証を付与する等のさまざまな支援措置を導入することで、企業の資金繰りを支援した。

　金融機関もこれに対応した。すでに大企業を中心に、流動性コミットメントラインからの引出しによる手元資金の積上げニーズが殺到しており、これらには契約上応じざるをえない。さらに市場の混乱から銀行自身の資金繰りも不安定ななか、本来であれば企業への新規の貸出余力は限られていた。しかし政府による企業の資金繰り支援措置と連携することで、銀行は企業からの借入希望に積極的に応じた。パンデミックに伴う経済停滞下において、銀行貸出は急速に拡大した。

　この時期の企業の借入れは緊急的な資金繰りニーズと同時に、コロナ禍の混乱がこの先、いつまで続くかわからないため手元資金を潤沢に確保しておくとの側面もあった。借入れやコミットメントライン引出しによって確保した現金は、いったん

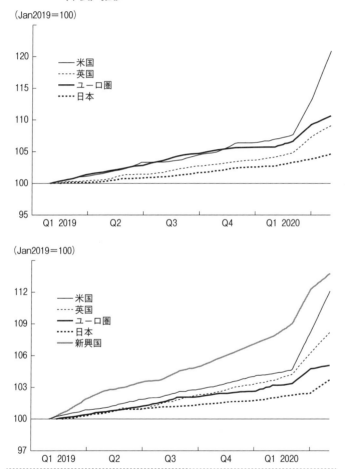

図表17－5　新型コロナウイルス発生後の貸出（上表）と銀行預金
　　　　　（下表）推移

（Jan2019＝100）

米国
英国
ユーロ圏
日本

（Jan2019＝100）

米国
英国
ユーロ圏
日本
新興国

新型コロナウイルス発生後の流動性供給と「現金への殺到」により、2020
年第１四半期には銀行預金残高と貸出残高の双方が大幅に増加した

（出典）　金融安定理事会

銀行預金として入金されたケースも多く、米国における銀行預金は3月月間で4,760億ドル（約50兆円）急増した（図表17−5参照）。

6 バーゼルⅢ規制の適用弾力化

金融当局は、銀行の金融仲介活動を促すために金融規制の適用を一時的に弾力化する施策も導入した。

第12章で示したとおり、グローバル金融危機の反省から、銀行の自己資本比率規制や流動性規制、さらにはレバレッジ比率規制[13]を強化するバーゼルⅢ規制の導入が段階的に進んでいた。バーゼルⅢのより厳しい基準に照らすと、信用リスクが高まるなかでの貸出増加や流動性供給に銀行が消極的になることも懸念された。すでに中央銀行による流動性供給強化の結果としての銀行預金の急増は、銀行のレバレッジ比率の悪化というかたちで、規制比率対応をむずかしくしていた。

こうした事態に対して金融当局は、バーゼルⅢを中心とした金融規制の適用を一時的に弾力化することで、銀行が民間企業の資金ニーズに応えやすい環境を金融規制面からも後押しした。具体的な内容としては大きく、①バーゼルⅢ規制導入の延期、②資本バッファーの一次的取崩しの推奨、③レバレッジ比率計算における柔軟性の導入、である。

まずバーゼルⅢ規制の導入時期については、バーゼルⅢ全体

---

13 流動性規制・レバレッジ比率規制については、第12章「バーゼルⅢと金融規制強化の潮流」参照。

の導入期限、新たなマーケットリスク規制であるFRTB規制、およびバーゼルⅢにおける「第三の柱」である開示要件、についてそれぞれ実施を1年先送りして、2023年1月から導入するとした[14]。また並行して進められていた、中央清算されないデリバティブ取引に係る証拠金規制についても規制開始を1年先送りすることとした。これらの実施延期は、銀行の規制導入作業負担を軽減させるとともに、銀行にとってはバーゼルⅢよりも負担の軽くてすむバーゼルⅡ規制に基づいた信用供与を可能とした。

次にバーゼルⅢで上乗せ強化された資本保全バファーやカウンターシクリカルバファー[15]を一時的に取り崩して活用することが奨励された。これらのバファーは、本来将来の不測の損失を吸収するための資本と位置づけられていたが、新型コロナウイルス感染拡大に伴う実体経済の急激な落ち込みやそれによって発生することが予想される損失吸収のためにこれらの資本バファーを活用することは理にかなっているとして、資本や流動性のバファーを一時的に取り崩して貸出余力を捻出することが奨励された。

また市中への流動性供給の結果として銀行預金が増加して銀行のバランスシートが拡大し、その結果レバレッジ比率が悪化

14　バーゼルⅢの開始はその後さらに延期され、2024年1月以降順次開始とされている。

15　資本保全バファー、カウンターシクリカルバファー、レバレッジ比率については、第12章「バーゼルⅢと金融規制強化の潮流」参照。

する問題に対しては、各国当局におけるレバレッジ比率規制の運用において、中央銀行預金や国債保有等をレバレッジ比率計算の分母から当面除外する扱いが認められた（図表17−6参照）。

　これらの規制先送りや緩和による効果はまちまちだった。レバレッジ比率規制の運用の弾力化は、銀行にとってバランスシート運営の自由度を増した点で意義が大きかった。一方で、与信拡大を促すために資本バファーや流動性バファーを自発的に取り崩すという動きはみられなかった。これについては、金融市場が混乱するなかで、自己資本水準を自ら切り下げるという行動が市場からの評価低下やレピュテーショナルリスクの拡大、さらには格下げにつながるのではないかという懸念や、一時的な措置が撤回されて将来バファーを回復させる事態となった際にどの程度の時間的猶予が与えられるのかが不明確といった問題が背景にあったとされるが、本来不測の損失を吸収するために柔軟に活用されるべき資本バファーが、銀行側からすると硬直的な資本賦課としてとらえられているという現実が図らずも明らかになったともいえる。

　新型コロナウイルスが発生して以降の、「安全資産への逃避」、そして「現金への殺到」による金融市場の混乱に対して各国当局が流動性供給や空前の経済対策を行ったことで、世界経済はなんとか崩壊せずに踏みとどまることができた。2020年半ばになると、３月から導入していたロックダウンや厳しい行動制限措置を段階的に解除する国も増えていった。その後、新型コロナウイルスに対するワクチンの開発と接種も進むこと

図表17-6 金融市場機能維持のために実施された政策例

政策手段			事例
資産購入	国債	3月12日	債券買入れプログラム（カナダ）
		3月12日	資産購入プログラムの拡充（EU）
		3月16日	国債等の買入れ拡充（日本）
		3月19日	3年国債買入れの利回り目標を0.25%に設定（豪州）
		3月19日	資産購入ファシリティの拡充（英国）
		3月23日	国債買入れを無制限に（米国）
	リスク資産	3月16日	買入れ社債、CP、ETF拡充（日本）
		3月17日	事業法人向けファイナンスファシリティ（CCFF）創設（英国）
		3月17日	CPファンディングファシリティ創設（米国）
		3月18日	パンデミック緊急買入れプログラム（PEPP）創設（EU）
		3月23日	事業法人信用ファシリティ（新発、既発）創設（米国）
広範囲の銀行向け流動性支援	各国通貨		・大規模かつより頻繁な公開市場操作（多数の国で実施）
			・適格担保の範囲拡大（多数の国で実施）
		3月24日	緊急タームレポファシリティ（CTRF）開始（英国）
		3月26日	流動性操作の対象先拡大（韓国）
		3月30日	パンデミック緊急長期資金リファイナンス操作（PELTRO）開始（EU）
	米ドル		・外貨スワップ入札（多数の国で実施）
		3月15、19日	FRBと合計14カ国の中央銀行との米ドルスワップライン創設

		3月31日	米、各国通貨当局・国際機関向けの米ドルファシリティ創設（米国）
特定の対象向け流動性サポート		3月17日	米プライマリーディーラー向け緊急融資ファシリティ実施（米国）
		3月18日	MMF流動性ファシリティ（MMMFLF）創設（米国）
		3月31日	プライマリーディーラーからの国債買入れ実施（トルコ）
		4月27日	ノンバンク金融機関向け特別流動性ファシリティ創設（インド）
規制上の措置			・銀行に貸出支援のためのバッファー活用を奨励（多数の国で実施）
			・中銀準備預金のレバレッジ比率計算対象除外（多数の国で実施）
		3月17日	政策プログラム関連資産の資本規制からの一時的除外（米国）
		3月19日	MMFスポンサーが関連先から資産購入を行うことを許容（米国）
		4月9日	国債保有のレバレッジ比率計算対象一時的除外（カナダ）

新型コロナウイルス感染拡大下で金融機能を維持すべく、各国当局は政策を総動員した

（出典）　金融安定理事会

で、世界経済は徐々に回復基調を取り戻し、2023年には多くの国々で「アフター・コロナ」「ウィズ・コロナ」の生活態様に移行した。しかし、積極的な財政金融政策の実施による各国財政の悪化や、急激な需要回復による人手不足、さらには緊急融資制度の終了に伴う信用リスク顕在化の懸念等、新型コロナウ

イルスは大きな爪痕を残している。特に新型コロナウイルスの発生前から借入負担が大きかった低格付企業や不動産会社、金融緩和の恩恵を受けていたスタートアップ企業、さらに米ドル等の他国通貨建ての対外債務額が大きい新興国等では、今後の金利動向や景気の状況次第で債務返済が困難になる可能性がある。新型コロナウイルスが世界経済に与えた影響は今後の波及経路も含めて、引き続き将来に向けた警戒が必要な状況にある。

7 新型コロナ下でのオペレーション体制の構築

新型コロナウイルスの感染拡大によって経済活動が混乱するなかで金融機関は、企業に対する貸出の実行から、資金取引や有価証券取引等の金融取引の決済まで、業務運営の確保に奔走した。最大かつ喫緊の課題は、ロックダウンや外出制限等の措置が導入されるなかで、経済機能に不可欠な金融機関の業務をいかに継続するか、ということであった。

第9章でみたとおり、金融機関は不可欠な業務に対して業務継続計画（BCP）を整備しているが、それまでのBCPは、大地震や大型台風が発生した場合等の比較的短い期間、かつ特定の地域の被災を想定した計画であり、影響を受けていない地域のBCP拠点で不可欠な業務を継続する、といった計画を策定するのが一般的であった。

新型コロナウイルスのケースはこうしたBCPでは対処できないことが明らかとなった。第一に、地域災害を超えて国内全

体、さらには全世界で感染が拡大するなかでは、代替BCP拠点で業務を継続すること自体が不可能であり、またそうした状況がいつまで続くかもわからなかった。金融機関では、長期間にわたって社員の自宅等から会社のネットワークにアクセスして業務を継続する、リモートワークやワーク・フロム・ホームと呼ばれる業務形態を過去にない規模で、かつ早急にセットアップすることが必要となった。その際高速インターネットを含めたITインフラが格段に進歩していたことは大きな助けとなった。

　各社のIT担当は、リモートワークのインフラを急ピッチで整備した。社内の諸会議はウェブを介したオンライン会議に代替された。従来押印や直筆のサインが必要とされた稟議や契約書は、デジタル認証にかわった。従来は対面実施が当たり前とみなされていた顧客との面談や採用面接等もオンライン面談に切り替わった。これらは必要に迫られたことではあったが、いままでいくら号令をかけてもできなかったさまざまな業務のデジタル化がわずか数カ月で達成できた、と評価する声も多く聞かれた。さらに一部の取引所取引のように取引フロアでの取引約定を前提とした取引についても、急速に電子取引にシフトした。

　それでも専用回線による専用端末を使わざるをえない一部の取引のように、オフィスに出勤することが避けられない業務も存在した。各金融機関では従業員の安全を優先しながらも、必要不可欠な業務を継続できるよう、オフィスでの実地業務とリ

モートワークを組み合わせる、「ハイブリッド」と呼ばれるオペレーションモデルを構築した。

　リモートワークへの転換は、従来社内のネットワークで完結していた情報ネットワークの一部を、インターネットを中心とした外部ネットワークを組み込んだ枠組みに転換することを意味するが、そこには大きなリスクが存在した。外部ネットワークや導入したシステムの脆弱性に付けこんだサイバー攻撃などのITセキュリティのリスクである。リモートワークを中心としたオペレーションモデル構築の過程で導入されたシステムには、ITセキュリティ上のチェックが不十分なシステムや、設定が十分でないケースも散見された。一方で個々の社員の自宅と金融機関の間を専用線でつなぐことは考えられない。これに対しては、インターネット上に仮想的なトンネルを形成して通信を行い、通信内容も暗号化するという仮想専用線（VPN[16]）と呼ばれる技術による対応が行われたが、それぞれのVPN設定が完了するまでは外部からのサイバー攻撃にさらされるリスクは大きかった。金融サービスに関するサイバーインテリジェンスの国際的な分析機関であるFS-ISAC[17]は、金融機関をターゲットとするサイバー攻撃は新型コロナウイルスの感染拡大とともに増加し、2020年2月の週平均5,000件から4月下旬には週平均20万件に増加し、年央にかけてさらに約3割増加したとしている。

16　Virtual Private Network.
17　Financial Services Information Sharing and Analysis Center.

リモートワークが日常化するなかで、従業員の人事運営も新たなスタイルが求められた。特に新卒や中途で採用した社員に対してどのように企業文化や仕事の進め方を伝えていくか、さらには労務管理やメンタルケアに至るまでオンライン面談を活用した試行錯誤が続いた。

　業務フローに組み込まれた第三者のサービス・プロバイダーとの連携も必要となった。金融機関の業務フローにはさまざまなかたちで第三者によるサービスが組み込まれており、かつそれが海外の事業者によって行われているケースも珍しくない。前述のとおり、多くの国で金融業は機能維持を優先すべきライフラインの１つであるとされたが、金融業にサービスを提供する第三者企業の業務が優先分野とされるかどうかについては国によって扱いが異なった。金融サービスのサプライチェーンの一角を担う第三者サービス業者において出社が制限された場合等でも業務を継続するための努力が続けられた。

　新型コロナウイルスの感染が最悪期を脱して、業務を通常に戻していく際にも新たな課題が発生した。新型コロナウイルス感染が続くなかで、職場に出社する社員とリモートワークを行う社員とのバランスをとりながら、危機対応モードから通常業務モードに戻していく職場環境を柔軟に形成する必要が生じたのである。金融機関を含む多くの企業では、出社する社員と在宅勤務を行う社員を組み合わせる、「ハイブリッド」の体制を組んだが、政府の指針や感染状況に基づいて柔軟な対応を行いながら、通常業務に戻していくことは、新たな挑戦となった。

新型コロナウイルス感染拡大のこうした経験は、金融機能における業務継続の考え方を抜本的に見直して、業務継続の強靭性、いわゆるオペレーショナル・レジリエンスを強化する必要性を迫ることとなった。

8　オペレーショナル・レジリエンス

　オペレーショナル・レジリエンスとは、システム障害や自然災害等が発生しても、重要な業務を最低限維持すべき水準で提供し続けることを指す。そこでは金融機関にとって重要な業務を特定したうえで、それらの業務が中断した場合に維持すべき「耐性度」を設定し、さらにこれら業務に関連した第三者を含むオペレーションの相互連関性をマッピングしたうえで必要なリソースを確保し、その妥当性を検証する、というPDCAを繰り返すことが求められる。その意味でオペレーショナル・レジリエンスは、従来のBCPを超えて、業務のバリューチェーン全体に対して強靭な枠組みを構築し、それを継続的に高度化するフレームワークといえる（図表17-7参照）。

　新型コロナウイルス感染拡大の経験は、金融機関にとって重要な業務については、どんな事象が発生してもそれを維持継続できるようなオペレーショナル・レジリエンスを確立することの重要性を痛感させたと考えることができる。

9　新型コロナウイルスの影響の検証

　新型コロナウイルスへの危機対応を乗り越え、ウィズ・コロ

図表17－7　オペレーショナル・レジリエンスの基本プロセス

①重要な業務の特定	②「耐性度」の設定
金融システムの安定・利用者の日常生活上の重要な金融サービスの特定	業務中断が発生することを前提とした、最低限維持すべき水準（耐性度）の設定

新型コロナウイルス感染拡大の経験をふまえてオペレーショナル・レジ

（出典）　金融庁

ナ下で金融活動が一定のかたちを取り戻した後、金融安定理事会（FSB）は、感染初期を中心とした金融市場の混乱を検証し、改善すべき課題を洗い上げた[18]。そこでの認識は大きく以下のように整理される。

・市場や実体経済の混乱にかかわらず、金融システムは強靭さを示した。金融危機後の自己資本比率規制および流動性管理強化により、銀行は危機を増幅するのではなく、危機を吸収するクッションの役割を果たした。

・市場取引の急増や混乱にかかわらず、取引所や市場仲介者の

---

[18] "Holistic Review of the March Market Turmoil"、2020年11月、"Lessons Learnt from the COVID-19 Pandemic from a Financial Stability Perspective"、2021年10月、ともに金融安定理事会。"Operational resilience of trading venues and market intermediaries during the COVID-19 pandemic & lessons for future disruptions"、2022年7月、証券監督者国際機構。

③相互連関性のマッピング・経営資源の確保	④適切性の検証・追加対応
社外の第三者等も含めた相互連関性のマッピングと、必要な経営資源の採用・配置・配分の実施	経営陣のコミットメントに基づいたシナリオ分析やBCP訓練を通じた適切性の検証と必要に応じた追加対応

リエンスが重視された

　取引オペレーションはおおむね強靱に機能した。

・一方で以下の諸点は課題があり、さらなる検証が必要である。

①　資本と流動性バッファーの活用

②　ノンバンク金融機関の強靱性の改善

③　いくつかの新規制によるプロシクリカリティ効果

④　重要な業務に対するオペレーショナル・レジリエンス（業務の強靱性）の向上

⑤　危機対応のためのさらなる国際協調

　このうち銀行が行うべき体制強化として強調されたのが、④のオペレーショナル・レジリエンスである[19]。2020年3月の市場混乱に対しては、銀行を中心としておおむね適切に対応がで

19　①については本章第6項参照。②、③については第18章「金融エコシステムとノンバンク金融（NBFI）」参照。

図表17-8 オペレーショナル・レジリエンスのための諸原則

原則	テーマ	概要
1	ガバナンス	銀行は、業務中断時にも重要な業務の提供に及ぼす影響を最小限に抑えられるよう、既存の体制を活用し、オペレーショナル・レジリエンスに係る方針を確立、監督、実施すること
2	オペレーショナルリスク管理	銀行は、オペリスク管理のための機能を応用することで、業務プロセス、人的資源、システムに対する組織内外の脅威や潜在的なリスクを常に把握すること。また、自行のオペレーショナル・レジリエンスに係る方針に沿って、重要な業務の脆弱性を速やかに評価し、リスクを管理すること
3	業務継続計画とテスト	銀行は、業務継続計画（BCP）を整備すること。また、深刻であるが起こりうるシナリオを想定した訓練を実施し、障害時でも重要な業務を継続できるか確認すること
4	相互連関性・相互依存関係の特定	銀行は、重要な業務を特定したうえで、オペレーショナル・レジリエンスの方針に沿って、重要な業務の提供に係る組織内外の相互連関性や相互依存関係をマッピングすること
5	サードパーティ依存度の管理	銀行は、重要な業務の提供に関わるサードパーティやグループ内組織への依存度を管理すること
6	事象管理	銀行は、リスクアペタイト（リスク選好度）やリスク許容度に沿って、重要な業務の提供を阻害しうる事象（インシデント）を管理するための初動・回復計画を策定・実施すること。また、実際に発生した事象からの教訓を

		ふまえて、同計画を継続的に更新していくこと
7	サイバーを含むICTセキュリティ対応	銀行は、侵害の検知や防御、初動・回復プログラムにかかる、サイバー関連を含む頑健なICTセキュリティを確保すること。またこれらプログラムは定期的にテストされ、周囲の状況を適切に認識し、重要な業務をサポートするためのリスク管理や意思決定プロセスのための情報を提供するものでなければならない

バーゼル銀行監督委員会は銀行のオペレーショナル・レジリエンスのための原則を公表した

(出典) バーゼル銀行監督委員会

きたとはいえ、次なる市場混乱や金融危機にも対応できる保証はない。加えて金融市場のグローバルな連関性が高まっている一方で、サイバー攻撃に代表される新たな脅威は日々進化しており、銀行にとって業務の運営確保はより重要になっているといえる。

バーゼル銀行監督委員会は、2021年3月に「オペレーショナル・レジリエンスのための諸原則」を公表し、オペレーショナル・レジリエンスを確保するための7つの原則を示した（図表17-8参照）。これら諸原則の考え方に従って銀行による不断の努力が求められる。

10 金融リスク管理に与えた影響

新型コロナウイルスの経験は、金融リスク管理の再構成を求

めることとなった。最も影響が大きかったのは、未曽有の環境下における感染症対策、特にオペレーショナル・レジリエンスへの対応であった。リモート対応が進んでいた欧米金融機関においてすら、短期間で全面的にリモート体制に移行することは大きなチャレンジであった。また、クラウドサービスの採用のように、業務のサプライチェーンが第三者を含めたかたちで広がっていたことから、オペレーションモデルの再点検も不可欠となった。監督当局にいわれるまでもなく、オペレーショナル・レジリエンスは金融機関にとっての最優先課題となった。

　信用リスク面での影響も無視できない。政府の後押しを受けたとはいえ、需要が落ち込んだ企業に対する貸出の実行は、コロナ禍後における与信管理に宿題を残すこととなる。社会経済活動がウィズ・コロナ、ポスト・コロナへと移行するなかで、貸出先の企業の事業が回復するのか、さらにそれは持続可能なのかといった検証は、長丁場の対応が求められる。また、デリバティブを含む資本市場取引においては、担保となる現金や有価証券のやりとりを含むカウンターパーティに対するリスク管理能力が求められることとなるが、この点については次章に譲ることとしたい。

　新型コロナウイルスは、ネガティブな面だけではなくポジティブな面も含めて多くの教訓をもたらした。将来に向けて新型コロナウイルスを超えるパンデミックが発生する可能性は否定できない。得られた教訓については、時を置かずに対応を進めることが重要である。

図表17-9　2020年前半における新型コロナウイルス系譜

フェーズ	日付	出来事
市場混乱のプレリュード		
	2020年1月9日	WHO（世界保健機構）、中国が武漢で新型コロナウイルスを確認したと発表
	1月14日	WHO、新型コロナウイルスが人間間の感染の可能性があると発表。中国は感染者は41名と公表
	1月19日	WHO、人間間の感染を確認と発表
	1月23日	中国における死者累計17名。中国は武漢のロックダウンを実施。上海株式指数2.8%下落
	1月27日週	中国の複数の省で移動制限導入。1/30までとしていた旧正月の休暇期間を延長すると発表 中国以外の国々（ブラジル、ドイツ、イタリア、日本、タイ等）で感染者確認
	1月31日	イタリア政府非常事態宣言。中国との間の直行便停止
	2月19日	欧米株式市場は史上最高値更新。中国も、2/3から2/19の間に株価は約10%上昇
安全資産への逃避		
	2月中旬	中国以外で感染拡大（特にイタリア、イラン、韓国）
	2020年2月21日	イタリア政府、北部の複数の都市でロックダウン実施（3/9に期限延長） 安全資産への逃避により、各国の債券利回り低下

	2月下旬	日本政府は、全国の小中学校・高校の休校、スポーツ等のイベント自粛を要請
	2月28日	FRBパウエル議長、FRBが市場に対して「適切に対応」すると発表
	3月2日	日銀黒田総裁、日銀が十分な資金供給を行うとの緊急会見実施 ECBラガルド総裁、市場のリスクに対して適切な対応を行うと表明
	3月3日	イングランド銀行カーニー総裁、BOEが英国経済と金融システムをサポートすると表明 FRB、緊急会合により公定歩合を0.5%削減
	3月9日	イタリア、ロックダウンを全土に拡大 OPECの価格協議が決裂、ブレント原油価格が30%下落 ・米S&P指数7.6%下落。事業債市場は正常に機能も、欧州新発債市場はほぼ機能停止
現金への殺到		
	2020年3月10日	EU、追加財政措置合意
	3月11日	WHO、COVID-19を「パンデミック（＝"pandemic"，伝染病）」とみなすと発表 一部金融市場において機能不全が散見（「現金への殺到」が発生） 多くの国で追加的拡散防止措置導入。イラン、フランス、ドイツ、ロックダウン実施 豪州、ニュージーランド、スイス、国境閉鎖と検疫措置（隔離含む）導入 ・米プライムMMF、欧州LVNAVファン

		ドから資金流出、国債MMFに記録的資金流入
	3月12日	ECB、金融政策の包括パッケージ発表(長期リファイナンス、金利減免、追加資産購入等)
		・米S&P指数9.5%下落。米国国債先物・現物市場の流動性停滞
		・債券市場の機能低下により事業法人はクレジットラインの引出しにシフト
		・グローバルエクイティファンドは2週間で18億ドルのネット流出
		・債券ファンドは同期間に260億ドルの流出
	3月16日	金融市場崩落
		・米S&P指数12%下落(ブラックマンデー以来の下げ幅)
		・JPモルガンがいくつかのアセットクラスで市場の深みが2008年の危機時に相当とコメント
		・事業債市場ではビッド・アスク・スプレッドがグローバル金融危機のレベルに
		・米ドルスワップ協定にもかかわらず、米ドル調達が高値に張り付き
		フランス外出禁止令発表
	3月17日	英政府、総額3,500億ポンドの経済対策発表。同時に企業CP買入れファシリティ(CCFF)導入発表
	3月18日	FRB、MMF向け流動性ファシリティ創設を発表し、流動性支援実施
	3月23日	独政府、1,225億ユーロの追加補正予算を含む大型経済対策パッケージを発表

	3月24日	IOC、東京オリンピック2020大会の延期を決定
	3月27日	米政府、史上最大規模の2兆ドル（約220兆円）の経済対策法案成立
追加経済対策の導入		
	2020年4月3日	バーゼル銀行監督委員会、特別支援措置、デリバティブの証拠金規制実施延期等の措置を決定
	4月7日	日本政府、事業規模108兆円の緊急経済対策決定
	4月9日	EU、ユーロ圏財務相会合は総額5,400億ユーロ（約64兆円）の経済対策で合意
	4月14日	IMF、2020年の世界経済成長率がマイナス3％まで落ち込むという世界経済見通しを発表
	4月20日	NYMEX取引所で21日期日の米WTI原油先物価格が市場初のマイナス37.63ドル/バレルで取引終了
	2020年5月	各国は、3月から導入していた行動制限措置を段階的に緩和する計画を公表

（出典）　金融安定理事会等より筆者作成

目撃者のコラム

　新型コロナウイルス発生から約20年さかのぼる2003年、重症急性呼吸器症候群、「SARS[20]」と呼ばれる感染症が香港で発

20　Severe Acute Respiratory Syndrome.

生した。10％近い、高い致死率を示したSARSの日本国内への波及を抑えるため、政府は厳しい水際対策を導入した。UFJ銀行（現三菱UFJ銀行）のリスク統括部として、大手町にある銀行本店で感染者が発生した場合の業務継続計画の案を作成した。SARS患者が発生した場合は同じチームの行員は出社を自粛し、同部署および同フロアの行員の出勤は交代性により最低限に抑える。他フロアは保健所の指示に従いながら業務を継続する云々である。

相談に乗っていただいた、大学病院から派遣されていた健康管理センター長が冷静に諭してくれた。「皆さんは、もしこのフロアでSARSの感染者が出たら何が起こるかわかってませんよね？　少なくともこの階の上下２フロア、もしかしたらこの本社ビル全体が消毒の対象となって立ち入り禁止ですよ。皆さんが何をいっても保健所は耳を貸してくれませんよ」。感染症という、金融リスクとはまったく異なるリスク事象に対する認識の甘さを痛感した瞬間だった。

2000年代初めの当時、リモートによる業務継続などは不可能であり、仮に本店で感染者が出た場合にはお手上げだった。最悪の場合、代替BCPオフィスで継続できる業務を除き、多くの本部業務は「継続不能」という、なんとも情けないBCP計画を書かざるをえなかった。このBCPでは実効性がないなと思いながらも、SARSが収まるとともに改善対応を先送りにしてしまった点は後悔が残る。

新型コロナウイルスの発生から当時の記憶が鮮明によみがえった。感染症は目にみえない。どこから侵入するかもわからず、（少なくとも発生当初は）治療方法もない。感染症の恐怖は拡散する。それが過大評価なのか過小評価なのかも誰にもわからない。不安は増幅する。金融仲介機能の維持は、金融機関にとっての最大使命だが、そのために命を落としてでも出社を強

いることはできない。幸いにして新型コロナ下での出社者から重篤者は出なかったが、それは単に幸運だっただけなのかもしれない。将来に向けてさらに強力な感染症は発生するものと思って、それに備えていま何ができるのか、想像力を最大限に働かせながら、オペレーショナル・レジリエンスを確保する努力が必要となろう。

〈参考資料〉

「金融・資本市場のエコシステムとシステミックリスク」、藤井健司、2021年2月、金融・資本市場リサーチ

「オペレーショナル・レジリエンス確保に向けた基本的な考え方」、金融庁、2023年4月

"Financial Stability Report", Bank of England、2020年8月

"Holistic Review of the March Market Turmoil", Financial Stability Board、2020年11月

"COVID-19 Pandemic: Financial Stability Impact and Policy Responses – Report submitted to G20", Financial Stability Board、2020年11月

"Principles for operational resilience", Basel Committee on Banking Supervision、2021年3月

"Lessons Learnt from the COVID-19 Pandemic from a Financial Stability Perspective", Financial Stability Board、2021年10月

"US Dollar Funding and Emerging Market Economy Vulnerabilities", Financial Stability Board、2022年4月

"COVID-19 and Cyber Risk in the Financial Sector", Bank for International Settlements、2021年1月

"COVID-19 Effects on Cybersecurity Survey", Financial Services Information Sharing and Analysis Center、2020年7月

"Operational resilience of trading venues and market intermediaries during the COVID-19 pandemic & lessons for future disruptions", IOSCO（International Organization of Securities Commissions）、2022年7月

第 18 章

金融エコシステムと
ノンバンク金融(NBFI)
【2020年】

┌─ 本章のポイント ┐

　2020年3月に発生した「現金への殺到」では、CP市場や債券レポ市場等、「金融エコシステム」上の重要な機能が途絶した。主要中央銀行による潤沢な資金供給などによって金融危機は回避したが、そこで浮かび上がったのは、オープンエンド投信やMMF等のノンバンク金融（NBFI[1]）の流動性管理の問題や、証拠金制度に伴う資金移動の逼迫だった。

　NBFIの問題に焦点が当たるなかで、米国のアルケゴス・ファンドとの取引に端を発した巨額損失事件が発生した。NBFI対応は金融監督における最優先課題として浮上した。

1 金融市場の「エコシステム」

　銀行貸出や資金取引のように、最終的な資金の貸し手と最終的な借り手が直接取引を行うケースであれ、株式や債券等の有価証券の市場取引であれ、あるいはそれを支えるレポ取引、さらには取引所取引からデリバティブにおける取引決済や証拠金のやりとり[2]に至るまで、すべての金融取引は、資金や有価証券等の現物が、取引相手の間でやりとりされる。これらの金融市場の参加者は最終的に資金の貸し手（出し手）と資金の借り手（取り手）に分類されるが、そこに至る過程では、中央銀行

1　Non-bank Financial Intermediary.
2　第12章「バーゼルⅢと金融規制強化の潮流」参照。

から金融機関や機関投資家、さらには事業法人や個人の投資家や預金者に至るまで多岐にわたるプレーヤーが参加している。各々の取引は、それぞれの市場慣行にのっとって行われるが、日々巨額にのぼる取引は、銀行や証券会社といった市場仲介者や、取引所等の市場インフラを介して決済されることになる。図表18−1は米国における最終的な貸し手と借り手の間で資金や現物がどのようにやりとりされているかのフローをまとめているが、数多くの市場参加者の間で多岐にわたる取引が行われていることがわかる。こうした市場のシステムは、長い年月を経て互いに絡み合いながら構築されてきたものであり、いわば「金融エコシステム」と呼ぶことができる。

　こうした金融エコシステムの働きが、人間の身体の関節が脱臼するようにどこかで途絶したら何が起きるだろうか。途切れた取引と資金のやりとりがドミノ倒しのように他の取引に波及して、金融システム全体が機能不全に陥ることもありうる。そうした金融エコシステムの「脱臼」を目の当たりにしたのが、2020年３月に発生した「現金への殺到」であった。

2　現金への殺到と金融エコシステムの「脱臼」

　新型コロナウイルスが世界的なパンデミックに認定された2020年３月に、信用リスクがある株式や事業債だけでなく、通常、安全資産とされる国債さえも売却、現金化して手元流動性を積み増す「現金への殺到」と呼ばれる動きが発生したことは前章で触れた。

図表18−1　米国における金融エコシステム

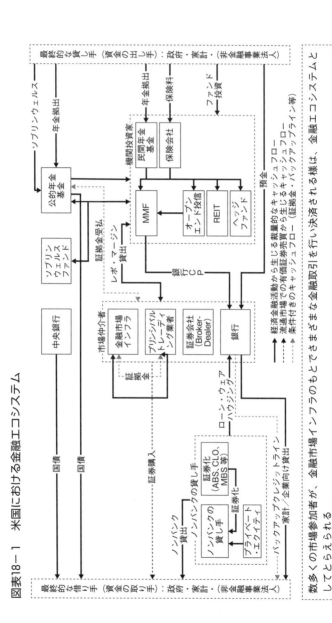

（出典）　金融安定理事会

現金への殺到の奔流は、欧米市場で大きな市場を形成しているオープンエンド投信やMMF等のファンド商品に対して、償還請求というかたちで向かった。最も影響の大きかった米国のプライムMMFでは、一時的に運用総資産の3割にのぼる償還請求を受け、3月中に総資産の11％に当たる1,250億ドル（約13兆円）が資金流出した。欧州ではユーロ建てMMFの総資産の15％が同月内に流出、英国では英ポンド建てMMFの11％が流出した。これらのファンドは、安全資産である短期国債に加えて、流動性の高い銀行の譲渡性預金（CD）や事業法人のCPといった信用リスクを含んだ短期金融商品にも投資しており、銀行や事業法人の資金調達にとっても重要な資金調達源となっていた。償還請求に直面したオープンエンド投信やMMFは、これら短期金融商品を売却して償還請求に対応したが、償還請求を行った投資家は手にした現金を再運用することなく現金のまま流動性として手元にとどめた[3]ため、事業法人の資金繰りが途絶することとなった。

　金融市場が混乱する一方で、市場取引量は拡大した。2020年第1四半期における米国の取引所での株式とデリバティブ市場取引は前年同期間に比べて約5割増加したが（図表18－2参照）、それらの取引は、新型コロナウイルス感染症の影響でオペレーション上の制約が残る金融市場に一斉に流れ込んだ。

　これに対して、証券会社を中心とした取引仲介業者の業務処

3　新型コロナウイルス発生時の銀行預金推移については、前章図表17－5参照。

図表18－2　米国取引所取引量推移

	2019年 第1四半期	2020年 第1四半期	増減（%）
株式取引額（10億ドル）	31,759	46,214	46
デリバティブ			
取引契約数（百万件）	7,526	11,070	47
想定元本額（10億ドル）	672,378	951,095	41

金融市場の混乱と並行して、金融市場取引も大きく増加した

（出典）　IOSCO

理が臨界点に達した。拡大する取引量をなんとかさばく過程で、債券レポ取引が停滞をきたしたのである。1つの理由は、各種商品に売りが殺到したことから、これらの売り注文に買い向かう債券レポ取引業者の在庫が積み上がり、バランスシートが膨張して限界に達したことである。この結果、資金調達コストとしてのレポレートが大きく上昇してレポ取引が停滞することとなった。

　この状況を先の米国資金フロー図に重ねてみると図表18－3のようになる。金融エコシステムにおける資金フローにおいて、機関投資家による有価証券購入、CP発行による事業法人の資金調達、市場仲介者におけるレポ取引等、いくつかのフローが停滞ないし断絶していることがわかる。

図表18－3 「現金への殺到」による金融エコシステムの断絶

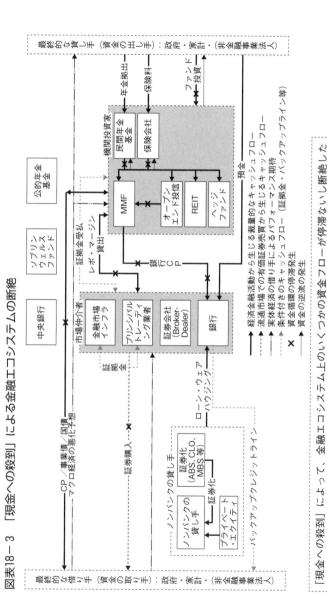

「現金への殺到」によって、金融エコシステム上のいくつかの資金フローが停滞ないし断絶した

（出典）金融安定理事会

3 ファンドの解約と流動性危機

特に問題になったのは、オープンエンド投信やMMFといったファンド商品における流動性リスク管理だった。多額の償還請求に直面したファンド[4]は、ポートフォリオに組み込まれた金融商品を売却して現金化することで償還請求に対応したが、証券会社による取引仲介が逼迫するなかでは売却は思ったようにいかず、評価額よりも低い価格でしか売却できない、あるいは売却自体ができないケースもみられた。

評価額を下回る価格での売却はファンドにとって損失が生じるだけでなく、ファンドに残ったこれら有価証券の時価評価を引き下げる引き金となり、一部のMMFでは時価評価が元本を割れる、いわゆる含み損状態も発生した。

第11章でもみたように、欧米諸国においてMMFは出し入れ自由の、あたかも普通預金のようにとらえられている。仮にMMFが元本割れをする、あるいは償還請求に対応できない、といった事態が発生すれば、多数の一般投資家に金融不安を惹起させる可能性があった。また元本割れの原因が、先走った一部投資家の償還請求にあったとなると、「早いもの勝ち」として年金基金や保険会社等の機関投資家からのさらなる償還請求が雪崩となってファンドに押し寄せ、金融システムが崩壊する

---

4 信用リスクに対する懸念から、信用リスク商品の保有割合が比較的大きかったオープンエンド投信やプライムMMF等に対する償還請求が大きかった。

危険性があった。米国FRBは3月18日に、MMF向けの流動性ファシリティの創設を発表し、苦境に陥ったMMFに対して緊急の資金供給を実施することを強いられた。グローバル金融危機時に銀行に対して公的資本を注入した状況とは異なるものの、現金への殺到は、MMFやオープンエンド投信の流動性リスクを経由して公的な流動性支援につながったことになる。

4 拍車をかけた証拠金制度

　現金への殺到を通じて新たな課題として浮上したのは、取引所取引やデリバティブ取引における証拠金[5]のやりとりだった。第12章でみたとおり、グローバル金融危機の教訓から、取引所を中心とした中央清算機関における証拠金制度を強化したのに加えて、相対の店頭デリバティブ取引においても市場価値の変動によるエクスポージャーの勝ち負けを証拠金のやりとりというかたちで、日々清算する実務が導入されていた。証拠金は、取引を取り組んだ時点でいわば「場代」として発生する当初証拠金（IM）と、エクスポージャーの勝ち負けそのものをやりとりする変動証拠金（VM）の合計額として計算され、不足が生じた場合には、現金ないし国債等の安全な有価証券ですぐに不足分を埋め合わせることが求められた。

　2020年3月の市場の動きは、この証拠金制度に大きく2つの点で試練をもたらすこととなった。1点目は、市場価格が大き

5　マージン（Margin）と呼ばれる。

く乱高下することで、日々の値洗い額が大きく変動し、中央清算機関宛てや取引相手の間で日々やりとりされる変動証拠金の金額が急増したことである。図表18−4は中央清算機関宛てに支払いが求められた変動証拠金の合計額の推移を日次で示しているが、2020年3月における中央清算機関宛ての変動証拠金だけをとっても、それ以前の平均約200億ドル（約2兆2,000億円）から一気に1,000億ドル（約11兆円）を超える水準までに急増していることがみてとれる。追加の証拠金は即刻資金手当を行って、中央清算機関や取引相手に受け渡す必要があり、市場

図表18−4　中央清算機関宛て変動証拠金日次支払推移

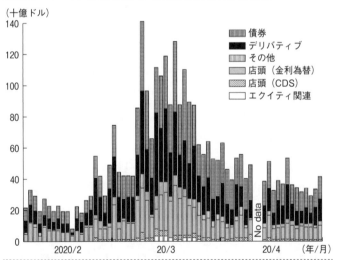

市場の乱高下により、中央清算機関宛てに支払いが求められた変動証拠金は巨額にのぼった

（出典）　バーゼル銀行監督委員会

参加者の資金繰りは繁忙を極めた。追加証拠金を支払う側の資金繰り負担はいうに及ばず、それを受け取る側でも、請求した証拠金が指定された口座に入金されたかどうかを確認する業務に追われた。請求した追加証拠金の入金が仮に遅れた場合、それは直ちに取引相手に対する与信エクスポージャーとなり、仮に入金がなされない間に先方が経営破綻すれば無担保のエクスポージャーを抱えることになるためである。

　証拠金制度のもう1つの試練は、当初証拠金の決定メカニズムから発生した。第12章でみたように、当初証拠金の金額は対象市場のボラティリティ等の要因で決定される。2020年3月の現金への殺到時には、相場が乱高下したことから市場のボラティリティが急上昇し、その結果として当初証拠金の金額が急増した。これにより、デリバティブ取引を有していた市場参加者は、保有するポジションが変わらなくても当初証拠金の積み増しを求められることになった。図表18－5は中央清算機関が求めた当初証拠金総額の日次の推移を示しているが、2020年2月は800億ドル（8兆8,000億円）弱であったのに対して、ボラティリティの上昇によって3月には1,000億ドル（約11兆円）と、わずか1カ月で約280億ドル（約3兆円）も増加していることがわかる。

　証拠金は、中央清算機関を経由せずに取引相手との間で直接行われる相対の取引、いわゆる店頭取引からも発生する。図表18－6は店頭取引から発生した証拠金の動きを示しているが、2020年3月半ばのピーク時には当初証拠金と変動証拠金あわせ

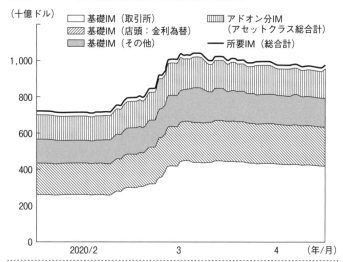

図表18-5　中央清算機関宛て当初証拠金額推移

（十億ドル）

凡例:
- 基礎IM（取引所）
- 基礎IM（店頭：金利為替）
- 基礎IM（その他）
- アドオン分IM（アセットクラス総合計）
- 所要IM（総合計）

横軸: 2020/2　　3　　4　（年/月）

市場のボラティリティ上昇により、中央清算機関宛てに支払いが求められた当初証拠金金額も増加した

（出典）　バーゼル銀行監督委員会

て、前月の２倍以上の証拠金残高が発生した。日々の市場の動きも激しかったことから、主要な金融機関やエネルギー会社等においては日々の証拠金のやりとりが1,000億円を超えることもみられた。

　こうした証拠金の積み増しや受渡しは、現金への殺到によって逼迫した流動性に拍車をかけた。証拠金制度は導入当初から、市場が混乱して資金の調達がむずかしくなる局面で証拠金のやりとりが増えることになり、ただでさえ厳しい資金繰りをさらに圧迫するという市場の増幅効果、いわゆるプロシクリカ

図表18－6　店頭取引による証拠金額推移（2020年２月を100とする）

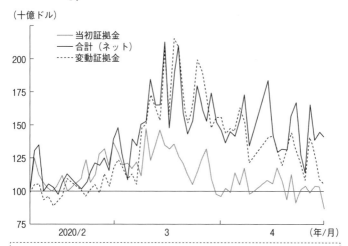

（十億ドル）

凡例：
当初証拠金
合計（ネット）
変動証拠金

市場のボラティリティ上昇により、店頭取引における相対の証拠金額も急増した

（出典）　金融安定理事会

リティと呼ばれる効果があると指摘されていたが、その懸念が現実のものとなった。金融機関や市場参加者は、取引所や取引相手に対するエクスポージャーを日々値洗いして、必要となる巨額の資金のやりとりを確認し、先方からの入金をモニタリングするとともに、自ら供託が必要となる追加証拠金の資金繰りに奔走する、というまさに綱渡りのオペレーションが求められたのである。

2020年3月に発生した現金への殺到と金融エコシステムの「脱臼」、加えて証拠金のやりとりがもたらした資金移動の逼迫で、金融システムは崩壊の瀬戸際まで追い詰められたといえる。中央銀行を中心とした潤沢な資金供給によって金融危機はなんとか回避したものの、そこでは多くの課題が浮き彫りになった。金融安定理事会（FSB）が2020年11月に公表した報告書は、特にオープンエンド投信やMMFを中心としたノンバンク金融仲介（NBFI）における流動性リスク管理の問題に焦点を当てた[6]。

NBFIは、投資信託やMMF等の投資ファンド、保険会社、年金基金にその他金融仲介機関[7]を加えたものと定義されるが、世界経済の成熟化を背景として、NBFIのウェイトが高まっている。図表18-7は、金融資産に占めるNBFIのシェアが、グローバル金融危機前の約42％から、2020年時点では5割近くにまで上昇し、その総額は銀行の資産をも凌駕するまでになっていることを示している。

さらに投資ファンドやMMF等が保有する信用リスク資産の

---

6 "Holistic Review of the March Market Turmoil", Financial Stability Board、2020年11月。第17章「新型コロナ・パンデミックとオペレーショナル・レジリエンス」参照。

7 その他金融仲介機関には、ヘッジファンドを含む投資ファンド、金融会社、信託会社、証券会社、中央清算機関、投資目的の特別目的会社等が含まれる。

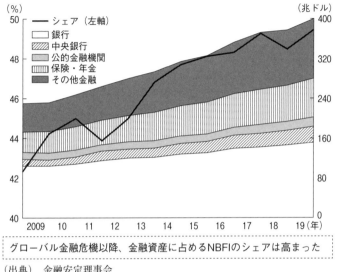

図表18−7　金融資産に占めるNBFIのシェア推移

（出典）　金融安定理事会

グローバル金融危機以降、金融資産に占めるNBFIのシェアは高まった

額もグローバル金融危機以降急増しており（図表18−8参照）、信用リスク仲介においてもNBFIの役割が拡大していることがわかる。

　これらのNBFI、特に投資ファンドやMMFは、銀行や保険会社のような厳格な資本規制や流動性規制には服していない。一方で、投資家から集めた資金を事業債やCP、さらには外国国債等に幅広く投資することで信用リスク仲介機能を果たすと同時に、資産と負債の期間のミスマッチに伴う流動性リスクをとっている。そうしたリスクテイクのひずみと不十分な流動性リスク管理が、2020年の現金への殺到のなかで一気に噴出し、

図表18-8　NBFIが保有する信用リスク資産推移

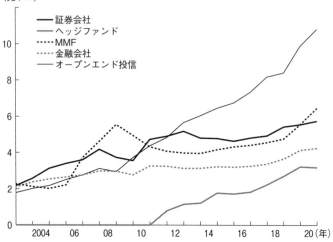

（兆ドル）

> グローバル金融危機以降、NBFIが保有する信用リスク資産は増加の一途をたどってきた

（出典）　金融安定理事会

結果として当局による流動性支援につながったと考えられる。大量の償還請求が発生した場合、NBFIは保有する金融資産を一斉に市場に売りに出すことが必要になり、売却がむずかしければ最悪の場合、「早い者勝ち」による額面割れや償還停止に追い込まれ、一気に金融危機を引き起こす可能性がある。金融安定理事会はNBFI、特にオープンエンド投信やMMFでは、①市場のストレス時に急激な償還請求を受ける可能性がある一方で、②そうした際には保有する資産を売却することが困難になるという、流動性リスク管理上の脆弱性を有しているとし、

NBFIにおいて流動性リスク管理を改善する必要があるとした[8]。2020年3月の現金への殺到を契機に、NBFI問題は金融監督の最優先課題として浮上したのである。

金融安定理事会は証拠金制度についても、特に当初証拠金と変動証拠金の決定メカニズムが市場の強靭性確保に寄与したのか、あるいは意に反して市場のボラティリティをかえって増幅させる、プロシクリカリティ効果が制度の導入当時に想定した範囲を超えていなかったか、について検証を行った。

2022年9月にバーゼル銀行監督委員会が公表した報告書では、証拠金制度があったことで、2008年のグローバル金融危機時のような金融機関間の信用不安の発生を回避できたと結論づけた。一方で、市場参加者が証拠金の決定メカニズムを理解したうえで、有事に必要となる流動性に十分備えていたか、またそのメカニズムの開示が十分であったかについては疑問が残るとし、証拠金決定メカニズムの開示やそれを市場参加者に周知徹底することで、市場参加者における流動性管理の改善を促す必要があるとした。また、当初証拠金決定モデルについても改

8　金融安定理事会は、NBFIの強靭性を高めるための下記作業プログラムを策定して遂行に着手した。

テーマ	作業期限
MMFと短期資金市場の強靭性	2026年末
オープンエンド投信の流動性リスク管理	2023年（一部2024年）
証拠金の実務	2024年
NBFIのレバレッジ	2024年～
NBFIの金融システミック・リスク	2024年以降

善に向けた検討が必要であると結論づけた。

6 アルケゴス・キャピタルマネジメント

2021年3月、米国のIT企業の株価急落が引き金となって、名だたる大手金融機関が巨額損失を被った。スイスのクレディ・スイス銀行の約6,900億円、野村證券の約3,100億円を筆頭に、金融機関が被った損失総額は1兆円を超えた（図表18-9参照）。巨額損失は、アルケゴス・キャピタルマネジメント（以下「アルケゴス」）というほとんど無名のファンドとの取引から発生したものであった。

著名なヘッジファンドであるタイガー・マネジメント傘下のタイガー・アジア・マネジメントでファンドマネジャーを務め

図表18-9　大手金融機関によるアルケゴス関連損失

金融機関名	損失金額
クレディ・スイス銀行	約6,900億円
野村證券	約3,100億円
モルガンスタンレー証券	約1,000億円
UBS銀行	約930億円
三菱UFJモルガンスタンレー証券	約300億円
みずほ証券	約100億円

世界の大手金融機関がファミリーオフィスと呼ばれるファンドとの取引関連で巨額の損失を被った

（出典）　日本経済新聞、フィナンシャルタイムズ等より筆者作成

図表18−10　トータル・リターン・スワップの仕組み

アルケゴスは、トータル・リターン・スワップ取引によって株式現物を保有することなく、対象となる株式のリターンを得ることができた

たビル・ホワンは、2012年[9]に同ファンドを自らの資産を運用する「ファミリーオフィス[10]」に転換してアルケゴスを立ち上げ、トータル・リターン・スワップ（以下「TRS」）取引と呼ばれるデリバティブ取引を金融機関と取り組むことを中心に据えた株式トレーディングを行っていた。

　TRS取引は、株式のリターンと金利とを交換する取引で、アルケゴスは金利を払う対価として、取引相手である金融機関からあらかじめ取り決めた株式のリターン（配当相当額と株価の上げ下げから生じる全損益相当額）を得るという取引である。アルケゴスはTRS取引を行うことで、実際の株式現物を保有することなく、経済的には株式投資を行うのと同じリターン（＝「トータル・リターン」）を享受することができる（図表18−10

9　ホワンは2012年にインサイダー取引等の疑いで米SECから摘発されている。

10　自己の資産を運用する投資ファンドは「ファミリーオフィス」と呼ばれ、米SECへの登録義務が免除されるほか、投資助言規制やドッド・フランク法等の対象外となっている。

参照)。アルケゴスとTRS取引を行う金融機関は、アルケゴスに株式のリターンを渡すために、対象となった株式を市場から調達することでポジションをヘッジすることが一般的である。

　アルケゴスが運用対象としたのは、当時価格上昇が著しかったIT企業株およびメディア株だった。加えてアルケゴスは複数の金融機関との間でTRS取引を積み上げることによって取引のレバレッジを高めていた[11]。

　アルケゴスのトレーディングポジションが反転したのは2021年3月だった。大手ITファンドの売りをきっかけとしてIT関連株式が広く売られ、アルケゴスがポジションをとっていた株式の株価も下落に転じた。特にポジションの大きかったバイアコム株は、年初来3倍に急騰していた株価が3月24日に急落した（図表18-11参照）。前述のとおりデリバティブ取引では証拠金のやりとりが発生し、TRS取引も例外ではない。アルケゴスは株価上昇の過程でポジションを拡大し、バイアコム株だけで実質51億ドル（約5,600億円）のポジションをとっていたが、株価の急落によって取引金融機関から証拠金の積み増しを求められ、資金調達に窮した。アルケゴスは翌25日に取引金融機関に対して資金難から証拠金が支払不能であることを伝え、金融機関はアルケゴスに対する巨額の証拠金債権がエクスポージャーとなった。本章第4項で指摘した証拠金制度に伴う信用リスクが顕在化したことになる。

11　最終的にアルケゴスは投資元本の5倍のレバレッジで運用を行っていたとされる。

図表18-11　バイアコム株価推移

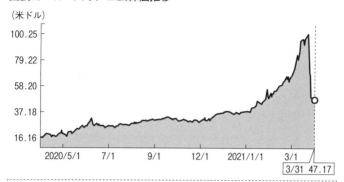

（米ドル）

- 100.25
- 79.22
- 58.20
- 37.18
- 16.16

2020/5/1　　7/1　　9/1　　12/1　2021/1/1　　3/1

3/31　47.17

> アルケゴス関連TRS取引の巻き戻しから、バイアコム社の株価は3月
> 22日から29日までの1週間で半値以下に下落した

（出典）　ブルームバーグ

図表18-12　アルケゴス損失発生の系譜

日付	出来事
3月24日	米バイアコムの増資を受け株価が急落
3月25日	アルケゴス、取引金融機関と電話協議を行い、証拠金が支払不能であることを通知
3月26日	米系2社がアルケゴス関連株式を売却 関連銘柄の株価が一段と値下がり
3月29日	野村證券が大規模損失の可能性を公表
4月6日	クレディ・スイス銀行が大規模損失の可能性を公表

> 集中投資したIT関連株式の急落に伴ってアルケゴスは追加証拠金支払不
> 能となり、取引金融機関に巨額の損失が発生した

（出典）　新聞報道等より筆者作成

アルケゴスの主要取引金融機関は26日以降、ヘッジのために保有していたバイアコム社を含む大量の株式を市場に一斉に売却、バイアコム株は週明けの3月29日までに半値以下に下落した。金融機関はアルケゴスに対する債権が回収不能になったことに加えて、ヘッジのために保有していた株式を、株価急落のなかで売却せざるをえなかったことで売却損を被り、巨額の損失計上を余儀なくされたのである（図表18－12参照）。

7 NBFI問題と金融リスク管理への影響

アルケゴスに係る損失事件の影響は大きかった。

損失額が最大となったクレディ・スイス銀行は、第三者による特別調査委員会を設置し、2021年7月に調査報告書を公表した。報告書では、クレディ・スイス銀行とアルケゴスの取引が想定元本で約2兆3,000億円の巨額にのぼっていた事実や、スイスの本社はその取引内容を熟知しておらず米国拠点との連携が欠けていたガバナンス上の欠陥、さらには目先の収益極大化に腐心するフロントの意向が常に優位に立つ企業文化のもとでのリスク管理の機能不全等、さまざまな問題点が指摘された[12]。

金融当局も事態を重くみた。ファミリーオフィスはNBFIの一形態に分類されるが、本来親族の資産管理会社として規制が

---

12 その後クレディ・スイス銀行は資本政策を含む経営改善策を模索したが、2023年3月に経営危機に陥り、同じスイスのUBS銀行に買収された。この際に、スイス金融当局はクレディ・スイス銀行が発行していたAT1債について全額元本削減とすることを決定した。AT1債については、第12章「バーゼルⅢと金融規制強化の潮流」参照。

緩く[13]、ヘッジファンドのなかには規制強化を嫌ってファミリーオフィスに転換するケースも増加しているとされる[14]。アルケゴスのケースでは損失は一部の金融機関にとどまり、金融システム全体には影響が及ばなかったとはいえ、無名の一ファンドとの取引で名だたる大手金融機関が合計で1兆円を超える損失を被ったことは監督当局に大きな衝撃を与えた。損失の舞台となった米国では証券取引委員会（SEC）が金融監視強化を表明したほか、議会で公聴会が開かれた。金融安定理事会もアルケゴスの運用が5倍ものレバレッジで行われていたことに加えて、取引金融機関の個別株式ヘッジポジションが日次の平均取引高の18倍にものぼっていたことを重大視し、前述の作業プログラムのなかでアルケゴスの事象についても検証することとした[15]。

　アルケゴスのケースは、NBFIを通じた金融リスクの顕在化事象ととらえられた。第二、第三のアルケゴス事件を避けるためにもNBFIにおけるリスク管理の改善は必須となり、なかでも流動性リスク管理の高度化は最優先課題となった。しかし、態様もさまざまなNBFIに対して金融リスク管理の高度化を一様に求めることが容易ではない[16]ことは、ファミリーオフィス

13　脚注10参照。
14　2020年におけるファミリーオフィスの運用資産額面は世界全体で6兆ドル（約630兆円）にのぼるとされる。
15　日本の金融庁は2022年4月に「米国投資会社の破綻事案を踏まえた監督上の留意点と対応」を公表し、①事業戦略に見合ったガバナンスやリスク管理の態勢整備や、②カウンターパーティの信用リスク管理を適切に行うことを求めている。

として金融監督の「レーダー」の外にあったアルケゴスのケースでも明らかである。その意味で金融機関の側でも、服する金融規制もまちまちなNBFIと取引を行う場合には、どのような取引をどこまで行うべきなのかを明確にしたうえで取引枠を設定する等の、きめ細かいリスク管理対応が求められる。

「現金への殺到」をめぐる市場の混乱は、金融エコシステムが密に重なり合うなかでは、より規制の緩い業態から発生した損失も金融エコシステムを通じて金融システム全体に伝播することを明らかにした。エコシステム全体をコントロールすることは自然界と同様に容易ではないものの、さらなる改善努力が求められる。

目撃者のコラム

2020年3月、新型コロナウイルスに対する不安が世の中に大きく垂れこめたタイミングで金融市場が変調をきたした。市場は乱高下し、クレジット債の値段が情報端末の画面から消え去った。その勢いは2007年のサブプライム危機をほうふつとさせた。

そのなかで、米国の証券子会社から悲痛な叫びが聞こえてきた。デリバティブの証拠金のやりとりが日々数十億ドル（several billions＝数千億円）にのぼっている。取引カウンターパーティに対する証拠金の管理やクレジットライン管理、さらには

16　前掲のクレディ・スイス銀行第三者調査報告書では、クレディ・スイス銀行はアルケゴス側におけるリスク管理の脆弱性を認識していたとしている。

自らの資金繰り管理がぎりぎりの状態だというのである。「1日の証拠金のやりとりで数千億円だって？」。最初は、「数十億ドル（billions）」と「数百万ドル（millions）」を聞き間違えたかと思った。子会社は米国の先物取引委託業務を請け負っており、顧客が取引所に対して支払う証拠金の管理業務を行っている。顧客には大手のエネルギー会社もいる。大口顧客の先物取引の建玉額に日々の市場の変動額を掛け合わせると、たしかに証拠金は数十億ドルにのぼっていた。米国拠点が日々管理する証拠金は、一歩間違えば巨額のカウンターパーティ・エクスポージャーにつながるオペレーションでもあったのである。

証拠金制度は、カジノにおけるブラックジャックのテーブルのようだ。見知らぬ人間同士が多額のお金を賭けるカジノでは、相手が負けたときに支払能力があるか、言い換えれば勝ち分を回収できるかがわからない。見知らぬ相手との賭け事であれば、一番わかりやすいのは互いに掛け金分の現金をチップに両替してテーブルの上に山積みにすることだ。全掛け金と同額のチップがテーブルの上に積んであれば、勝ったときにはそのチップを手元に引き寄せればいい。次の手で負けたら、手元のチップを相手に渡せばいい。胴元であるディーラーは、ゲームの勝ち負けによって正しくチップを行き来させることでプレーヤー同士のいさかいを避ける役割をもつ。市場が高騰したら、互いにさらなる現金をチップに両替してテーブルに山積みにする。逆に市場が落ち着いて、小額の賭けに終始するのであれば、テーブルに積まれるチップも少ない。正しくチップが積まれていれば、勝ち負けはテーブル上のチップの移動にすぎず、どんなに掛け金が上がっても取りっぱぐれはない。

金融エコシステムにおける証拠金制度は多数の参加者が座ったブラックジャックのテーブルだ。参加者は膨大なチップ（現金）を証拠金としてテーブルに積んでいる。証拠金制度は規制

を強化することで、積むべきチップ金額の単位や、プレーヤー間でやりとりするチップの金額を増やし、そのやりとりも頻繁にした。増加するチップに対してプレーヤーたちは、会計との間を何度も往復して手元の株式や有価証券をチップ（現金）に替え、証拠金としてテーブルに積んでやりとりする。それはカジノのテーブルを早回しでみているようだ。こうしたシステムが悪いといっているのではない。現金をチップに替えてテーブル上に置く手続がさらに早回しになって、両替自体が滞ってゲームが中断してしまうリスクや、なかにはチップの手当が間に合わずに「流動性破綻」するリスクが高まっていることを、新たなリスクとして認識しないといけなくなったのだ。

　たしかに証拠金制度は、テーブル上に十分なチップがあることを皆にさらすことで信用リスクを大きく軽減した。しかしそれは、掛け金の取り漏れという信用リスクを、チップを常に準備し続けるという流動性リスクと、慌ただしくチップのやりとりを行うというオペレーショナルリスク、という異なる種類のリスクにすり替えたものといえなくもない。

　本章でみたように金融エコシステムも万全ではなく、そこにはいくつも「目詰まり」しやすいボトルネックがある。そのボトルネックを明らかにしたのが現金への殺到であったといえる。そう考えると、現金への殺到の嵐のなかで、金融エコシステムを守る現場として、膨大なチップのやりとりに対して懸命、かつ瀬戸際の管理をしていたのが米国の同僚だったのだと思えてならない。

〈参考資料〉

「米国投資会社の破綻事案を踏まえた監督上の留意点と対応」、金融庁、2022年4月

「アルケゴス問題で浮かび上がる米国資本市場エコシステムの課題」、藤井健司、2021年6月、週刊金融財政事情

「金融・資本市場のエコシステムとシステミックリスク」、藤井健司、2021年2月、金融・資本市場リサーチ

"Holistic Review of the March Market Turmoil", Financial Stability Board、2020年11月

"Lessons Learnt from the COVID-19 Pandemic from a Financial Stability Perspective", Financial Stability Board、2021年10月

"Enhancing the Resilience of Non-Bank Financial Intermediation – Progress Report", Financial Stability Board、2021年11月/2022年11月/2023年9月

"Policy Proposals to Enhance Money Market Fund Resilience – Final Report"、2021年11月

"Global Monitoring Report on Non-Bank Financial Intermediation", Financial Stability Board、2022年12月

"Review of Margining Practices", Basel Committee on Banking Supervision、2022年9月

"Report on Archegos Capital Management", Credit Suisse Group Special Committee of the Board of Directors、2021年7月

"To G20 Finance Ministers and Central Bank Governors", Financial Stability Board、2023年2月

"The Financial Stability Implications of Leverage in Non-Bank Financial Intermediation", Financial Stability Board、2023年9月

第 19 章

暗号資産と
デジタルリスク
【2008〜2023年】

┤ 本章のポイント ├

　中央銀行をもたないデジタル通貨というビットコインを含む暗号資産のコンセプトはさまざまな思惑の参加者を集め、価格の乱高下を繰り返しながら市場が拡大した。一方で、フェイスブックのリブラ構想をきっかけとして、ステーブルコインに対しては国際的な金融規制の枠組みが導入された。暗号資産を支えたデジタル技術であるブロックチェーンは、デジタル金融における基本技術として普及した。

　社会のデジタル化やSNSの普及は、情報の拡散スピードを変え、デジタル・バンクランとも呼ばれるまったく新しい銀行破綻のきっかけとなった。

1　サトシ・ナカモトとビットコイン

　ビットコインは発端からして従来の金融とは異なっていた。2008年8月18日に、インターネット上のドメイン名「bitcoin.org」が登録されると、10月31日に「サトシ・ナカモト」の名前で、「ビットコイン：ピア・トゥ・ピア電子キャッシュシステム」という論文が、暗号化メーリングリストを通じて投稿された。そこでは分散型ネットワークであるブロックチェーンの手法に基づいた、単一の管理者をもたないデジタル通貨が提案されていた。2009年1月3日に「ナカモト」が、コンピュータ上での複雑な計算結果を解いた際に、その報酬として与えられ

る[1]「ビットコイン」を自ら最初に得ることで、暗号資産としてのビットコインネットワークが始まった。同日にソフトウェアをダウンロードした米国のハル・フィンレーは、1月12日に10ビットコインを受領した。

2 ブロックチェーンとデジタル金融

単一管理者をもたないということは、中央銀行や取引所のような最終決済機関をもたないことを意味するが、管理者のいない取引を多数の参加者の間で確実に記帳するために活用されたのが「ブロックチェーン」、ないし「分散型台帳[2]」と呼ばれるデジタル技術であった。

ブロックチェーンは、暗号技術を用いて、一定期間に発生した取引データをブロック単位にまとめて、分散型ネットワークでつながれたコンピュータの間で検証し合いながら、時系列に沿ってデータの同期を繰り返す手法である[3]。それを記録した分散型台帳ネットワークは、同一の台帳を複製して保存、更新される[4]。台帳は、ネットワークを構成するコンピュータから

---

1 ビットコインのブロックチェーン上に新たな「ブロック」を記録するためには大きな計算量の問題を解く必要があり、問題を解いた場合に、ブロックを追加することができ、その報酬としてビットコインが与えられる。この問題を解いてビットコインを受領しようとする行為を「マイニング」という。

2 Blockchain, Distributed Ledger (Technology).「共有台帳」「DLT」とも呼ばれる。

3 取引記録を、ブロック単位でチェーン（鎖）のようにつないで蓄積することから「ブロックチェーン」と呼ばれる。

図表19－1　ブロックチェーンの仕組み

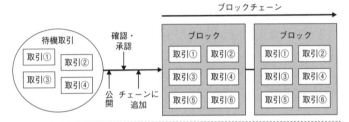

分散型のネットワーク上で取引データを更新しながら共有するブロックチェーンはデジタル金融における基本技術となった

は、国や地域を問わず誰でもみることができ、台帳を単一に管理する管理者は存在しない。また多数のコンピュータの間でデジタルデータが同期されることから、記録の改ざんや不正取引を防ぎやすく、過去の取引データにもさかのぼることができる、という利点がある（図表19－1参照）。

　中央銀行のような単一管理者をもたないビットコインの取引を記録するために、ブロックチェーンはうってつけの技術となった。さらに、取引市場上の最終決済機関を設立する必要がなく、ネットワーク上のみで取引記帳や確認ができる点は、その後のデジタル金融にも応用され、ブロックチェーンはデジタル金融を支える基本技術となった。

4　取引を追加して台帳が更新される際には、取引を検証して、更新が正しいかどうかの確認がなされ、そのうえで承認が行われることで台帳が更新される。検証と承認を、承認を受けた者だけが行えるか、それとも誰でも自由に行えるか、によって、許可型と無許可型に分類される。

分散型のデジタル通貨をマイニングの報酬として取得する、というビットコインのアイデアは、ブロックチェーンという新たなデジタル技術と組み合わさることで発展を遂げることとなった。一方でビットコインは、発行上限が2,100万ビットコインに定められており、追加的なマイニングによって新たに採掘されるビットコインは徐々に減る[5]とともに、新たな採掘のためにはより計算負荷がかかるように設計されていた。貨幣価値を自律的に生み出すことへの期待に加えて、その「採掘」が自らのコンピュータで行えること、また、早く参入したほうがビットコインを手に入れやすいこと等から、世界中でビットコインのマイニングに向けた競争が始まった。

3 ビットコインの展開

そこからの動きは急であり、かつ、紆余曲折があった。2010年以降、ビットコインでの支払いを受けることを認めた企業が増えたことから、ビットコインは決済手段としての貨幣を代替するのではないかとの期待が高まり、ビットコインは「仮想通貨[6]」と呼ばれるようになった[7]。しかしビットコイン市場が拡大したのは、決済手段としての用途からよりも、ビットコインの取引そのものからであった[8]。新たな金融資産として期待

---

5 ビットコインの発行量（＝採掘可能量）は約4年ごとに半減するように設計されている。

6 Crypto-currency.

7 G20等では「暗号資産（Crypto-asset）」の表現が一般的であることから、日本でも2018年12月以降、「暗号資産」に呼び名を統一した。

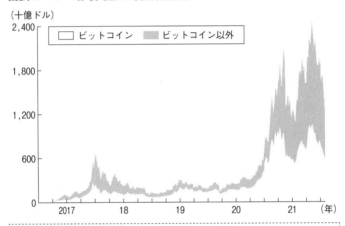

図表19－2　暗号資産の時価総額推移

（十億ドル）

ビットコインを中心とした暗号資産はさまざまな思惑のもとで、市場を拡大している

（出典）　金融安定理事会

されたビットコインの価格は上昇し、ビットコインの取引自体から利益を得ようとさまざまな参加者が市場に参入したのである。さらに世界情勢の不安定化[9]等のさまざまな思惑から、価格は乱高下を繰り返しながらビットコインの取引市場は拡大を続けた（図表19－2参照）。

8　ブロックチェーンを使ったビットコインのやりとりには、平均でも数分以上要することや、ビットコインの価格自身が乱高下を繰り返したことから、ビットコインは決済手段には向かないという見方が一般的となったことも背景となった。
9　新興国等で、自国の通貨価値に信頼を置けない国内投資家がビットコインを保有するケースがみられた。

① マイナー（採掘業者）

上記のとおり、ビットコインは一定の計算ロジックを解くことの報酬として受け取ることができる。一攫千金を目指してコンピュータを操ってビットコインをマイニングする業者は「マイナー（採掘業者）」と呼ばれ、多くの採掘業者が立ち上がった。マイニングには高いコンピュータ計算能力が求められ、コンピュータやサーバーが電力を膨大に消費することから、マイナーたちは電力料金が安い発電所近くに「採掘工場」を建設し、数千台のコンピュータをつないで計算能力を高める等してマイニングにあたった[10]。

② 交換業者

ビットコインの売買をブロックチェーン上で記録する仲介業務は、交換業者と呼ばれる専門業者が行った[11]。彼らは投資家からの売買注文をいったん自己取引で受けたうえでブロックチェーンに記帳する作業を代行した。自己取引で受ける価格と実際のビットコインの価格差がこれら交換業者の収益源となった。

③ 個人投資家

自らマイニングはできなくても、ビットコインの売買で利益

---

10 2016年における世界の採掘業者による電力消費は、シンガポール1国の総電力消費に匹敵するとされ、地球温暖化を加速すると批判された。
11 ビットコイン発生当初は「取引所」と称されることが多かったが、業務内容は自己取引と取引仲介であるため、呼び名としては交換業者がふさわしいといえる。本邦においては資金決済法に基づく「暗号資産交換業者」として規定されている。

を得ようとする個人投資家も市場に参加した。ビットコインは値動きが激しく、より投機的な金融商品を求める個人投資家にとって格好の投資対象となった。

④　**機関投資家**

　機関投資家も注目した。ビットコインは伝統的な金融資産とは異なる値動きをしたことから、機関投資家のポートフォリオにおいて、他の金融資産との相関が低い新たなオルタナティブ資産[12]として注目されたのである。しかし金融規制上の位置づけの不透明性や、価値の不安定性、さらには分別管理がむずかしいといったビットコインの性格から、機関投資家による本格的な保有には発展していない。

⑤　**取 引 所**

　取引所にとって暗号資産は新たなアセットクラスとして期待された。2015年12月には、代表的なデリバティブ市場であるCBOEとCME[13]が相次いでビットコイン先物の取扱いを開始した[14]ほか、CMEは2020年にビットコインのオプション取引を開始した。また2021年10月にはビットコイン先物のETF[15]取引がニューヨーク証券取引所に上場されている。

　参加者ごとの思惑の違いはあれ、ビットコイン市場は新たなアセットクラスとして急拡大することとなった。一方で前述の

12　代替資産。伝統的な金融資産とは異なる性格をもつ資産を指す。
13　Chicago Mercantile Exchange.
14　CBOEは2019年6月に同取引を終了した。
15　Exchange Traded Funds. 証券取引所に上場し、株価指数等の指標への連動を目指す投資信託。

とおり、市場へのビットコインの供給には限界があり、高まる需要と供給の間にはアンバランスが生じた。

市場からの高まる需要に対して関係者は新たな解決策を見出した。ビットコインが一定の計算ロジックから得られるのだとすると、計算ロジックを複製すれば第二、第三のビットコインを生み出すことができる。加えて取引量の増加からブロックチェーンの台帳書換えにかかる時間が急増したことへの対応方針の違いもあり、2017年7月に、新たに「ビットコインキャッシュ」がビットコインから分裂するかたちで生まれた。その後ビットコインは自ら再分裂を繰り返すほか、他の業者が類似の暗号資産を導入する例も増えている[16]。暗号資産は自己増殖を繰り返しているわけである（図表19−3参照）。

4 初期の事件の発生と取引規制の動き

ビットコインを中心とした暗号資産取引が急拡大するなかでは、不正取引や詐取等の事件が相次いだ（図表19−4参照）。なかでも、日本で発生した2014年のマウントゴックス事件と2018年のコインチェック事件は、全世界の関係者に衝撃を与えた。

① マウントゴックス事件

東京に拠点を構え、一時世界のビットコイン取引量の70％にのぼるシェアを占める最大級のビットコイン交換業者であったマウントゴックス社は、2014年2月7日に突如顧客から預かっ

---

16 2022年現在では数千の暗号資産が存在するとされる。

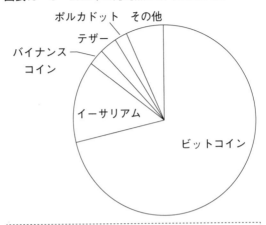

図表19-3　2022年10月時点の暗号資産シェア

ポルカドット　その他
テザー
バイナンス
コイン
イーサリアム
ビットコイン

> 暗号資産はビットコインを中心としながら、自己増殖を繰り返している

図表19-4　暗号資産の主な不正資金流出事件

時期	交換業者	国	被害額（億円）
2014年	マウントゴックス	日本	470
2015年	ビットスタンプ	スロベニア	5
2016年	ビットフィネックス	香港	65
	ザ・ダオ	ドイツ	65
2017年	ナイスハッシュ	スロベニア	70
	パリティウォレット	英国	30
2018年	コインチェック	日本	580
	ビットグレイル	イタリア	200

> 暗号資産に係る不正取引や詐取事件は後を絶たない

（出典）　新聞報道等より筆者作成

ていたビットコインの引出しを停止し、25日にはすべての取引を停止した。その後同社はハッキングによって総額約470億円、顧客数12万7,000人[17]にのぼる詐取被害が発生したと発表した。マウントゴックス社は同年6月に民事再生法を申請してその後破産したが、翌2015年には同社の社長が私電磁的記録不正作出・同供用罪で起訴され有罪が確定した[18]。事件で行方不明になったビットコインが返還されることはなかったが、2017年に暗号資産に係るマネーローンダリングへの関与でロシア人のアレクサンダー・ビニックが逮捕された際、同容疑者がマウントゴックス事件のビットコインを「入手」し、マネーローンダリングしたとされた。

② コインチェック事件

2018年1月には交換業者コインチェックのシステムがサイバー攻撃によってハッキングされ、約20分の間に顧客約26万人が保有する暗号資産ネム（NEM）総額580億円相当が流出した。流出したNEMはその後他の仮想通貨に交換する等してブロックチェーンを転々と流通し、最終的には行方不明となった[19]。コインチェック社は自社の利益留保等から顧客の被害額を補償した[20]。

匿名性が高く単一管理者が存在しない暗号資産取引における

17　このうち日本人顧客は約2,000人であったとされる。
18　同社長には業務上横領の容疑もかけられたが、審理の結果、無罪とされた。
19　管理者のいないブロックチェーンでは、流通ルートを追跡することは可能だが、それを止めることはできない点が障害となった。

問題点は、金融犯罪に利用されやすいことであった。実際に暗号資産が闇社会で利用されることは多く、第16章で述べた身代金要求型のサイバー攻撃では、暗号資産で身代金を支払うよう求めるケースが一般的である[21]。米国連邦捜査局（FBI）は、2013年10月にオンライン闇市場のシルクロード[22]を閉鎖して2,850万ドル（約28億円）相当の暗号資産を押収したほか、2020年11月にはシルクロード事件に絡んで10億ドル（約1,040億円）相当のビットコインを押収したとした。2014年1月にはビットコインを使ったマネーローンダリングの容疑でビットコイン財団の副会長を含む複数の容疑者が逮捕されたほか、2022年2月には、ニューヨーク州の夫婦が45億ドル（約5,200億円）相当の暗号資産をマネーローンダリングした疑いで逮捕され、不正入手した36億ドル（約4,100億円）相当の暗号資産が押収された。暗号資産に絡んだ金融犯罪が相次いで摘発される一方で、暗号資産の取引履歴をわからなくする「匿名化サービス」が導入される等、暗号資産をめぐる犯罪とその摘発はいたちごっこの様相を呈した。

　相次ぐ不祥事や犯罪に対して、各国政府や捜査当局、金融当局等も動いた。中国は、2017年9月にビットコインの取引を禁

20　2017年の資金決済法改正によって交換業者の登録制を採用していたことから、金融庁は全交換業者に安全管理の徹底を促すとともに調査を実施した。

21　第16章「サイバー攻撃とITセキュリティ」参照。

22　シルクロードは麻薬やクレジットカード情報、偽造免許証等を不正販売していた闇サイト。2013年の閉鎖の後も「シルクロード2.0」と呼ばれる複数の闇サイトが立ち上がっている。

止するとともに交換業者を閉鎖した。エジプトは、イスラム教の教義に反するとしてビットコインの取引を禁止する宗教令を公布、イスラム圏の国々がこれに追随した。日本では2019年に資金決済法を改正して、暗号資産を定義[23]したうえで暗号資産交換業の位置づけも明確にして、同業者を登録制とした。中国は2019年に電力消費を理由として採掘活動を禁止するとした。

こうした取引規制の動きを尻目に、ビットコインをはじめとする暗号資産の価格はその後も乱高下を続けた。2010年代の終りには、暗号資産に対して伝統的な貨幣にかわるデジタル通貨としての位置づけを期待する向きはなくなり、値動きの荒い投機対象資産としての位置づけがより鮮明となった（図表19-5参照）。

5 ステーブルコインと「リブラ」構想

ビットコインに代表される暗号資産の価格が乱高下しやすい理由の1つは、暗号資産が一般的な金融資産と関連がなく、実体をもたないデジタル資産であることであった。そこで特定の裏付け資産との関連を維持するとした「ステーブルコイン」が新たに登場した。

ステーブルコインは、分散型台帳をもつ暗号資産のうち、特

---

23 資金決済法上、暗号資産は「①不特定の者に対して、代金の支払い等に使用でき、かつ、法定通貨（日本円や米国ドル等）と相互に交換できる、②電子的に記録され、移転できる、③法定通貨または法定通貨建ての資産（プリペイドカード等）ではない」と定義されている。

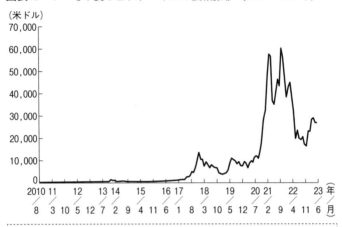

図表19-5　その後のビットコインの価格推移（2010～2023年）

（米ドル）

暗号資産に関連してマネーローンダリング等の金融犯罪が相次いで発生したにもかかわらず、ビットコインをはじめとする暗号資産価格は乱高下を続けた

（出典）　インベスティング・ドットコム社より筆者作成

定の伝統的な金融資産と関連させることで価値の安定を図るものとされ、関連づけられる裏付け資産としては、①現金や預金、②国債等の金融資産やコモディティ、③他の暗号資産、等がある。金融資産が裏付けになっているといううたい文句もあり、ステーブルコイン市場は急拡大した（図表19-6参照）。

　ステーブルコインの多くは、米ドルとの１対１の連動制を目指したものとなっているが、米ドル等の法定通貨との関連をうたったステーブルコインについては当局も注目した。このタイプのステーブルコインは法定通貨と連動するとしているが、私的機関が発行した暗号資産であることに変わりはない。一方で

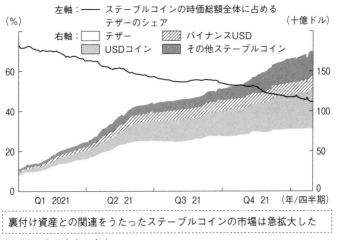

図表19－6　ステーブルコインの時価総額推移

左軸：—— ステーブルコインの時価総額全体に占める
　　　　テザーのシェア

（％）

右軸：□ テザー　　　▨ バイナンスUSD
　　　▨ USDコイン　▨ その他ステーブルコイン

（十億ドル）

裏付け資産との関連をうたったステーブルコインの市場は急拡大した

（出典）　金融安定理事会

　法定通貨の預金で求められる預金準備のような規制はなく、金融システムの外で、実質的にさまざまな金融サービスが展開してしまう可能性があった。さらに仮にステーブルコインが現金や預金を担保として保有した場合で、なんらかの理由でこれらの担保預金や現金を一度に市場に放出した場合には、現物市場が混乱する可能性もあった。その意味ではステーブルコインは、ブロックチェーン等のデジタル技術に基づきながらも、暗号資産とは性格を異にする「金融資産」であると考えられた[24]。

　特に金融当局における議論の契機となったのは、2019年6月に大手SNS[25]業者であるフェイスブックが「リブラ」と名付けられたステーブルコインを発行する構想を発表したことであっ

た。リブラは米ドルや欧州のユーロ等の複数の通貨や各国国債を裏付けとするとしており、単一通貨にリンクしたステーブルコインというよりも、グローバルステーブルコイン（以下「GSC」）として、新たなデジタル通貨ともいうべき構想となっていた。加えて、2019年当時のフェイスブックのユーザーは全世界で27億人とされ、またSNSが社会の動きに与える影響も日に日に増していた[26]。フェイスブックのユーザー同士がSNSのメッセージを交換するようにリブラを使って資金決済を行うことは、各国の金融システムや国際通貨秩序、さらにはマネーローンダリング等の不正取引管理をも大きく揺るがしかねない、との認識が広がった[27]。G20は「適切な設計や基準への適合によって法制および監督規制の要請に応えない限り、GSCは許容すべきではない」と表明、IMFも「中央銀行が金融政策の制御を失う可能性がある」とした報告書を公表した。各国の金融当局はステーブルコインに対する規制案づくりに乗り出

24　日本では、2022年6月の資金決済法の改正によって、ステーブルコインの発行を銀行や資金移動業者、信託会社に限定した。これを受けて2023年に入り、複数の金融機関がステーブルコインの発行を発表している。

25　Social Networking Service.

26　米国では2021年1月に、個人投資家を中心としたレディットというSNSにおける、「ヘッジファンドを打ち負かそう」とした投稿が煽るかたちでゲームストップ社の株価が高騰し、影響を受けた株価指数も乱高下した。米SECは、SNSが煽るかたちでの投機的行動につき、「共謀」や「相場操縦」の再定義を行うことが求められた。

27　さらにフェイスブックのリブラ構想には、クレジットカード会社等の参加が含まれたが、銀行等の金融機関が含まれておらず、意図的に金融機関秩序の外での活動を目指しているともとらえられた。

した。

こうした反発を受けて、2019年10月に正式に発足したリブラの運営団体では、当初参加を表明していたビザやマスターカードといったクレジットカード会社、さらには決済業者のペイパルやイーベイも参加を取りやめ、リブラ構想は大きく縮小を余儀なくされた。さらに2020年4月に公表した「リブラ2.0」構想ではリブラ協会がすべての顧客資産を確認するとするなど、GSCとして新通貨を立ち上げるという当初のリブラ構想は事実上頓挫した。

2022年5月、ステーブルコインはさらなる試練にさらされた。直前の5月8日の時価総額で186億ドル（約2.5兆円）を誇り、米ドルに対して1対1の価値を維持するとしたステーブルコイン大手の1つであるテラUSDの価値が急落し[28]、6月にはほぼ無価値にまで落ち込んだのである。テラUSDは実際に現金や預金を担保とするのではなく、ルナという他の暗号資産を担保とし、互いに価値を補強し合うことで米ドル価値を維持する仕組みであったが、大手のステーブルコインがわずか1カ月で「破綻」した事件は、暗号資産やステーブルコイン取引が高リスクであることを示した。

相次いだ暗号資産業者の経営破綻のなかでも最も影響が大きかったのは、2022年11月に経営破綻したFTX社の事件であった。2019年5月にバンクマン・フリードが立ち上げたFTX社

28　同時に米ドル価値との連動もなくなった。

は、暗号資産交換業をベースとしながら、異なる暗号資産間の裁定取引や、暗号資産関連の金融業務等に業務を急拡大し、2022年1月の外部資金調達時の企業価値は320億ドル（約4兆3,000億円）にのぼっていた[29]。フリードは政治献金も積極的に行い、業界の風雲児との呼び名をほしいままにした。

　しかし、2022年後半の急激な資金流出に耐えられず、2022年11月に連邦破産法11条の適用を申請して経営破綻すると、FTX社のずさんな経営実態が次々に明らかになった。100万人を超える顧客数を誇った顧客資産が適切に管理されず、その多くが行方不明となったほか、FTX社は、テラUSDの裏付け資産となったルナを空売りしてテラUSD破綻のきっかけとなったのに加えて巨額の利益を得ていた事実も発覚した。さらには、関係会社との間で経理上のキャッチボールを行って不正経理を行っていた事実や、取締役会が開催されていなかったことなどが判明したのである[30]。FTX社の破綻は暗号資産自体の価値下落、FTX社と取引関係があった金融機関の損失[31]、さらにはFTX社から融資を受けていた関連業者の連鎖倒産の発生等、暗号資産関連業界にとって大きな打撃となった（図表19－7参照）。

29　FTX社は非上場会社であり、企業価値は外部調達時の第三者評価に基づくものである。
30　フリードは取引銀行に対する詐欺罪等、計12の罪に問われている。
31　暗号資産ビジネスに特化したシルバーゲート銀行は2023年3月に清算を発表している。

図表19－7　FTX社に関連した経営破綻例

日付	社名・出来事	業態	負債総額（推計）
2022年6月30日	スリーアローズキャピタル、連邦破産法15条適用申請し経営破綻	暗号資産ヘッジファンド	6億7,000万ドル（約900億円）
11月28日	ブロックファイ、連邦破産法11条適用申請し経営破綻	暗号資産融資業	10～100億ドル（約1兆3,000億円）
2023年1月19日	ジェネシスグローバルキャピタル、連邦破産法11条適用申請し経営破綻	暗号資産融資業	10～100億ドル（約1兆3,000億円）
1月5日	暗号資産に特化したシルバーゲート銀、2022年第4四半期に預金が81億ドル（約1兆800億円）、7割減少と発表	銀行	N.A.
3月8日	銀行持株会社シルバーゲートキャピタル、シルバーゲート銀行の自主清算を公表		

暗号資産業界最大手のFTX社の経営破綻とその後明らかになったずさんな経営実態は、暗号資産業界に大きな打撃となった

（出典）　新聞報道等より筆者作成

6　暗号資産の自己資本比率規制上の取扱い

　ビットコインを中心とした暗号資産やステーブルコインの展開に対して金融当局の対応は、国ごとに異なり、かつまちまち

であった。マウントゴックス事件が発生した日本では他国に先駆けて法制化を進めた[32]のに対して、米国では既存の枠組みを変えることは行わず、有価証券の性格を有するデジタル資産については証券取引法の枠組みで規制するというアプローチを採用した。

しかしステーブルコインに対する危機感は、金融規制面での連携を促した。バーゼル銀行監督委員会は、2022年12月に「暗号資産エクスポージャーに係るプルデンシャルな取扱い」を公表、銀行が暗号資産を取り扱う場合の自己資本比率規制上の取扱いを定めた。そこでは、規制は簡潔かつ最小限のものとすべきであるとした一方で、同じリスクをもつ経済活動は規制上同等に扱うべき[33]、という原則にのっとった取扱いが示された。具体的には暗号資産を、一定の要件を満たすグループ1暗号資産と要件を満たさないグループ2暗号資産に分類、さらにグループ1暗号資産は、①トークン化した伝統的資産（グループ1a）と、②ステーブルコイン（グループ1b）に分類し、グループ2暗号資産は、③ヘッジ効果を認めるグループ2a暗号資産と、④ヘッジ効果を認めないグループ2b暗号資産に分類、それぞれのエクスポージャーに対するリスクウェイト等の取扱いを定めた（図表19－8参照）。

---

32 脚注23参照。
33 "Same risk, same activity, same treatment".

図表19-8 バーゼル規制上の暗号資産エクスポージャー取扱い

暗号資産の分類要件

①	(i)伝統的資産をトークン化したものであること、または(ii)伝統的な金融資産の価値に連動させる価値安定化メカニズムを有し、常に機能していること
②	暗号資産に係る権利・義務が明確に定義され、かつ法的に担保されていること
③	暗号資産の機能やネットワークに係る重要なリスクが十分に管理・削減されるようデザイン・運営されていること
④	暗号資産の償還・移転・決済完了等を行う主体が規制・監督されていること

自己資本比率規制上の取扱い

グループ1暗号資産		グループ2暗号資産	
分類要件をすべて充足		分類要件を1つでも充足しない	
		グループ2a	グループ2b
グループ1a	グループ1b	ヘッジ認識基準を充足	ヘッジ認識基準不充足
トークン化された伝統資産	ステーブルコイン	・裏付け資産のない暗号資産 ・トークン化された伝統資産(要件不充足) ・アルゴリズム型ステーブルコイン 等	
・既存のバーゼル枠組みに即した所要資本賦課 ・インフラリスクに対応した追加的資本賦課あり		ヘッジ効果勘案のうえ、リスクウェイト1250%相当の賦課	ヘッジ効果認めずリスクウェイト1250%適用
		グループ2暗号資産全体のエクスポージャーリミットあり	

> バーゼル銀行監督委員会はステーブルコインをはじめとする暗号資産エクスポージャーに対する自己資本比率規制上の取扱いを明確化した

(出典) バーゼル銀行監督委員会より筆者作成

7 中央銀行デジタル通貨（CBDC）

一方で、通貨当局である中央銀行の側でも大きな動きがあった。自国通貨の一部をデジタル化して、自らが「中央銀行デジタル通貨（CBDC[34]）」を発行しようというアイデアが動き出したのである。社会のデジタル化に適応することに加え、特に新興国においては紙幣の発行や流通管理のコストを削減できるメリットや、国内で広がる暗号資産に対抗する[35]意味合いもあった。

開発計画競争の先陣を切ったのは中国だった。中国人民銀行は2014年にCBDCの研究グループを立ち上げ、2020年に広東省深圳市で市民も参加した実証実験を開始し、順次実験地域を拡大している。また、カンボジアやウルグアイ、ナイジェリア等もCBDCの試験発行を行っている。

先行する中国に対して先進国でも検討が加速した。欧州ではECBが2021年7月にデジタルユーロ発行に向けたプロジェクトを開始し、開発に向けた判断を行うとされている。米国では2022年1月にCBDCに関する政府報告書をまとめたうえで、3月に開発加速を求める大統領令が出された。報告書では、①消費者や投資家の保護、②金融システムの安定、③不正防止、④米国の競争力維持、⑤金融包摂[36]と責任あるイノベーション、

---

34 Central Bank Digital Currency.
35 エルサルバドルは2021年9月に、ビットコインを法定通貨として採用した。

を優先事項に掲げている。

　CBDCは国際金融の枠組みにおける基軸通貨の主導権争いの側面もあり、実証実験から実際のCBDC導入までの時間も短縮していくことが予想される。

8　デジタル金融の進展と「DeFi」

　乱高下を繰り返す暗号資産そのものの取引市場を尻目に、デジタル金融は資本市場のさまざまな取引分野に侵入した。総称して「DeFi[37]（分散型金融）」と呼ばれたデジタル金融では、ビットコインと同様に、単一管理者をもたずにブロックチェーンを活用し、さらにその決済も暗号資産で行うことが一般的となっている。

①　イニシャル・コイン・オファリング（ICO[38]）

　2017年に入ってICOと呼ばれる資金調達が活発になった。ICOは、スタートアップ等の企業が「ホワイトペーパー」と呼ばれる事業計画書をインターネット上に公開するとともに、ブロックチェーン技術に基づいて独自の「トークン[39]」を発行し、これを投資家が暗号資産で購入する[40]ことで企業が資金調達を行うものである。ICOは、株式市場におけるIPO（株式新

36　銀行口座をもたない国民にも金融サービスの提供を確保することをうたっている。

37　Decentralized Finance.

38　Initial Coin Offering.

39　Token.

40　投資家は購入したトークンを他の投資家に売却する等して利益を得ることを目的とする。

図表19-9　DeFiでハッキング被害にあった暗号資産被害額推移

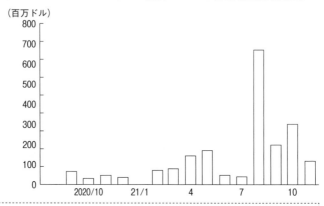

（百万ドル）

DeFi取引でハッキングされた暗号資産被害額は拡大を続けている

（出典）　DeFi Llama

規公開）と同様の経済効果をもつが、煩雑な株式発行手続が不要であることから、その資金調達額は、2018年7月末までで約142億ドル（約1兆6,000億円）と、急速に積み上がった。しかし、ICOは裏付け資産をもたないトークン発行であり、詐欺行為が横行した[41]ことや各国で規制強化がなされた[42]ことから、2018年後半以降、発行が急減速した[43]。

41　実体のない会社がホワイトペーパーを公表してICOで資金調達しながら、行方をくらますといった詐欺行為が多数みられた。

42　中国は2017年9月にICOによる資金調達を全面禁止した。

43　2018年10月~12月期のICOによる資金調達は16億ドル（約1,800億円）と前の四半期比金額で33％、件数で15件減少した。

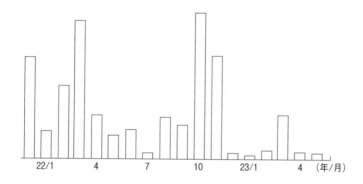

②　セキュリティ・トークン・オファリング（STO[44]）

　STOは企業が、有価証券や不動産等の資産を裏付けとして、ブロックチェーンに基づいたデジタル権利証をトークンのかたちで発行して資金調達を行うものである。発行の流れはICOと同様だが、裏付け資産に基づいて発行がなされる点が大きく異なる。日本では、2019年の金融商品取引法改正によってトークンを「みなし有価証券」と規定し、証券会社等[45]の取扱業務とした。

　ブロックチェーンを活用したデジタル金融の汎用性は高く、今後さまざまな資本市場取引で試みが続くことが予想される。

44　Security Token Offering.
45　第1種金融商品取引業者。

その一方で、ビットコインを筆頭に暗号資産をめぐる不祥事や資産窃取、さらにはマネーローンダリング事件も後を絶たず、DeFiもその例外ではない（図表19−9参照）。暗号資産とデジタル金融は、デジタル社会の構築を加速させる起爆剤であると同時に、危険な劇薬でもある。デジタル金融の暴走を防ぎながら、そのメリットを生かすという大きなチャレンジが求められる。

9 シリコンバレー銀行とデジタル・バンクラン

　社会のデジタル化とSNSの浸透等を背景として、従来の常識では考えられない「デジタル・バンクラン[46]（デジタル時代の銀行取付け）」が発生した。2023年3月10日に、米国カリフォルニア州に拠点を置くシリコンバレー銀行（以下「SVB」）は、大量の預金引出し要求に対応できずに経営破綻し、連邦預金保険公社（FDIC）の管理下に入った。関係者を驚かせたのはそのスピードだった。

　SVBは2020年以降のIT企業への資金流入をとらえたビジネスモデルで急拡大を遂げた。2019年末から2021年末までのわずか2年間で、SVBの総資産はほぼ3倍に拡大し、2022年末の総資産は2,118億ドル（約27兆8,000億円）と、全米でも16位の規模にのぼっていた（図表19−10参照）。

　2022年FRBは、インフレ高進を抑えるために、金融引締め

---

[46]　Digital Bank Run.

図表19−10　SVBの預金量推移

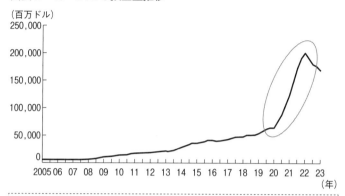

（百万ドル）

SVBは、2020年から預金量が急増し、わずか２年間で総資産が３倍に
なって全米16位の銀行となった

（出典）　国際金融協会

　と利上げに踏み切った。利上げは金融機関が保有する債券ポー
トフォリオに対して価格下落圧力となる。利上げに伴って保有
債券から含み損失が生じていたSVBは、2022年初から2023年２
月末までに預金総額が約14％減少した。SVBは2023年３月８日
水曜日に総額25億ドルの資本調達計画を公表した[47]が、経営不
安懸念から株価が急落し、翌３月９日に総預金の４分の１に当
たる約400億ドル（約５兆3,000億円）の引出し要求を受けて資
金繰りに窮した。さらに翌10日には約1,000億ドル（約13兆
3,000億円）の預金流出が見込まれたこともあり、SVBは３月
10日の朝に経営破綻した。この時点で過去全米２番目に大きい

47　脚注31記載のシルバーゲート銀行は同日に清算を発表している。

図表19−11　SVBのバランスシート上の特徴（2022年末時点）

項目	金額（US$M）	構成比
現預金	13,803	7%
満期保有債券	91,321	43%
その他有価証券	26,069	12%
貸出	73,614	35%
合計	211,793	100%

ほとんどはMBS、CMBS、地方債
・21年末：平均4.1年
・22年末：平均6.2年

3月8〜10日に210億ドル売却
〜売却損18億ドル

うち56%がVC・PB向けブリッジファイナンス

SVBの経営破綻では、リスク管理上の欠陥が数多くみられた

（出典）　FRBより筆者作成

銀行破綻となった。わずか2日間で全預金量の85％にのぼる引出し要求があったことは、デジタル時代ならではのスピードでのバンクラン（銀行取付け）であり、関係者に衝撃を与えた。

　SVBの破綻の週明けの3月12日月曜日には、暗号資産関連のビジネスが多かったニューヨークのシグネチャー銀行も経営破綻した。地銀発の金融システミック・リスクの発生を懸念した米当局は2行の預金の全額保護や金融機関の緊急流動性供給策を導入し、動揺する金融システムの安定化を図った[48]。

　SVBの破綻では、典型的なリスク管理の不備がみられた（図表19-11参照）。①2022年にかけての預金に占める法人預金の

項目	金額（US$M）	構成比
預金	173,109	82%
短期借入金等	14,389	10%
純資産	16,295	8%
合計	211,793	100%

現金のほとんどが企業預金かつ預金保険対象外（＞25万ドル）

アーリーステージ	39%
テック企業	21%
海外ファンド	18%
国内ファンド	13%
プライベートバンク	6%
その他	3%
うち預金保険超	88%

シェアがほぼ9割にのぼっていたという流動性リスク管理上の問題、②急速な預金の伸びに対して期間の長い国債やMBS等の有価証券を保有することで金利リスクを大きくとっており、かつ保有有価証券の大半が、期中売却が困難な「満期保有証券」であった、という金利リスク管理上の問題、③緊急時の資

48　その後4月下旬に、ファースト・レパブリック銀行（FRC）の経営危機が発生し、同行は5月1日に経営破綻した。FRCについては、JPモルガン銀行がFRCのすべての預金とほぼすべての資産を引き受けることで事態を収拾した。経営破綻時のFRCの総資産は2,291億ドル（約31兆2,000億円）とSVB銀行を上回っており、「全米2番目に大きい銀行破綻」の記録を塗り替えた。

金繰り対策としてのFRB借入れの準備を怠っていたため、3月9日にFRB借入れができなかったという流動性危機管理上の問題、④2022年4月にチーフ・リスク・オフィサー（CRO）が辞任した後、約10カ月にわたってCROが不在であったというガバナンス上の問題、等々である。

スピードに翻弄されたのは金融監督当局も同様だった。米国では総資産1,000億ドル（約13兆3,000億円）未満の銀行はRBOカテゴリーとされ、その規模から規制上最低限の規制しかかからない。総資産が急増したSVBは、2021年6月に閾値である総資産1,000億ドルを超えて、上位のLFBOカテゴリー[49]に移行したが、より厳しいLFBO基準に基づくSVBの監督が始まったのは2021年後半であった。2021年の秋にはサンフランシスコ連銀がSVBの流動性リスク管理の脆弱性を指摘したが、従来のRBOの基準では基準を満たしていたことから、抜本的な改善を求めることに逡巡したこともあり、手をこまねいているうちにSVBは経営危機の波に飲み込まれた。

SVB自身のリスク管理と当局の監督のあり方の双方に問題があったことは明白だが、それでも2日間で総預金の85％が引き出されるという事態は想定外のことであり、仮にこのような急激な預金流出が発生したら、どのような銀行であっても存続は不可能である。そこには、SVBのビジネスモデルが主戦場としたスタートアップ企業やIT企業の後ろ盾となっていた投資

---

49 RBOは "Regional Banking Organization"、LFBOは "Large and Foreign Banking Organization" の略。

ファンドが、SVBの経営不安を懸念して、傘下企業に預金の預け替えを指示した事実や、SVBの経営不安に対するSNS上での情報拡散が引き金を引いた事実があると考えられる。さらにさかのぼれば、第17章で論じた、新型コロナウイルス発生後の金融緩和や流動性供給が、投資ファンドというNBFIを経由してIT企業を中心としたスタートアップ企業に資金流入することでSVBの預金急増につながり、その水膨れした資金がFRBの利上げを契機として逆流することで、預金の減少、さらにはNBFIとSNSを起点としたデジタル・バンクランを引き起こしたと考えられる。SVBやFRC等の大手地銀の経営破綻を目の当たりにして、米国では新型コロナウイルス発生後に積み上がった銀行預金をMMFに預け替えする動きが出ているとされる。金融エコシステム上で、銀行預金とNBFIの間を行き交う資金の動きには今後とも細心の注意が必要となろう。

10 金融リスク管理への影響

　暗号資産とデジタル金融が金融リスク管理に与える影響は大きい。その影響は大きく3つの観点に集約される。

① 暗号資産からの間接影響に対するリスク管理対応

　多くの銀行は暗号資産ビジネスに直接は参入していないが、暗号資産取引が広がりをみせるなかで、取引先が暗号資産関連ビジネスに参入するケースは多数みられる。暗号資産の価値自体が乱高下するなかでは、取引先の信用審査の観点から、取引先の暗号資産へのエクスポージャーや信用力への影響等を評価

する必要が生じる。たとえばFTX社の破綻は、ヘッジファンドや交換業者、さらにはこれらにインフラを提供する金融機関を含む関連業界に広く影響を与えており、波及経路を通じたリスク評価が必要とされる。

② デジタル金融面におけるリスク管理対応

デジタル金融においては、いわば「攻めと守り」の両面における対応が必要となる。デジタル金融の広がりを考えると、銀行は指をくわえて静観するのではなく、自らが取り扱える業務に対しては積極的に取り組んでいく必要がある。デジタル業務参入というリスクテイクに対しては、リスク管理上の備えが必要であり、従来のリスク管理ではカバーしきれない新たなリスクは何か、その程度はどれだけかを見極めて対応する必要が生じる。

③ デジタル社会へのリスク管理対応

社会のデジタル化は金融面にとどまらない。SNSを通じた真偽を問わない情報の拡散スピードは想像をはるかに超える。SVBにおける預金流出のようなケースはさまざまなパターンで発生する可能性がある。金融の世界がNBFIも含めてより連関性[50]を高めているなかで、オペレーショナル・レジリエンス[51]もふまえた柔軟な対応が求められることになる。

---

50 Interconnectednessと呼ばれる。
51 オペレーショナル・レジリエンスについては、第17章「新型コロナ・パンデミックとオペレーショナル・レジリエンス」参照。

　2009年9月に、国際金融協会（IIF）の会合に出席するために
ロンドンに出張した。直前までIIFの議長だったソシエテ・ジェ
ネラル銀行の会長、シャルル・ブートン氏の発案で新たに組成
された「Interconnectedness Oversight Group（金融連関
性監視グループ）」の発足会合である。会合に声がかかったのは
グローバルに活動する銀行から計8名で、アジアからはたった
1人の参加となった。議論は連関性を増す金融界のリスクと起
こりうる問題を議論する、というものだった。グローバル金融
危機の直後でさすがの欧米金融機関も危機の事後処理に追われ
ていたこともあってか、作業グループはさしたる成果も残せず
に解散することとなった。いまにして思えば、グローバル金融
危機を生き抜いたブートン氏には、金融の連関性がリスクとな
る世界がみえていたのだろう。その後の15年を経て、銀行業界
とNBFI、伝統的金融とデジタル金融、財務リスクと非財務リ
スク等、従来からすると相対するとも思われる概念やリスクが
互いに連関しながら増幅する様をみるにつけ、2009年に警鐘を
鳴らしたブートン氏の慧眼に驚かされる。

　なかでも2023年のSVBの経営破綻のケースは、金利リスク
管理や流動性リスク管理といった伝統的な金融リスク管理の失
敗と、NBFIやSNSといったデジタルな世界でのリスク管理の
課題とが共鳴しながら増幅した典型例に思える。それは、これ
からの金融リスク管理は伝統的な金融リスク対デジタルリスク
といった白黒の対立構造ではありえない、ということを如実に
示した大きな事件ととらえるべきである。今後のリスク管理で
は、色とりどりのリスクの絵具、それも水彩と油彩のリスクの
絵具をそれぞれに絞り出したような、リスクのパレットをマ
ネージすることが求められる。そこでは従来のリスク管理の発
展をふまえながらも、それにとらわれない柔軟な発想も必要に

なる。幸いにしてフィンテックやAI等、新たなリスクに対抗して使えるツールも増えている。実務家としてのリスクマネジャーの知見と実践に、想像力と創造力を加えることが解決に向けた鍵となろう。

〈参考資料〉

"Regulation, Supervision and Oversight of "Global Stablecoin" Arrangements", Financial Stability Board、2020年10月

"Assessment of Risk to Financial Stability from Cryptoassets", Financial Stability Board、2022年2月

"Report on Stablecoins", President's Working Group on Financial Markets", FDIC, OCC、2021年11月

"Prudential treatment of cryptoasset exposures"、バーゼル銀行監督委員会、2022年12月

"Application of the Principles for Financial Market Infrastructures to stablecoin arrangements"、バーゼル銀行監督委員会、2022年7月

"Review of the Federal Reserve's Supervision and Regulation of Silicon Valley Bank", FRB、2023年4月

"FDIC's Supervision of Signature Bank", FDIC、2023年4月

"Policy Recommendation for Crypto and Digital Asset Markets – Consultation Report", IOSCO、2023年5月

"Report on the 2023 banking turmoil", バーゼル銀行監督委員会、2023年10月

"2023 Bank Failures-Preliminary lessons learnt for resolution", Financial Stability Board、2023年10月

第 20 章

気候変動リスク
【2015年〜】

　21世紀に入って、金融機関はまったく新しい課題に取り組むことになった。地球温暖化に伴う気候変動リスクである。地球温暖化は、異常気象事象の激化や座礁資産の発生といった気候変動リスクを生む。脱炭素社会実現に向けて、金融本来の機能である資金供給だけでなく、取引先への働きかけも含めた金融機関への役割期待が高まった。データもモデルも十分でなく、発生の不確実性も高い気候変動リスクへの取組みは、金融界のみならず、人類全体を巻き込んだ一大事件となった。

1　パリ協定から気候変動リスクへ

　2010年代に入ってまったく新たなリスクが注目された。地球温暖化と気候変動のリスクである。

　21世紀に入り自然災害の激甚化が顕著となっている。2005年に米国のニューオーリンズ市に甚大な浸水被害をもたらしたハリケーン・カトリーナによる死者は1,335名に達し、被害総額は1,080億ドル（約12兆円）にのぼった（図表20-1参照）。2011年にタイで発生した大規模洪水はサプライチェーンを寸断し、日本の自動車メーカーの生産拠点も操業停止に追い込まれた[1]。2019年には欧州の広い範囲を熱波が襲って、各地で観測

1　世界銀行の試算によるサプライチェーン全体の被害総額は450億ドル（約4兆9,500億円）にのぼったとされる。

図表20-1　米国で発生した巨大台風の例

名称	発生年月	主な被災地	死者数	被害総額 （ドル／円）
ハリケーン・アンドリュー	1992年8月	フロリダ州等	65名	265億ドル 2兆9,150億円
ハリケーン・カトリーナ	2005年8月	ニューオーリンズ市等	1,335名	1,080億ドル 11兆8,800億円
ハリケーン・サンディ	2012年12月	ニューヨーク州等	170名	750億ドル 8兆2,500億円
ハリケーン・ハービー	2017年8月	テキサス州	107名	1,250億ドル 13兆7,500億円
ハリケーン・イルマ	9月	キューバフロリダ州	134名	646億ドル 7兆1,060億円

21世紀に入って甚大な経済的影響を与える異常気象事象の増加が顕著となった

（出典）「金融機関のための気候変動リスク管理」

史上最高気温を記録した。欧州各地で河川の水温が上がったことから、原子炉の冷却水の温度が上昇して原子力発電所が一時操業停止に追い込まれる等の被害が相次いだ。同年の夏から秋にかけては世界の各地で大規模な森林火災が発生した。米国カリフォルニア州では7,000㎢、ブラジルで9,000㎢、オーストラリアでは5万4,000㎢[2]に及ぶ被害が発生した。2022年にパキスタンで発生した大規模洪水では国土の3分の1が水に浸かっ

2　オーストラリアの被害地域は、九州（3万7,000㎢）と四国（1万8,000㎢）の合計にほぼ等しい。

た。国連の専門機関である世界気象機関は、2023年7月の世界の平均気温が観測史上最高となったと発表した。このように異常気象事象が増加した原因と考えられているのが、地球温暖化の進行である。

産業革命以降の近代化においては、石炭や石油等の、いわゆる化石燃料が産業化に必要となるエネルギー供給を支えたが、化石燃料の消費は大気中に莫大な量の二酸化炭素（CO_2）を排出した。CO_2をはじめとする温室効果ガス[3]が、地球を毛布のように覆うことで太陽からの赤外線を大気中に閉じ込めて地球温暖化が進むということは、多くの科学者の警告するところであったが、そうした懸念が現実のものになったのである。

国際協調によって地球温暖化を抑えようという動きは、1992年にブラジルのリオデジャネイロで開かれた「環境と開発に関する国連会議」、いわゆる「地球サミット」を契機として本格化した。気候変動の悪影響を抑えるために温室効果ガスの排出を抑制する方向性が示されたのである。1997年に京都で開催された第3回国連気候変動枠組み条約締結国会議、いわゆるCOP[4]では、先進国全体の温室効果ガスの年間排出量を2012年までに1990年対比で約5％削減する目標が「京都議定書」として採択された[5]。さらに2015年にパリで行われたCOP21で

---

[3] 温室効果ガスには、6割強を占める二酸化炭素のほかに、メタンや一酸化二窒素等がある。

[4] Coalition of Partiesの略。地域サミット後に原則年次で開催され、通算の開催回数に基づいて「COP○○」と呼ばれる。

図表20－2　パリ協定の主な内容

世界共通の長期目標として2℃目標の設定。1.5℃に抑える努力を追求すること
主要排出国を含むすべての国が削減目標を5年ごとに提出・更新すること
すべての国が共通かつ柔軟な方法で実施状況を報告し、レビューを受けること
適応の長期目標の設定と、各国の適応計画プロセスや行動の実施、適応報告書の提出と定期的更新を行うこと
イノベーションの重要性の位置づけ
5年ごとに世界全体としての実施状況を検討する仕組み（グローバル・ストックテイク）を導入すること
先進国が資金の提供を継続するだけでなく、途上国も自主的に資金を提供すること
二国間クレジット制度（JCM）も含めた市場メカニズムを活用可能とすること
発効要件に国数および排出量を用いること（上記参照）

> 地球温暖化を抑止するための国際的枠組みとして各国は2015年にパリ協定を批准し、温室効果ガス削減に向けて動くこととなった

（出典）「金融機関のための気候変動リスク管理」

は、新たな国際的な枠組みとして「パリ協定」が成立し、翌2016年に発効した。

　パリ協定は大きく以下の2つの長期目標を掲げている（図表

5　京都議定書はその後の各国の立場の違い等から、詳細なルールの合意に至ることなく2012年の期限を迎えて失効した。

20 - 2 参照)。

① 世界の平均気温上昇を、産業革命以前に比べて 2 ℃よりも十分低く保ち、1.5℃に抑える努力をする。

② そのためにできる限り早く世界の温室効果ガス排出量をピークアウトし、21世紀後半には温室効果ガス排出量と（森林等による）吸収量のバランスをとった、「ネットゼロ」を実現する。

　パリ協定に参加した197カ国は、それぞれの温室効果ガス削減目標を策定し、目標達成に向けた努力を始めることとなった。

2　地球温暖化と気候変動

　そもそも地球が温暖化するとどのような問題が生じるのだろうか。国連の「気候変動に関する政府間パネル（IPCC[6]）」が、2019年に公表した第 6 次統合報告書[7]は、地球温暖化の結果として発生する気候変動が、自然界や人間社会に対して大きな影響を与えうることを示した（図表20 - 3 参照）。

　特に注目されるのは、気候変動の影響を最も受けるのは、気候変動への適応力が最も弱い人々である、という点である。その意味でパリ協定と同じ年に国連サミットで採択された「持

6　Intergovernmental Panel on Climate Change.
7　IPCCは、地球の気候変動の状況について定期的に報告書を公表している。

図表20-3 気候変動の影響

	項目	影響
自然・環境への影響	海面水位	平均海面水位は最大1.1m上昇
	沿岸湿地	沿岸湿地は海面上昇により、2～9割消失
	自然災害	森林火災大幅に増加。巨大台風の増加
	氷河	欧州やアジアなどの規模の小さい氷河のほとんどが、8割以上融解
	永久凍土	永久凍土の融解、グリーンランドや南極の氷床の融解が加速する
社会への影響	サンゴ礁減少	サンゴ礁が支えていた海洋食料、海岸防衛、ツーリズムに影響
	種の多様性	低地種が高地種に移動することで、高地種減り、種の多様性減少
	沿岸浸水被害	沿岸浸水の被害は現在の100～1,000倍に増加。一部島国は居住困難に
	海上生態系	海水温度の上昇による生態系への影響から漁獲量は最大24％減少
	全般	最も大きな影響を受ける人々は対応力が最も低い人々である

国連のIPCCは、産業革命以降の人間活動が地球温暖化を引き起こしたとしたうえで、その結果としての気候変動が自然界や社会に大きな影響を与えることを示した

（出典）「金融機関のための気候変動リスク管理」

続可能な開発目標（SDGs[8]）」と共通する点も多く、地球温暖

---

8 Sustainable Development Goalsとして17の目標を掲げている。

化・気候変動対応は全世界レベルで取り組む必要があることが
示された。

3 気候変動リスク

　地球温暖化に伴う気候変動の影響は環境問題にとどまらず、
金融システムにも大きな影響を与えるリスクであるとの考え方
も広まった。2020年1月、国際決済銀行は「グリーン・スワン
報告書」を公表した。報告書は気候変動が、金融界において非
線形で不可逆的な影響をもたらして社会全体のシステミック・
リスクを引き起こす可能性がある、としたうえで、将来の気候
変動課題に対処するために、国際金融システムを改革すること
で社会の持続可能性、いわゆるサステナビリティを支えるべき
であるとした。金融安定理事会（FSB）の議長で、イングラン
ド銀行総裁（ともに当時）のマーク・カーニー[9]は、2015年9
月に、後に「ホライズン（時間軸視野）の悲劇[10]」と呼ばれる
こととなった講演で、気候変動リスクは通常のビジネスの計画
サイクルや選挙等の政治の周期をはるかに超えた視野での対応
が求められるとしたうえで、「投資家が、自らの投融資ポート
フォリオにおけるCO_2の集中度を知る必要がある」とした。こ
うして気候変動が金融に与えるリスクの認識が高まることに
なった。

9　マーク・カーニーは2020年に国連の気候変動問題担当特使に就任し
た。
10　Tragedy of Horizon.

図表20－4　物理的リスクと移行リスク

物理的リスク		気候変動から発生する直接的な損失。気候変動自体によって、資産に対して被る直接的な損傷や、サプライチェーンが寸断される等から発生する間接的な損失に分けられる
	急性リスク	台風や洪水の発生等の気象事象に起因するリスク
	慢性リスク	地球温暖化に伴う海面上昇等の、気候の長期的なシフトに起因するリスク
移行リスク		気候変動への対応として低炭素経済に移行していく過程で発生する、政策導入、技術革新、市場の嗜好の変化等から発生するリスク

> 気候変動リスクは、物理的リスクと移行リスクからなり、そのうち物理的リスクは、さらに急性リスクと慢性リスクに分類される

（出典）「金融機関のための気候変動リスク管理」

　気候変動リスクは、大きく物理的リスクと移行リスクに分類される[11]（図表20－4参照）。

①　物理的リスク

　物理的リスクは、気候変動自体から直接的に発生する損失のリスクであり、気候変動による資産損傷等の直接損失および、サプライチェーンが寸断されること等から発生する間接損失からなる。物理的リスクは台風や洪水の発生のように一過性の気象事象に起因する急性リスクと、温暖化による海面上昇や気温上昇等の気候の長期的な変化に起因する慢性リスクに大

11　最近では、保険業界を中心に、気候変動につながる保険引受を行うことによる訴訟リスクを加えて、3つのリスクとする考え方もみられる。

別される。

② 移行リスク

移行リスクは、気候変動への対応として脱炭素社会に移行する際に、たとえば法規制の改正、技術革新、市場の嗜好等が変化すること等から発生する損失のリスクと定義される。たとえば脱炭素化への移行過程で、CO_2排出に懲罰的な税が課されることから発生する損失や、再生エネルギーへの移行の過程で、石炭火力発電設備の除却が行われることで発生する償却損失等がこれに当たる。特に脱炭素化の過程で価値を失う設備は、「座礁資産[12]」として償却損失を生む可能性が指摘された。

4 気候変動リスクと金融リスク

気候変動リスクは、従来金融機関が対応してきた市場リスクや信用リスクといった金融リスクとは多くの点で異なる。第一に、通常の金融リスク管理が対象とする期間が数週間からせいぜい数年程度であるのに対して、気候変動リスクは時に何十年に及ぶ対応が必要となる。また気候変動リスクは、計測のためのデータが十分ではなく、分析モデルも確立していない。気候変動リスクにおいては、どのような事象がいつ発生するかについての不確実性もきわめて高く、複雑な相互依存関係や波及経路がある。

さらに気候変動リスクが顕在化するかどうかは、各国政府が

12　Stranded Assets.

図表20－5　気候変動リスクと金融リスク

	金融リスク	気候変動リスク
分析対象期間	数週間から2、3年	数年から数十年
データ	比較的豊富に得られる	客観的データに乏しい
モデル	比較的確立している	未確立である
発生の不確実性	ある程度分析可能	不確実性が高い
波及経路	比較的分析可能	波及経路が複雑
規制との関連	ある程度予測可能	法規制動向に左右されやすい

気候変動リスクは従来の金融リスクと大きく異なる性格をもっており、金融機関は対応に苦慮した

（出典）「金融機関のための気候変動リスク管理」

どのような政策や法規制を打ち出すかに左右される面が大きい。たとえば炭素税を導入する等、温室効果ガスの排出を抑制する政策を強力に打ち出せば、将来の物理的リスクは抑えられるが、税負担等の足元の移行リスクは増すことになる。逆に、脱炭素政策をまったくとらなければ、移行リスク負担は避けられる一方で、異常気象のさらなる激甚化というかたちで将来の物理的リスクは増大することになる。

　気候変動リスクのこのような特徴は、気候変動リスクへの取組みを始めた金融機関を悩ませることとなった。

　対応を進めるなかで得られた結論は、気候変動リスクは、金融リスクとしての市場リスクや信用リスクと並列に並べられるものではない一方で、金融リスクに影響を与え、時に金融リス

クを増幅させる「ドライバー」である、ということであった。たとえば、海面上昇という気候変動リスクが顕在化すると、沿岸地域の住宅が浸水する可能性が高まり、これら地域の住宅に貸し出している住宅ローンの信用リスクが高まる。異常気象が増えると、作物の作付けが大きく変動し、コモディティ価格が乱高下して市場リスクが高まる等である。こうして気候変動リスク対応は、気候変動リスクがドライバーとなって、取引先の信用リスクや市場リスクといった金融リスクに与える影響を考慮するアプローチが望ましいと考えられることとなった。

5 監督当局の動きと気候変動シナリオ分析

気候変動リスクに対して、金融当局の対応も進んだ。バーゼル銀行監督委員会は2022年7月に「気候関連金融リスクの実効的な管理と監督のための諸原則」を公表した[13]。また、2017年12月に設立された「気候変動リスク等に係る金融当局ネットワーク（以下「NGFS」[14]）」は、気候変動に係る金融監督の実務やマクロ分析等の活動を行うことに加えて、気候変動に係るデータベースや共通シナリオを構築する取組みを行っている（図表20-6参照）。

データやモデルが未確立な気候変動リスク管理にあたって有

---

13 "Principles for the effective management and supervision of climate-related financial risks"、バーゼル銀行監督委員会、2022年7月。
14 Network for Greening the Financial System. 各国の監督当局や中央銀行が参加するかたちで拡大し、2022年末で加盟メンバーは121機関にのぼっている。

図表20-6　NGFSが提示した気候変動シナリオ

	シナリオ名	シナリオ類型名	気温上昇	シナリオの概要
Ⅰ	秩序だった移行シナリオ	①ネットゼロ2050	1.5℃	厳格な政策導入と技術革新により2050年に世界でネットゼロ実現
		②2℃未満	1.7℃	漸進的な政策強化により67％の確率で2℃未満上昇実現
Ⅱ	無秩序な移行シナリオ	③セクターごとの方針がまちまちなネットゼロ	1.5℃	2050年ネットゼロは実現も、各国で異なる施策採用
		④対応遅延	1.8℃	2030年から急に厳しい施策導入（ネットゼロ宣言国は高炭素価格適用等）
Ⅲ	熱暑の世界	⑤各国施策（NDC）実現	～2.5℃	現状各国がコミットしている施策（NDC）を実現
		⑥現状政策維持	3℃超	現状の政策から変化なし

各国の監督当局や中央銀行を中心に設立されたNGFSは、気候変動に対する金融監督の実務に加えて、気候変動のデータベースや気候変動のシナリオを構築することで、気候変動リスク管理の実務を支えた

（出典）　NGFSより筆者作成

効と考えられたのが、シナリオ分析であった。シナリオ分析は、市場や景気の変動に係る一定の仮定をシナリオとして置

図表20-7　各国における気候変動シナリオ分析取組み例

国	実施時	対象リスク	対象期間
フランス	2021年5月	物理的・移行	30年
カナダ	10月	移行	30年
オランダ	12月	物理的・移行	1年/10年
英国	2022年6月	物理的・移行・訴訟	30年
オーストラリア	6月	物理的・移行	30年
中国	6月	移行	10年/40年
日本	8月	物理的・移行	30年/80年（物理的）

各国当局が将来の気候変動に関する共通シナリオを提示して自国内の金融機関に気候変動リスクシナリオ分析の実施を求める取組みが広まった

（出典）　NGFSより筆者作成

き、そのシナリオが発生した場合の影響を分析する。科学者の間で取組みが進んでいる地球分析モデルに、NGFS等が提示した気温上昇や将来の炭素価格についてのシナリオを組み合わせることで、将来の信用コスト等を推計するという、気候変動シナリオ分析の取組みが始まった。

　気候変動シナリオ分析の取組みは、使用する気候変動シナリオや基本的なデータを各国の当局が提供したうえで、国内の金融機関に参加を求める、という共通シナリオ分析として始まった（図表20-7参照）[15]。また当面その目的も、シナリオ分析結果としての信用コスト額の多寡をもって評価するのではなく、こうした分析を行うことで気候変動シナリオ分析や気候変

動リスク管理に対する知見を集積することとされた。

　気候変動シナリオ分析と並行して検討が進んだのは、削減を目指すCO_2排出の定義とその計測手法であった。企業による炭素排出は、企業の工場やオフィスでの直接排出に加えて、電力会社等から供給されたエネルギーを使用することによる間接排出がある。さらには企業の製品を使用する際等のサプライチェーン上でもCO_2は排出される。その排出量の算定定義に際しては、上記の順番でスコープ１、２、３と名付けられ、多くの企業は最終的には全スコープでのCO_2排出ネットゼロを目指している（図表20－8参照）。このうち金融機関にとって最も重要となったのは、スコープ３のCO_2排出、特に「ファイナンスド・エミッション[16]」と呼ばれる、投融資ポートフォリオにおける排出量（図表20－8　スコープ３の⑮番）であった。

　金融機関のスコープ３ベースのCO_2排出の大半は、投融資ポートフォリオからの排出が占めている。したがって、金融機関がスコープ３ベースでのCO_2排出ネットゼロを実現するには、投融資ポートフォリオにおける排出量を削減しなくてはならず、そのためには、投融資先の企業の側における脱炭素の実現が必要になるのである[17]。

15　グローバル金融危機後に、当局主導の共通シナリオに基づくストレステストが広まった点については、第12章「バーゼルⅢと金融規制強化の潮流」参照。

16　Financed Emissions.

図表20－8　スコープ1からスコープ3の炭素排出量

スコープ	内容
スコープ1	自社の工場・オフィス・車両等、企業自らによる温室効果ガスの直接排出
スコープ2	他社から供給された電気、熱、蒸気等のエネルギー使用に伴う間接排出（エネルギー起源間接排出量）
スコープ3	サプライチェーン全体に占める、スコープ1、スコープ2以外の間接排出。以下の15カテゴリーからなる。 ①購入した製品、サービス、②資本財、③スコープ1、2に含まれない燃料およびエネルギー関連活動、④輸送、配送（上流）、⑤事業から出る廃棄物、⑥出張、⑦雇用者の通勤、⑧リース資産（上流）、⑨輸送、配送（下流）、⑩販売した製品の加工、⑪販売した製品の使用、⑫販売した製品の廃棄、⑬リース資産（下流）、⑭フランチャイズ、⑮投融資

> 金融機関はスコープ1～3ベースでの炭素排出量ネットゼロを目指しているが、そこで重要なのは取引先に対する投融資における排出量であった

（出典）「金融機関のための気候変動リスク管理」

6　エンゲージメント（目的をもった対話）

　脱炭素化に向けて、金融機関には脱炭素社会への移行を資金面から支える役割が期待されたが、それだけではなかった。金

17　ファイナンスド・エミッションにおける温室効果ガス排出量の測定基準は、金融業界主導の組織であるPCAF（Partnership for Carbon Accounting Financials）が検討、公開している。

融機関は従前より、脱炭素を含む広義の「ESG[18]」課題に積極的に取り組む姿勢を示しているが、なかでも重視されているのは、金融機関による「エンゲージメント[19]（目的をもった対話）」の実施である。

　金融機関は取引先に対して投融資を行うことで、株主ないし貸出先の立場で、定期的に企業と対話を行っている。社会全体が脱炭素を目指すなかで、金融機関には取引先に対して脱炭素に向けた動きを能動的に働きかける目的をもった対話としてのエンゲージメントを行うことが期待されているのである。先のとおり金融機関がスコープ３ベースでのネットゼロを実現するためには、投融資先である取引先においても脱炭素を進める必要がある。金融機関がスコープ３ベースでのネットゼロ目標を掲げるうえでも、取引先への働きかけとしてのエンゲージメントが進むこととなった。

　金融業界内において自発的に議論を進める動きも発生した。国連は、2021年に英国グラスゴーで開催されたCOP26会議にあわせて、「ネットゼロに向けたグラスゴー金融同盟」（GFANZ[20]）を組成した。GFANZの傘下には、金融業態ごとの組織が組成され、脱炭素・ネットゼロに向けた業態ごとの課題に取り組むための議論が行われた（図表20－9参照）。

18　Environment, Social and Governanceの略。
19　Engagement.
20　Glasgow Financial Alliance for Net Zero.

図表20－9　GFANZ傘下団体（参加数は2023年8月現在）

イニシアティブ	業態	参加数
・Net-Zero Asset Managers Initiative	資産運用業者	315社
・Net-Zero Asset Owner Alliance	アセットオーナー	86社
・Net-Zero Banking Alliance	銀行	133行
・Net-Zero Insurance Alliance	保険会社	11社
・Paris Aligned Asset Owners	アセットオーナー	56社
・Net-Zero Investment Consultants Initiative	投資コンサルタント	12社
・Net-Zero Financial Service Providers Alliance	金融サービス業者	26社
・The Venture Climate Alliance	ベンチャーキャピタル	70社

> GFANZを中心とした国連の主導のもと、金融業界では業界団体を組成してネットゼロに向けた課題を議論する動きが起こった

（出典）　GFANZホームページより筆者作成

7 　サステナブルファイナンス

　持続可能な経済社会システムに移行していく過程では、膨大な投資が発生することが予想される[21]。金融機関や金融資本市場には、そのための資金移動を円滑に支える「サステナブル

21　国際エネルギー機関（IEA）は、2021年10月に公表した「世界エネルギー見通し（World Energy Outlook）」で、脱炭素に必要な投資額として、年間4兆ドル（約456兆円）が必要であるとした。

図表20−10　ESG債の分類イメージ

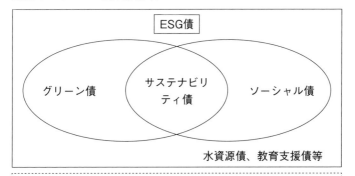

ESG債

| グリーン債 | サステナビリティ債 | ソーシャル債 |

水資源債、教育支援債等

環境改善や社会開発等のESG関連の課題解決を資金使途とするESG債は、グリーン債、ソーシャル債およびサステナビリティ債に分類される

（出典）　野村総合研究所

ファイナンス[22]」を支援することが期待された。サステナブルファイナンスには以下の例を含めてさまざまな形態がある。

① **ESG債**

　サステナブルファイナンスのなかで先行したのが、ESGに取り組む企業が債券市場で資金調達を行うESG債である。ESG債は、環境改善や社会開発等のESG関連の課題解決を資金使途とする債券で、グリーン債、ソーシャル債およびサステナビリティ債に分類される（図表20−10参照）。ESG債は適格なESG関連プロジェクトに資金使途が限定され、期中も定期報告を通じてモニタリングされる債券であり、通常の債券発行よりも手間

22　「持続可能な社会を支える金融システムの構築」、金融庁サステナブルファイナンス有識者会議報告書、2021年6月。

やコストがかかるが、発行体・投資家ともに、ESG課題に取り組んでいることを外部のステークホルダーにアピールできるメリットがある。ESG債市場は、脱炭素社会に向けた資金調達をサポートする金融ツールとして急速に拡大することとなった。

② **ESG投信**

ESG債が債券発行による資金調達、いわゆるデットファイナンスを支えるのに対して、リスクマネーとしてのエクイティファイナンスを支えるツールの1つがESG投信である。ESG投信は、運用業者が、公募投資信託等のファンドにESGに取り組む企業の株式を組み込んで投資家に販売するもの[23]であり、投資銘柄の選定基準にESGへの貢献を掲げるとともに、運用業者が投資先に対してESG取組みを促すエンゲージメントを行うことで、サステナブルファイナンスを推し進めることが期待されている[24]。

③ **トランジション・ファイナンス**

銀行を中心とした間接金融の分野では、トランジション・ファイナンスが重要となった。脱炭素化を実現できるかどうかは、CO_2を多く排出するエネルギー産業や鉄鋼産業等の、いわ

---

23 ESG投信のなかには、ESG債を組み込んだ債券型の投信もみられる。
24 ESG投信については、商品名に「ESG」をつける基準が各社の裁量に任されていることが多く、名称と運用実態が見合っていない、いわゆる「グリーンウォッシング」になっているケースがあるという問題が指摘されており、商品の組成や運用において実態を伴ったものとする必要がある。これについて金融庁は、2023年3月に「金融商品取引業者等向けの総合的な監督指針」を改訂した際、「ESG考慮に関する留意事項」としてESG投信の範囲や開示、態勢整備等を明確化した。

ゆる多排出産業が脱炭素を実現できるかどうかにかかっている
といっても過言ではない。一方で、たとえば石炭火力から再生
エネルギーへの転換は一朝一夕では実現せず、これら産業は、
石炭火力も使って社会に対するエネルギーや製品の供給責任を
果たしながら、再生エネルギー設備を増強し、その稼働を確認
したうえで、徐々に石炭火力発電所を停止・除却するという、
きわめてむずかしい課題に直面する。こうした移行過程（トラ
ンジション）では一時的に炭素排出が増えることとなるが、最
終的な脱炭素に向けた明確な戦略や排出削減経路[25]を前提とし
て、移行プロジェクトに対して適切に資金を供給することが必
要になる。金融機関はこうした「トランジション・ファイナン
ス」を実行する際、企業のトランジション戦略の妥当性と、そ
れを実践する企業側のガバナンス体制の信頼性を評価したうえ
で資金を供給することになる[26]。

　トランジション戦略は企業ごとに異なり、かつ将来の技術革
新等の不確実性も高い。一方で、経済が成長を維持しながら脱
炭素社会に移行するためには、企業のトランジション戦略を金
融面で支えることが不可欠である。金融機関には、トランジ
ション戦略を正しく評価したうえで資金を供給するというむず
かしい舵取りが期待されている。

---

25 「パスウェイ（Pathway）」と呼ばれる。
26 金融庁・経済産業省・環境省は、2021年5月に「クライメート・ト
　ランジション・ファイナンスに関する基本指針」を公表している。

8 金融リスク管理への影響

　気候変動リスクへの対応は金融リスク管理における新たな挑戦となった。通常の金融リスク管理の運営サイクルとはまったく異なり、かつデータやモデルも十分でない気候変動リスクというリスクドライバーを、取引先に対する信用格付けにおいてどのように考慮するか、脱炭素化に向けた道筋を取引先とどのように対話すれば有効なエンゲージメントにつながるか等、従来のリスク管理実務とは発想を変えたアプローチが求められることとなった。

　気候変動シナリオ分析も同様だった。第4章で示したとおり、リスク管理実務においてストレステストやシナリオ分析は、VaR等のリスク管理モデルの弱点を補完する手法との位置づけであり、いわばモデルが主に対してシナリオ分析が従という関係であった。これに対して、そもそものモデルが存在しない気候変動リスク管理においては、シナリオ分析が主の役割を果たすことが期待される。とはいえ、将来の気候変動のシナリオを想定することすら容易ではなく、リスクマネジャーの悩みは大きい。金融機関には、脱炭素社会に向けた経済構造の変革に対して資金を供給するという大きな役割があり、いわば攻めと守りのバランスをとった取組みが必要となる。地球温暖化への対応は待ったなしである。脱炭素化と気候変動リスクへの取組みは、金融界のみならず、人類や、さらには地球に生きる生き物全体を巻き込んだ一大チャレンジといえるのである。

　2019年6月、ブリュッセルで行われた世界の主要金融機関の
CROが集まった業界会合に出席した。1日にわたって行われ
た会議の目玉は、ゲストスピーカーとして招かれた、オランダ
中銀総裁で、後に金融安定理事会の議長にも就任したクラウ
ス・クノット総裁との1時間のディスカッションだった。到着
したクノット総裁は開口一番、「これから5年間のEUの政策は
気候変動対応を中心に据える。金融監督の議論も例外ではな
い」と口火を切り、1時間の質疑応答は気候変動の話に終始し
た。当時日本では、気候変動とは環境問題ではあるものの、金
融規制や金融リスク管理の中心テーマとしてはとらえられてい
なかった。これはいったいどうしたことか、と思って周りを見
回すと、名だたるグローバル金融機関のCROたちも、鳩が豆
鉄砲を食らったような顔をしている。なるほど、僕だけじゃな
い。彼らにとっても驚きなのだ。

　最初に思ったのは「これは、いけるかもしれない」だった。
日本の金融機関のリスク管理は常に欧米金融機関の背中を追う
ことで進んできた。時に周回遅れでの対応も珍しくなかった。
どうもこのトピックはそうではなさそうだ。欧米金融機関も同
じスタート地点にいるのであればスクラッチで勝負ができるか
もしれない、という想いだった。

　帰国してインターネットを検索すると、出るわ出るわ、何千
ページもの資料がヒットする。それぞれが取り扱っているテー
マも多岐にわたり、その脈絡もわからなかったが、読み進める
といくつかの流れがみえてくる。国連を中心とした脱炭素の動
き、会計基準、開示、金融規制、等である。これらをいくつか
のストリームに整理しながら読み進む。読みながら意識してい
たのは、横一線で走っているはずの欧米金融機関のCROたち
の姿や気配だった。気候変動リスクは通常のリスク管理とは異

なるが、金融リスクに影響を与えるドライバーだと結論づけた段階で、リスクマネジャーの役割がみえてくる。それ以上に、脱炭素社会の実現に果たすべき金融機関の役割は大きい。必要となる膨大な投融資の資金をいかに円滑に仲介するか、金融機関の手腕が問われている。

　頻繁に行われる業界会合における邦銀の発言力は、過去のバーゼル規制の議論と大きく異なり、トランジション・ファイナンス等、多くのテーマで議論をリードしている。その頼もしい姿をみるたびに、その出発点の1つとなった2019年6月の会議室に漂ったなんともいえない戸惑いの空気を思い出す。

〈参考資料〉

「持続可能な社会を支える金融システムの構築」、金融庁サステナブルファイナンス有識者会議報告書、2021年6月

「持続可能な新しい社会を切り拓く金融システム」、金融庁サステナブルファイナンス有識者会議第二次報告書、2022年7月

「サステナブルファイナンスの深化」、金融庁サステナブルファイナンス有識者会議第三次報告書、2023年6月

「クライメート・トランジション・ファイナンスに関する基本指針」、金融庁・経済産業省・環境省、2021年5月

「トランジション・ファイナンスにかかるフォローアップガイダンス～資金調達者とのより良い対話に向けて～」、金融庁・経済産業省・環境省、2023年6月

「金融商品取引業者等向けの総合的な監督指針」、金融庁、2023年3月

「ネットゼロに向けた金融機関等の取組みに関する提言（ガイド）」、金融庁脱炭素等に向けた金融機関等の取組みに関する検討会報告書、2023年6月

「金融機関のための気候変動リスク管理」、藤井健司、中央経済社、
　2020年10月

"The Green Swan – Central banking and financial stability in the
　age of climate change", Bank for International Settlements、
　2020年 1 月

"Principles for the effective management and supervision of cli-
　mate-related financial risks", Basel Committee on Banking Su-
　pervision, Bank for International Settlements、2022年 7 月

目撃者のコラム──おわりに

　本書で繰り広げられた「大事件」の多くに共通するのは、ある市場や取引が拡大し、事業の拡大に拍車がかかった結果、管理体制が追いつかなくなって「破裂」し、市場全体を巻き込んだ「大事件」に発展する、ということではないか。「山高ければ谷深し」とはよくいったもので、市場の拡大が大きいほど、その反動としてのショックも大きい。また、きっかけとなった市場や取引も、複雑なデリバティブから、単純な住宅ローン、ヘッジファンドからMMFに至るまで、あらゆる金融取引に潜んでいることも「大事件」は語っている。人間は変わらない、人間は懲りない、との感想をもった方も多いのではないか。

　過去40年にわたって金融界を「目撃」してきた身からすると、日に日に市場の連関性、インターコネクテドネス（Inter-connectedness）が高まっていることに寒気を覚える。欧州のヘッジファンドが償還請求に応じなくなると米国の証券化商品が暴落する。感染症の発生がMMFの元本割れにつながる。米国の地銀の破綻が金融システム不安を引き起こす。「ブラジルの1匹の蝶の羽ばたきは、テキサスで竜巻を引き起こすか」という問いではないが、金融エコシステムは密接につながりあっており、何をきっかけに張り詰めた糸がプツンと切れて大事件にいたるか、きわめて予測がむずかしくなっている。まさにリスクマネジャーとしての「シナリオ力」が問われよう。

　次なる大事件は必ず起こる。本書の20の大事件がそれを示し

ている。それはすぐ明日のことかもしれないし、すぐ身の回りの金融取引から発生するかもしれない。そうだとすると問題は次なる大事件にどのように備えるかである。

　本書で示したとおり、危機事象に備えるには事前の努力と事後管理がある。個別の金融機関としての事前管理にリスク管理部署が重要な役割を担うことは疑問の余地がない。しかし担い手はそれにとどまらず、経営陣や取締役会が率先してリスク文化や企業文化を変革することも必要である。「経営からのメッセージ」が出発点になる。

　経営者から社員に至るまで幅広い関係者の賛同を得るためには、過去の教訓を正しく評価することは必須であろう。そこには、起きた大事件の評価だけでなく、行った対応の評価も含まれる。すべての薬には副作用がある。投薬の副作用をも正しく理解し、グローバルな経済発展やあるべき企業価値の向上を損なわないように新たな薬を調合して事件の再発を抑える。そこにリスクマネジャーが果たすべき役割、責任は大きいだろう。

　最後に、本書を執筆するにあたり、平日・週末・昼夜を問わず背中を向けて机に向かう姿を見守ってくれた家族に感謝するとともに、遅れに遅れる原稿を我慢強く待っていただくと同時に的確なご示唆をいただいた金融財政事情研究会の小田徹参与および編集の皆さんに感謝の意を表したい。

2023年11月

藤井　健司

事項索引

【著者略歴】

藤井　健司（ふじい　けんじ）

東京大学経済学部卒。ペンシルヴェニア大学ウォートンスクール経営学修士課程修了。

1981年日本長期信用銀行入行、同池袋支店、営業第二部、長銀インターナショナル（英国）出向、等で勤務。

1998年三和銀行入行、三和証券リスク管理部長

2004年UFJホールディングスリスク統括部長兼UFJ銀行総合リスク管理部長

2006年三菱UFJフィナンシャル・グループ、リスク統括部バーゼルⅡ推進室長

2007年あおぞら銀行入行、専務執行役員チーフ・マーケット・リスク・オフィサー

2008年みずほ証券入社、リスク統括部長

2016年同常務取締役常務執行役員グローバルリスクマネジメントヘッド

2020年グローバルリスクアンドガバナンス合同会社設立、代表

Eメールアドレス：globalrisk2020@nifty.com

新 金融リスク管理を変えた大事件20

2023年12月28日　第1刷発行

（2013年7月25日　『金融リスク管理を変えた10大事件』初版発行　）
（2016年9月28日　『増補版 金融リスク管理を変えた10大事件＋χ』発行）

著　者　藤　井　健　司

発行者　加　藤　一　浩

〒160-8519　東京都新宿区南元町19

発　行　所　一般社団法人 金融財政事情研究会

出　版　部　TEL 03(3355)2251　FAX 03(3357)7416
販売受付　TEL 03(3358)2891　FAX 03(3358)0037
URL https://www.kinzai.jp/

DTP・校正：株式会社友人社／印刷：三松堂株式会社

ISBN978-4-322-14375-1